让 我 们 一 起 追 寻

［瑞士］谭凯 著

殷守甫 译

宋代中国与东亚国际秩序的建立

肇造区夏

Nicolas Tackett

Song China and the Forging of an East Asian World Order

THE ORIGINS OF THE CHINESE NATION

社会科学文献出版社
SOCIAL SCIENCES ACADEMIC PRESS (CHINA)

献给佐伊

Pour Zoe

目　录

第一部分　政治空间

第二部分　文化空间

图 目

表　目

前　言

在现代世界，国族主义（nationalism）*以其空前的力量，
左右着历史进程；这一点毋庸置疑。为此，历史学家、政治理
论家写下了许多精深的著作，来探讨这一观念自十九世纪以来
的发展。然而，十九世纪以前国族主义的历史却还少有学者触
及——由于国族主义者们总是吹嘘自己国家的过往，要讨论这
一问题就更困难了。本书讨论一种形成于中国北宋时期的国族
主义；笔者旨在描述这一现象，并在十一世纪东北亚崭新的国
家间政治格局中，寻找其形成的原因。很多读者会激烈地反对
称"国族""国族主义""国族意识"这些概念绝不能用于现
代以前的世界。诚然，对于那些只关注千年以前之中国的独特
性的人来说，讨论其与现代世界的共性显得奇怪或没有必要。
然而，笔者探索的是一种比较历史与社会科学的取径。在努力
理解十一世纪中国独特的文化背景的同时，笔者同样追索千差
万别的人类社会背后的共性。因此，在下面的章节中笔者主
张，现代的国族主义与笔者称为"宋代国族主义"的复杂观
念是同一种现象在不同时空下的不同呈现。国族主义究竟会在

---

*　译者注：我将 nation 译为"国族"（nationalism 译为"国族主义"），ethnic
group 译为"族群"；大多数时候我避免使用"民族"一词，以避免不必要
的混淆。我将 nation-state 理解为"基于国族认同而建立的国家（或政
权）"，简称"基于国族的国家（或政权）"——现代民族国家就是这样的
政治体。

怎样的历史情境中生根发芽呢？为什么它在宋代形成，而不是在之前的唐朝呢？本书旨在回答这些问题。

本书脱胎于笔者在 2002 年底写作的关于宋代长城意象的研讨会论文。韩明士（Bob Hymes）建议了这个选题，令我受益匪浅。从那时开始，我就在断断续续地推进这个题目。2007 年至

xiv 2009 年，我先后在盖蒂研究中心［在那里我受教于埃里希·格鲁恩（Erich Gruen）组织的工作坊］与斯坦福大学进行博士后研究，并在此期间先后写下第六、第五章的核心部分。在伯克利的第一学期，我又完成了第三章。之后我用了好一段时间写了另一本书，到 2014 年才重新开始本书的研究。在那个仲夏之夜，伯克利"没事屋"（Free House）里满是快活的醉客，我在那里的皮沙发上完成了第一章的初稿。第二年春，我在煤渣胡同旁的咖啡馆里完成了更为规整一些的第四章。我能有整段的时间进行写作要感谢美国学者学会（ACLS）的研究资助，还要感谢我的岳母刘八妹在北京照顾我们刚刚出生的女儿。

写这个题目十五年多了，其间我的想法在许多会议与工作坊间经受打磨，从新加坡国立大学、斯坦福大学、中央民族大学、莱顿大学到普林斯顿大学。此外，2015 年春我有机会在巴黎高等社会科学研究院以四场讲座的形式报告全书的内容。我衷心感谢丁爱博（Al Dien）、黄义军、魏希德（Hilde De Weerdt）、田安（Anna Shields）、蓝克利（Christian Lamouroux），他们请我报告了书中的内容，我在之后的讨论中获益良多。许多中国史的同仁与伯克利的同事阅读了书稿并给出了建议，其中包括科尔文·克莱恩（Kerwin Klein）、尤里·斯莱兹金（Yuri Slezkine）、墨磊宁（Tom Mullaney）、史乐民（Paul Smith）、莫林·米勒（Maureen Miller）、彼得·萨林斯（Peter

Sahlins)、杨劢允；特别是韩明士与包弼德（Peter Bol），他们为全书书稿写了许多细致的建议。这些年来，我和许多人聊过本书的内容，难以一一罗列。我想起姜士彬（David Johnson）、叶文心、彼得·兹诺曼（Peter Zinoman）（我和他还一起教了亚洲的国族主义的讨论课）、乔佛里·柯舟（Geoffrey Koziol）、董慕达（Miranda Brown）、我的表兄罗马史家让－雅客·欧贝（Jean-Jacques Aubert）、叶娃、维多利雅·弗雷德－蒙特马约（Victoria Frede-Montemayor）、卡洛斯·诺雷尼亚（Carlos Noreña）、施珊珊（Sarah Schneewind）、詹姆斯·维农（James Vernon）、裴志昂（Christian de Pee）、陆扬、弗朗索瓦·路易（François Louis，我们在为期一周的丝路基金内蒙古巴士行期间相邻而坐）、史怀梅（Naomi Standen）、李鸿宾、夏南悉（Nancy Steinhardt，我有幸和她拼车从辽宁朝阳一路开到北京朝阳，大致就是当年许亢宗走的路）、马颂仁（Pierre Marsone）、马俊杰（Mark Strange）、乔纳森·席恩（Jonathan Sheehan）和汤姆·拉科尔（Tom Laqueur）：我和他们有过深入的讨论，从中学到许多。我还要感谢露西·莱梅（Lucy Rhymer），我在剑桥大学出版社的编辑，她大力支持本书的出　xv
版；还有罗伯特·朱特金斯（Robert Judkins）。

　　最后，以我无限的感激，致我的父亲（法国史家）谭旋（Timothy Tackett）；无数次，无论他人在地球上哪个角落，他都会在第一时间读我的初稿，给我以批评与指导。我也将感激之情致予我的妻子刘侃，她忍受着我的叨扰，与我分享她那从水稻农民到流水线工人到文化地理学家的无价感受与洞见；致我的女儿佐伊（Zoe），她有无穷的能量，"努力地飞呀、蹦哒，给老了、累了的双眼带来了光"。

关于补充材料

1. 为了节省出版成本，（原书）出版社把汉字都拿掉了。 xvii 为了读者的方便，索引提供了大多数人名的汉字。此外，所有引文的原文以及完整的参考文献，都以 pdf 的形式上传到了笔者的网站（www.ntackett.com）。

2. 为了节省出版成本，（原书）脚注中的许多内容都删去了。完整的脚注（包括汉字、更具体的引文信息、更多的随想和题外的思考）见笔者网站。*

3. 笔者的网站上还可以下载本书配套的数据库，详见附录 B（十一世纪东北亚墓葬数据库以及十一世纪北宋宰辅与使臣数据库）。

---

* 译者注：本书脚注中的参考文献出自剑桥大学出版社的删节版。不过，译者在翻译时给出了所引文献的完整中文翻译名。另请注意，本书中少数朝代断代以及人物生卒年与国内说法稍有差异，译者照原书译出。

契丹（辽）

西

夏

河东 河北

高丽

吐蕃诸部

河

湟

黄

河

渭水

○开封

汉水

宋

淮河

四川

长江

羁縻部族

大理

越南
李朝

北宋与周边政权形势图

导　论

　　在十一世纪，仕于宋朝的官员渐渐开始以一种新的方式
构想他们所属的政治体。他们开始更加精确地界定政权的版
图——现在在他们看来，自然地貌特征，以及历史上的长
城，都可以是明确的政权边界。换而言之，此时他们不再拘
泥于"普天之下莫非王土"的传统主权理念。他们开始谈
论一个同质化的文化与生态领域，其边界未必与王朝的实际
领土相重合。在他们看来，属于这个文化领域的人即他们所
说的"汉人"；无论他们实际生活在哪里，即使处在周边王
朝的统治之下，都应该效忠同一个汉人政权。这些信念继而
点燃了一种情绪：宋廷有责任去收复位于其控制之外的"故
地"。凡此种种的新观念，又以北宋时期（960～1127）日
臻成熟的东亚国际体系为背景。宋与其东北强邻辽和平共处
长达百年，这本身已是史无前例的事情；北宋也由此成为中
国历史上第一个以对等外交的原则与草原政权相往来的王
朝。与此同时，大规模、系统性的勘疆立界活动在各处边陲
展开，这在中国历史上同样前所未有。本书旨在追索、定位
并解释这些显著的发展。

　　事实上，公元1000年之后，中国社会的方方面面正在经
历着空前的变革。由唐（618～907）入宋（960～1279），"中
古经济革命"大大促进了货币经济与贸易流通的发展，帝国

2 的许多地区开始了高速商业化、城镇化的进程。^① 与此同时，主导中国社会近千年的门阀大族淡出了历史舞台，取而代之的是以才能而非家世立身的新型精英。② 与这些变化相为表里的是儒学思想与民间宗教的革新，前者构建了新时代精英的伦理价值。③ 这一时期也见证了商业印刷的涌现；阅读人口因此持续上升，科举规模不断扩大。④ 对于上述各种变革，学界已有许多论述。然而，尽管过往的研究对经济、社会、文化等方面的变化有着细致的考察，还有一种变化虽同样意义深远，却少有学者关注。这变化关乎中国自我认同的转变，而这变化又以一个正在逐渐演进形成，并将主导东亚直至十九世纪的国际体系为背景。

---

① 伊懋可（Elvin）：《中国历史的模式》（*Pattern of the Chinese Past*）；斯波义信（Shiba）：《城镇化与市场的发展》（"Urbanization and the Development of Markets"）；斯波义信：《宋代商业史研究》（*Commerce and Society*）；杜希德（Twitchett）：《唐代市镇体系》（"T'ang Market System"）；杜希德：《晚唐商人、贸易与政府》（"Merchant, Trade, and Government"）；施坚雅（Skinner）：《中华帝国晚期的城市》的导论（"Introduction"）。

② 姜士彬（Johnson）：《中古中国的寡头政治》（*Medieval Chinese Oligarchy*）；姜士彬：《晚唐宋初赵郡李氏的末年》（"Last Years of a Great Clan"）；伊沛霞（Ebrey）：《早期中华帝国的贵族家庭：博陵崔氏个案研究》（*Aristocratic Families*）；谭凯（Tackett）：《中古中国门阀大族的消亡》（*Destruction*）；郝若贝（Hartwell）：《750～1550年中国的人口、政治、社会转型》（"Demographic, Political, and Social Transformations"），第405～425页；韩明士（Hymes）：《官宦与绅士》（*Statesmen and Gentlemen*）；包弼德（Bol）：《斯文》（*This Culture of Ours*），第32~75页；柏文莉（Bossler）：《权力关系：宋代中国的家族、地位与国家》（*Powerful Relations*）。

③ 包弼德：《斯文》；韩森（Hansen）：《变迁之神：南宋时期的民间信仰》（*Changing Gods*）。

④ 苏珊·切尔尼亚克（Susan Cherniack）：《宋代书籍文化与文献传承》（"Book Culture"）；贾志扬（Chaffee）：《宋代中国进学的荆棘之门》（*Thorny Gates*）。

本质上，本书所探讨的新的"发展"可以说是在中国社会政治精英中萌发和兴起的一种"国族意识"（national consciousness）。本书也探讨明确界定的边界，以及其他通常与后威斯特伐利亚欧洲体系联系在一起的现象，并在此过程中叩问根深蒂固的现代性叙事。不过，笔者并不是要以此否认西方/非西方、现代/前现代的分野。诚然，在十九世纪，欧洲的国家体系成为全球的标准，这从根本上改变了东亚的格局。但同等重要的是，我们也不能将此前的传统中国社会简单化为停滞、一成不变的世界。对中国政治文化而言，十一世纪东亚的多政权格局有着不亚于十九世纪的深远意义。它激发了新的观念，催生了新的世界观。凡此种种向我们呈现出世界史之中的另一种可能，一种不同于现代民族国家体系而又切实可行的国际关系结构。这另一种可能性由两方面的因素构成：一是国族观念（nation）在宋代的出现，二是新的世界格局在东亚的形成。

现代以前的国族主义与国族意识

3

1887 年，在谈到国家名号的时候，清代诗人与改革家黄遵宪（1848～1905）表达了一种深切的焦虑：

> 地球各国，若英吉利、若法兰西，皆有全国总名。独中国无之。西北各藩称曰汉，东南诸岛称曰唐。日本亦曰唐，或曰南京，南京谓明。此沿袭一代之称，不足以概历代也。印度人称曰震旦，或曰支那。日本亦称曰支那。英吉利人称曰差那。法兰西人称曰差能。此又他国重译之音，并非我国本有之名也。近世对外人称每曰中华，东西人颇讥弹之谓环球万国自居中，且华我夷人不无自尊卑人之意。

在这之后，黄遵宪讨论了一些可能的国名，并最终认定"华夏"二字的组合最为合适。因为，尽管包括了表示华彩的"华"字，该词并无自诩世界中央的意涵。此外，黄遵宪还写道，"华夏之称"自古以来就被用来指称超越朝代更替的中国文明。①

这种对用语的详细探讨，在十九世纪末中国政治与思想的土壤之中绝非突兀。一系列屈辱的不平等条约的签订，以及1895年面对明治日本时的兵败山倒，让许多人开始相信：只有彻底的变革才能拯救中国。正是在这些年里，一直以来以中国为中心的东亚国际格局最终瓦解，基于西欧霸权的新国际体系开始形成。因此，对知识精英而言，中国不再是朝贡体系顶端的上国，而是世界民族国家之林的一员。② 在之后的一个世纪里，中国开始走上现代国家的进程，并在很大意义上取得成功，帝国庞大的人口最终成为现代意义上的中国公民。与此同时，国家开始界定其治下复杂的族群，将其纳入民族的框架。由此，几乎每个公民都被纳入特定的民族之中；就这样，占人口大多数的汉人就和少数民族明确区分开来。③

当然，现代国家及国族认同的形成，本身是一个两相"协调"的过程，一方面是建国者们的想法蓝图，另一方面则

① 黄遵宪：《日本国志》，第49页；转引自刘禾《帝国的话语政治》（*Clash of Empires*），第76页。
② 刘禾将这一过程描述为"中国的发明"；葛兆光梳理了从天下到万国的转变。见刘禾《帝国的话语政治》；葛兆光：《中国思想史》，第2卷，第440页。
③ 墨磊宁（Mullaney）：《立国之道：现代中国的民族识别》（*Coming to Terms with the Nation*）。

是人群中一直以来的历史观念或族群认同。① 事实上，黄遵宪的反思并非没有先例。八个世纪以前，在北宋后期，士人朱彧有过相似的观察：

> 汉威令行于西北，故西北呼中国为汉；唐威令行于东南，故蛮夷呼中国为唐。崇宁间，臣僚上言，边俗指中国为唐、汉，刑［形］于文书，乞并改为宋。谓如用唐装汉法之类。诏从之。余窃谓未宜，不若改作华字，八荒之内，莫不臣妾，特有中外之异尔。②

与黄遵宪不同，朱彧并不为名称问题深感焦虑，而且在他看来，中国就在四夷的中央，凌驾于诸国之上。撇开这些差异，我们会发现朱与黄的讲述在基本结构上有着惊人的相似之处。与黄遵宪一样，朱彧也认为"中国"的历史是一种超越了具体朝代的存在；这一超越朝代的实体需要有一个专门的词语来指称。朱彧同样意识到不同的人以不同的方式称呼他的国家，他提到的西北和东南与黄遵宪的说法几乎完全相同。两人最终都选了相仿的词来指称中国，他们选定的词中都包括了"华"字。由于朱彧的文字随着他的笔记广为流传，很可能黄遵宪曾经读到过其中讨论。许多个世纪之后，当黄遵宪写下他的思索时，他很可能想到了朱彧。

　　在宋代的时候，人们开始以新的方式看待他们所属的政权。这一说法，过往的学者就已经提出。数十年前，田浩

---

① 杜赞奇（Duara）：《从民族国家拯救历史》（*Rescuing History*），第71页。
② 朱彧：《萍洲可谈》，第35页。

（Hoyt Tillman）与陶德文（Rolf Trauzettel）认为一种"原始国族主义"（proto-nationalism）在十二世纪出现，这一观念在很多地方与"德国式的浪漫主义国族主义"相似，"构成了通往中国国族主义的第一步"。[①] 在最近的研究中，葛兆光指出宋代有了一种"中国意识"，并认为这是近世中国国族主义思想的"一个远源"。[②] 他注意到在宋代文献中，"中国"一词更加频繁地出现（而这一词正是现代中国的国名）；换而言之，如果说唐代的政治精英认为自己统治着"天下"，宋人则认为自己驾驭着一个国家（state）。邓小南也提出了相似的看法。她认为宋代政治观念中出现了一种新的趋势，把"民族、文化与其政权之范围视为一体"。[③] 尽管学者们开始渐渐意识到一种关于中国认同的全新观念在宋代浮现，但已有的观察彼此相异，在更多的时候也是一种粗略的勾勒。然而，将它们纳入一幅完整的画卷，并追索这些观念的起源，这样的作品还暂付阙如。

要讨论宋代的国族主义（nationalism）或国族意识，必须将宋代的情形与现代世界中的国族主义运动区分开。首先，本书将要讨论的观念仅关乎宋代的知识阶层，而十九、二十世纪的国族主义意识会从方方面面影响到全体公民。事实上，对于人口众多的现代中国而言，通过大众传媒、义务教育与统战宣传，

---

① 田浩：《十二世纪中国的原始国族主义》（"Proto-nationalism"）；陶德文：《作为中国国族主义第一步的宋代爱国主义》（"Sung Patriotism"）。

② 葛兆光：《中国意识》。

③ 邓小南：《论五代宋初"胡/汉"语境的消解》。窦德士（Dardess）：《蒙元重要吗？》（"Did the Mongols Matter"），第 120～121 页。他认为宋明都旨在统治族群意义上的汉人，"他们无意开拓边陲，除非那里已经有了或可以支持起汉人聚落"。另见妹尾达彦《都市の生活と文化》，第 411～416 页。

很多人渐渐将自己看作一个统一民族（nation）的一分子。由此，二十世纪的大规模社会运动与军事征募才成为可能。然而，在这之前，尽管知识精英确实构想着一个共同体，正如我们在宋代史料中可以清晰看到的那样，但我们并没有任何证据可以说明，当时占人口绝大多数的普通民众也对这一观念产生了共鸣。因之，本书要讨论的并不是民众意识，也不是国家发动群众的尝试，而是在受教育阶层内形成的政治理念与认同观念。

　　其次，宋人在构建统治理论的时候，并没有诉诸国族主义观念下对国民或族群的理解。在任何意义上，宋人都不具有法国大革命时的"主权在民"理念，即只有出于民众自身的意志，政府才能合理合法地存在。包弼德较为详细地考察了十一、十二世纪东北亚多政权格局对宋人帝国观念的影响。① 唐人认为普天之下莫非皇权所及，自边陲部落至于化外。到了宋代，这种"普天之下"的观念就不再为人认同。与现代民族主义观念不同，宋人并没有将皇帝视为某个特定民族的统治者。相反，他们认为皇权仅限于四夷之中的文明世界。换言之，界定政权边界的标准是文化而非族群。当然，种族上的区分在宋代已经存在。但是，就如包弼德已经指出的，它们"并没有被当作构成国家统治思想的基础"。② 在这一意义上，所谓皇帝并不是汉人的皇帝；受命于天的皇帝是整个文明世界的统治者，他们因此也统治着迁入帝国疆域并渐次汉化的非汉人族群。

　　在许多重要的层面上，宋人的政治理念与现代观念截然不同，但在另一些方面，宋代知识精英则与今人别有一种契合。

① 包弼德：《历史中的理学》（Neo-Confucianism），第10～15页；包弼德：《地理与文化：中期历史中的"中国"话语》（"Geography and Culture"）。
② 包弼德：《地理与文化：中国期历史的"中国"话语》，第92页。

这契合不在于反复斟酌后的思想体系（ideology），而在于心态与感受。"主权在民"确实构成了二十世纪民族国家的意识形态基础。然而，现代国家的凝聚力不仅来源于这样的政府理论，更根植于人们心中共同的感受。人们**觉得**构成国家的共同体与领土是天然的，是客观上真实存在的，其历史源远流长。因此，近代以来，直接粗暴的排外情绪潜伏在思想家们精心打造的民族国家理念之下，为民族主义推波助澜。职是之故，厄内斯特·盖尔纳（Ernest Gellner）、本尼迪克特·安德森（Benedict Anderson）等影响广泛的民族主义理论研究者并没有把意识形态层面的政治原则视为现代民族主义形成的主动因。① 在宋代，尽管在国家政治理念（ideology）的层面，文化界定着帝国的概念，然而在之后的章节中我们将会看到，实际的决策者们同样会诉诸"种"或"族"（ethnic）的观念。在处理复杂边境形势，或是在想方设法试图厘清不同文化的聚居人群的时候，他们就会引入种或族的范畴；对他们而言，这就是直接有效的人群区分方式。在种种不同的具体情境之下，宋人认为族群、文化、政治边界理应一致；也正是在这一意义上，我们有理由将宋人的这种世界观称为"国族主义"，尽管它与现代意义上关乎民族或国家的主义有着很大不同。

若论现代民族国家与前现代世界的关系，学者们提出了两种有益的取径。安东尼·史密斯（Anthony Smith）的著作代表了第一种取径。这一理论认为现代民族国家与过往的政权截然不同，但也主张民族国家基于已有的族群（ethnies）而建立。

---

① 盖尔纳：《国族与国族主义》（*Nations and Nationalism*）；本尼迪克特·安德森：《想象的共同体》（*Imagined Communities*）。

历史上，由于大部分人早已认同这些族群划分，充分利用这些范畴就可以说服他们加入振兴民族的大业。① 事实上，即使是那些把民族主义全然视为现代产物的史学家，也承认在现代之前有某种潜在的或原初的民族主义，并在历史上扮演过重要角色。② 史密斯强调"族群"源远流长，同时又强调现代与前现代有着根本不同，这样一来，他的学说基本不讨论种、群、族等概念的流动性，以及这些概念如何在历史中变化；由此，也就无法呈现前现代知识精英间异常复杂的观念世界。

　　第二种理论由社会心理学家提出。他们主张向群而居是人类的一种基本生存机制，这不仅意味着安全，也令相对贫贱的成员可以向更具财富与名望的同类寻求帮助。人对于其所在的群体有一种天然的归属感，人们以此解释个人对民族国家的忠诚以及其他各种社会现象，从欧亚草原上的部落聚合到当代体育中的粉丝活动。③ 这种本质上非历史化的社会政治学理论似乎可以解释为何早在十一世纪，中国精英就已经为一种遍及帝国的广泛共同体观念所吸引。但它无法解释共同体边界如何得到确定（也即哪些人哪些土地被纳入共同体之中），也无法解释为什么恰恰在这样的时刻，一种新的"国族"意识开始出

8

---

① 如安东尼·史密斯：《国族的民族起源》（*Ethnic Origins of Nations*）。

② 盖尔纳：《国族与国族主义》，第 42~48 页；霍布斯鲍姆（Hobsbawm）：《国族与国族主义》（*Nations and Nationalism*），尤其是第 75~77 页。盖尔纳提到，因其职官制度，"前现代中国并没有呈现出某种国族主义"。（《国族与国族主义》，第 16 页）

③ 丹尼尔·竺克曼（Druckman）：《国族主义、爱国主义与群体忠诚》（"Nationalism, Patriotism, and Group Loyalty"）。因为国族认同会给底层人群以承认，这就比其他阶级或人群归属更有吸引力。与其他社会心理学的国族主义研究不同，竺克曼并没有依托进化遗传的基本原理。另见阿扎尔·盖特（Gat）：《国族》（*Nations*），尤其是第 27~43 页。

现；这种理论更无法解释，前现代人的群体忠诚与现代世界中的各种归属感有着怎样的联系。

其实，我们还可以用另一种取径来思考前现代的过往及其与当下的关联。在笔者看来，我们可以将十九、二十世纪的一些现象视为当时观念与深层结构的一种文化表现；如果条件合适，这些现象也可能出现在任何复杂的人类社会之中。[①] 通识教育（而不是专门化的训练）和商业印刷常常与近代西方国族主义的诞生联系在一起。而事实上，在十一世纪的中国，这两个因素都已经具备。[②] 在这种情况下，我们可以预期一种新的族群意识也在中国北宋时出现。当然，宋之国族与现代中华民族的关系异常复杂。就政治合法性而言，北宋的理念与今天截然不同。北宋人界定其政权边界的方式也与现代国族主义者不同。当代中国是一个由五十六个民族构成的多民族国家，其

9

———————

① 这一取径近于安东尼·史密斯所说的民族主义的"不断重现论"（见其《历史中的民族》，第 40~41 页）。不过，和雷诺德（Reynold）《国族的观念》（"Idea of the Nation"）一样，笔者认为国族（nation）是被建构的，是流动的，换而言之，它并不根植于经久不变的族群中。国族意识的每一次新的涌现，都是以新的方式重新界定其国族概念。因为这样的国族民族观念本身在不同情境下出现，要找出一个各个民族以之为模板的原型就毫无意义了。另见黑斯廷斯（Hastings）《构建民族》（Constructing Nationhood）；格林菲尔德（Greenfeld）《国族主义》（Nationalism）。

② 关于通识教育与民族主义，见盖尔纳《国族与国族主义》，第 29~34 页；关于印刷术，见本尼迪克特·安德森《想象的共同体》，尤其是第 37~46 页。尽管安德森讨论的是十六世纪欧洲的印刷资本主义，一些研究资本主义的史学家更倾向于使用"商业印刷"一词。我们可以把科举视为一种通识教育，因为它界定了所有受教育的男性所应该掌握的基本知识。见韩明士《官宦与绅士》，第 32~33 页；包弼德：《宋代科举》（The Sung Examination System），第 154~157 页。若论北宋商业印刷之繁荣，见韩明士《宋代社会与社会变迁》（"Sung Society and Social Changes"），特别是第 546~558 页。

导 论 / 011

自古以来的领土一路深入中亚。正如之后的章节将要说明的，宋人把自己视为一个单一族群构成的国族，它并不统治中国东北及今天的贵州、云南、西藏与新疆。

显然，我们在着手处理前现代的国族观念时必须格外谨慎。今天，我们把所有国族视为同一模式下的产物，把所有个人视为其中某个国族的成员，我们认为所有的领土属于也仅仅属于某个国族及其人民。这样的世界观根深蒂固。现代国家对人民与领土提出主张，为了给这些主张以依据，统治着这些民族的国家编造神话，重新讲述其历史，把民族之为民族的历程上溯到古老的过去。① 纵观二十世纪，这些神话不断地催生毁灭性的冲突与战争。如果我们真的认真考察前现代的国族，就可以**去除**现代民族所自我标榜的自然属性（*denaturalize the modern nation* *）。在这个过程中，我们并不是要把前现代的观念视为某种原初的民族意识，即民族认同的漫长形成过程中的初级阶段，这一说法其实与民族的自我神话建构相吻合。相反，我们要把前现代与现代的国族或民族视为同一种现象的不同呈现，它们各有其界定标准，也因不同的机缘条件而得以成形。宋人所讲的同一族群而构成国族的观念可以帮助我们理解当下中国少数民族的特殊处境。但是，这无关当代中国复杂的民族政策，及其在不同地域的领土主张。

---

① 格里（Geary）：《国族之神话》（*Myth of Nations*）。

* 译者注：这里所说的"自然"（natural）系相对人为建构而言。以"现代国族"为自然，即认为现代国族并非历史之中人为构建的观念，而是本来就已经存在的实体——就如自然科学所讨论的物质一般，自古以来就客观存在在那里。所谓 denaturalize（"去自然化"）即指出"现代国族"并非自然、独立于人为构建的存在，而是历史情境之下的产物。

士大夫阶层与十一世纪的"想象的共同体"

为什么一种新的自我认同感最先萌芽于北宋？两个方面的因素尤为重要。其一关乎政权的内部结构与制度改革，这使得帝国上下的知识精英开始有一种新的认同感，本节将对此加以展开。其二关乎十一世纪因缘际会之间形成的国际体系，它改变了这些精英看待文化与地理边界的方式，个中细节将在本书之后的章节深入追索。为了便于之后的讨论，我们可以在此区分三个不同的概念：国族意识（national consciousness），即一种同侪之间对某个想象的共同体的强烈归属感；国族思想体系（national ideology），即一种主张国家版图应该囊括其共同体生活之地理空间的政治原则；国族运动（national movement），即为实现国族方针主张而开展的政治动员，其形式可以是军事行动，也可以是全民教育。

本尼迪克特·安德森的理论影响广泛，尽管他讨论的是全然"现代"意义上的国族主义，但其理论对于理解十一世纪的中国尤有裨益。安德森追索一种全新的"自我认同"及"归属方式"，这对本研究至关重要。① 在安德森的模型中，国族意识最先在美洲出现。起初，这一社会过程既不是人们有意为之，也完全与其他地域无关。只有到了第二阶段，不同的政权与政治组织开始意识到民族意识可以是一种政治动员的有效手段，典型的民族国家才在世界各地纷纷出现。笔者认为，北宋政治精英构想其帝国治下政治共同体的方式与安德森所说的新兴的民族意识尤为相似。由此，尽管下文将质疑安德森理论

① 本尼迪克特·安德森：《想象的共同体》。

体系的一些核心内容，尤其是他提出的民族主义只涌现过一次的推论，但对北宋的讨论恰会凸显其理论的解释力：在一种与安德森所述相仿的机制之下，一种相若的意识曾在前现代中国出现。

安德森旨在追索一种特殊的"想象的共同体"的形成。一个村庄的村民或一个部落的成员间，可以说是一种"真的"共同体，这里大家彼此知道名字，甚至能直接认出大多数同胞。与这种真的共同体不同，民族共同体内绝大多数人彼此并不相识也未曾相逢，甚至根本不会相遇。不同于之前的宗教秩序或王朝统治，这一共同体对外关闭，在内部则没有阶级之分。更具体地说，宗教旨在把非信徒转化为信徒；王朝则可以通过征服与联姻改变其子民的臣属。但在现代民族观念之下，个人天生就属于也仅属于一个民族。对个人而言，除非经历一种麻烦而特殊的归化仪式（naturalization），民族不可以更改。① 此外，中世纪的社会等级森严，欧洲贵族间有着超越民族的认同感；他们之间彼此团结，强于民族内部贵族、庶民间的彼此认同。与之相反的是，民族国家的公民间一律平等。我们无法想象任何法理依据让一些人比另一些人"更"公民。最后，相对其他共同体而言，民族更能唤起人的热血投入。二十世纪间，成百上千万人自愿投入战场，为这一在无名之陌生人的基础上想象而成的共同体流血牺牲。

在安德森看来，促成这一新的意识的是商业印刷。逐利的出版商不再局限于拉丁语出版物，而以本国语言出版著作，由此，新的语言标准取代了大量本地方言。过去，知识精英以拉

11

---

① 彼得·萨林斯（Sahlins）：《不自然的法兰西》（*Unnaturally French*）。

丁语交流，以此跨越国界，彼此往来，与未受教育的民众之间形成了一种阶级鸿沟。现在，由于不同语言区的读者阅读不同的作品，他们之间就出现了新的知识鸿沟。大规模印刷的报纸彰显了印刷术的力量，从两方面促成了新的观念意识。一方面，新闻报纸把许多彼此无关的事情放在一张纸上，它们之间唯一的共同点也就是同时发生而已。由此，在任何时候，彼此陌生的人们便置身于大量对"切实的、匿名的却又同时发生的活动"彼此无关的关切之中，[1] 即便他们被国族同胞的身份联系起来。这样的认识对民族的观念至关重要。另一方面，作为一种集体仪式，数以千万计的报纸每天为人阅读。清晨，当一个人在厨房的餐桌旁读到报纸头条的时候，无数互不相识的同胞也在他们自己的厨房里、餐桌前，在差不多同一时间读到这同一行。这让人们感到民族同胞之间的亲切，一种"所有人一起参与"（all in it together）的感觉。这种亲近感是重要的，它在战场上甚至会刺激个人为想象中的同胞而牺牲自己。海关对出版物及其他货物跨境贸易的限制，进一步强化了民族共同体的归属。由此，把读者群分割开来的是行政的疆界，而非语言的大区。[2]

12   在安德森的理论框架里，另一个催生民族意识的因素是职业官僚制度的出现。这一官僚体系并非对旧有的贵族等阶的简单复制。相反，受雇其中的职员来自更为广泛的受教育人群。这就促成了一种人与人之间的可替代感，这对于民族观念也尤

---

[1]　本尼迪克特·安德森：《想象的共同体》，第 26 页。

[2]　本尼迪克特·安德森：《想象的共同体》，第 54 页。部分由于这一原因，即使从西班牙统治下独立以后，拉丁美洲新的民族国家依然保留了殖民时代的行政疆界。

为重要。殖民帝国的职业官员作为欧裔的美洲精英，其仕宦限于殖民地的省界。他们经常要从遥远而彼此无关的地域远赴首府，在殖民地的辖区内，他们会踏上相仿的旅途，去往不同的职位。[①] 这些职员之间有着共同的经历，因而有着强烈的共同体归属感，而这又会成为新的民族意识的基础。因此，十九世纪的民族运动是某种深层情感的产物。这情感关乎人们对于政治共同体的天然畛域的理解，而这又是印刷工业与国家官僚制度催生出的结果。

在北宋，就民族认同形成过程而言，尽管细节上与上述机制不同，其基本元素却极为相似。就如安德森模型中的状况那样，在直觉上人们就觉得其想象出的政治共同体是自然的，这不是精心构建的统治理论使然，而是特定社会进程在不知不觉间形成的产物。此外，十一世纪中国的新的意识，也因三种现象的共同作用而产生：旧的门阀大族所主导的"贵族"体系的瓦解，商业印刷的持续繁荣，以及官僚制度基于任贤原则的不断专业化——宋代科举的空前发展反映了这一点。最后，宋代新型精英的国族意识在许多意义上与安德森模型中的欧裔美洲精英不无相似之处；他们都在国族观念的形成过程中扮演了极其重要的角色。[②]

这三种动因中的第一种，即唐宋间社会政治精英的根本转

---

① 安德森认为，早先的法律规定这些欧裔美洲精英必须在他们出生的省份供职。因此，对他们而言，新独立的民族国家之间，以旧的殖民省界为边界，这不仅仅是出于行政上的方便，本身就是自然而然的事情。

② 安德森认为，早期具有国族意识的精英"已经感到，现在有必要展现出邀请的姿态来吸收被压迫的同胞，即使只是做做样子"；他们就这样"有意识地把这些人群重新界定为'祖国同胞'"。本尼迪克特·安德森：《想象的共同体》，第50、81页。

13　型。截至唐末，一小群家族主导着政治权力；他们彼此联姻且集中聚居在两京，也即长安与洛阳。他们构成了一种"官僚贵族"群体，世代为宦，长期把持着朝廷高层的职位，而这又为他们带来了空前的社会与政治影响力。然而，在十世纪即将到来的时候，一系列血腥的战争与动乱在很大程度上将这一社会阶层连根拔起。由此，那种强调家世谱系及祖先累宦的"贵族精神"也随之消失。[1] 进入北宋，科举中的成功成为社会政治地位的主要标志；降及南宋（1127～1279），无论是否及第，基于举业的教育成为精英身份的标志。科举的空前重要性的背后，是一种更注重才学而非出身的新型文化。宋代由赤贫至于卿相的故事广为流行，便是这一文化的体现。[2] 在任何意义上，宋代社会绝非平等至上，事实上即使在任何尚贤的社会中，精英总是会有一定的途径为其亲族谋取利益。尽管如此，宋代的知识精英也不再以根深蒂固的门阀分野来理解他们所处的社会。

当中古门阀大族及其观念土崩瓦解之时，政治权力的地理分布也有了根本变化。在唐代，绝大多数社会政治精英居住在都畿地区，或在两京之一，或在连接两京的走廊之间。家族成员在帝国各处轮替，出任各地官职，但他们在畿辅留有住所，并投身以首都为中心的社交网络。本质上，对帝国广阔的边远地区及处于边缘地位的地方精英而言，首府有着类似殖民体系

---

[1]　谭凯：《中古中国门阀大族的消亡》，尤其是第 241～242 页；谭凯：《晚唐河北人对宋初文化的影响：以丧葬文化、语音以及新兴精英风貌为例》。

[2]　韩明士：《官宦与绅士》，第 29～34 页；柏文莉：《权力关系：宋代中国的家族、地位与国家》，第 17～18 页。

之中心的地位。然而，到了北宋，居于主导地位的政治精英的出身遍布不同的人口中心。尽管到十一世纪中期，上层官僚群体重新形成，并开始再次向首都地区集中，宋的首都开封从未像唐长安或洛阳那样居于垄断地位。随着有宋一代受教育人口数量的快速攀升，政治权力日益分散。所以，到南宋的时候，宰辅之家均匀地分布在中国的各个人口大区。因此，一个基本同质的精英共同体开始遍布在帝国各处。①

进入十一世纪中后期，这一知识精英群体对其身份有了明确的自我认同，切实呈现这一现象的是"士大夫"一词的广泛使用，这个词语被用于指称这一群体在社会中的位置（英文中有时翻译为 literati）。② 在这一时期的政治话语中，士大夫群体的成员以同僚间的横向网络彼此相系，而不以高下尊卑的纵向关系互相看待对方。③ 这种新的群体认同部分得益于印刷术的推广、科举制的扩大，以及帝国上下培养官员的官学。涵盖全国的出版物市场以及全国一贯的学制确保士大夫们浸润在共同的文本传统间，无论是传统经学，还是同僚最新付梓的诗文。对于这种同胞之间构想的同僚共同体的出现，另一个重要的因素是经学著作向所有人敞开的观念。"今板本大备，士庶家皆有之"，一位十一世纪初的官员曾这样说道。④

知识精英也在其他方面有着共同的经历。出仕王朝的官员

_____

① 对"地方转型"的经典描述，见韩明士《官宦与绅士》，第 29 ~ 34 页；至于"地方转型"对于政治精英地理分布的影响，见谭凯《帝国精英、职官制与唐宋中国权力地理的转型》（"Imperial Elites"）。

② 谭凯：《中古中国精英的转型》，第 177 页注 201。

③ 韩明士：《宋代社会与社会变迁》，第 631 ~ 637 页。

④ 艾朗诺（Egan）：《海底沙数》（"To Count grains of Sand"），第 33 页（引自《续资治通鉴长编》卷 60）；感谢乔森（Joseph Passman）提醒我这一引文。

经常"上京"，迁转他职。在往返外任的途中，他们热衷于走访帝国各地的文化名胜，并为这些胜迹赋诗；此时，他们会想起此处曾有多少同侪登临，并留下体裁相若的诗篇。①士大夫群体中的大多数人并不能谋得一官半职——随着受教育人口的数量持续上升，科举竞争日趋激烈，这在所难免。但他们数十年如一日，投身举业；因为他们知道，即使最终榜上无名，其所学本身也是身份的标志。十二世纪伊始，约20万学生就读于州、县学，约8万生员定期参加帝国各州三年一期的解试。②或每日伏案苦读之时，或身在科场仪礼之间，尽管许多人注定名落孙山，但这些年轻人却可以获得另一种慰藉，因为他们知道，无数不知名姓的陌生人纵然身在本与自己毫无关系的遥远他乡，也正在这一时刻和他们一样身受同一种煎熬。日益繁荣的笔记小说呈现了人们对科举之艰难的感叹，见证着人们对同一共同体的感受。这感受使得帝国各地彼此陌生的举子间有了一种归属感（sense of solidarity），一种"和所有人一起"（all in it together）的切实感觉。③

当然，士大夫的意识不一定会导向"国族"意识。这一阶层的出现在受过教育的文化人与未受教育的非文化人之间造成了鸿沟。在之后的几个世纪里，当少数民族统治之时，士大夫阶层也会接受非汉人出身的士人。就像欧洲贵族制一样，士大夫群体也可能成为超越国界民族的上层人士的共同体。然

---

① 张聪（Zhang Cong）：《行万里路：宋代的旅行与文化》（*Transformative Journeys*），尤其是第154~206页。
② 贾志扬：《宋代中国进学的荆棘之门》，第34~35页。
③ 贾志扬：《宋代中国进学的荆棘之门》，第157~181页；韩明士：《官宦与绅士》，第29~32页。

而，没有任何证据表明宋代的士大夫认为自己的群体以这种方式超越国族。恰恰相反，宋代的士大夫意识以两种方式推动着一种国族意识的发展。首先，就如安德森模型中的殖民地官僚和更为广泛的、受过教育的阅读人群那样，不分高下而遍及帝国的士大夫共同体促进了新型观念意识的发展，由此成为可能的是这样的观念：无论其身在帝国何处，即使不知其姓名也从不认识，士大夫都可以将之看作自己的同胞。其次，新的任贤观念使得农民的儿子也能有朝一日身居高位。因此，就观念上而言，士大夫意识很容易转化为一种更为开放的视角，将整个帝国包括农民在内的人群看作同一个共同体。

如果想要说明一种新形态的意识在宋代出现，而且其与安德森和其他现代学者所说的现代民族主义不无相似，那么我们还必须解释这种意识是如何促成宋代的国族思想体系（national *ideology*）与国族运动（national *movement*）的。具体而言，宋代知识精英的集体意识为什么会包括族群或民族的维度？为什么宋人坚持其政权的领土疆界应该与"汉"文化的地理分布相吻合？是什么使得宋人投身收复"故土"的政治运动，即使宋人从未实际统治过那里？本书中相当一部分内容会讨论这些问题。为了更好地理解中国在世界中不断变化着的位置，我们先要对十一世纪的东亚国际体系有所了解。

东亚世界秩序

就我们所要讨论的时段而言，有宋一朝与东亚其他许多政权共存（见"北宋与周边政权形势图"）。当然，对于宋代统治者而言，它们的重要程度不尽相同。与朝鲜半岛、日本及东南亚诸岛的往来总体上限于贸易（很多时候这在朝贡的名义下展开），不过，因为与契丹接壤（详见下文），高丽王国在宋辽关系中会起到重要的辅助作用。转向南方，在宋王朝与大理王国（937~1253）、越南李朝（1009~1225）之间存在一个由蕃法自治的蕃部构成的缓冲地带。有宋一代，中原的移民一路向南，不断与途中的部族爆发武装冲突。一些蕃部被纳入羁縻体系；其酋长接受中国的职官，形式上向中国的天子臣服，以此维系其对本部实际上的独立管辖权。[①] 然而，与大理国的往来仅局限于一种重要的贸易，即为宋廷的北伐补充战马。[②] 在宋越之间，宋方剿灭了一个活跃的蕃部政权，由此引发了一场在十一世纪后期与越南的直接军事冲突。[③] 总体而言，在南方边陲与沿海地区，直接的政治往来或军事冲突规模有限；它们并不是宋廷首要关注的对象。

17　　与之相对，北方与西北边陲的草原政权对宋朝构成了直接的军事威胁。十一世纪中叶，当天子在策问中提到南方动乱时，张方平在其对策中写道："此之区区者，亦何足以累国威，烦圣虑哉！……臣谓边事之重，其在西、北乎！"[④] 事实上，到了1120年代，满人的先祖女真人就从东北一路南下，迫使宋廷避地江东，是为南宋。一个世纪之后，欧亚草原上的蒙古人摧毁了女真人建立的金朝（1115~1234），又在四十多

① 万志英（Von Glahn）：《溪洞之国：宋代四川边陲的扩张、定居与开化》（*Country of Streams and Grottoes*）；万志英：《湖南的臣服》（"Conquest of Hunan"）；安国楼：《宋朝周边民族政策研究》，第54~62页。

② 杨斌：《季风之北，彩云之南：云南的形成》（*Between Winds and Clouds*），第三章，第59~69页。

③ J. 安德森（J. Anderson）：《叛乱之部：1075年边境战争前边境同盟关系的变化与宋越关系》（"Treacherous Factions"）。

④ 《全宋文》第38册，第24页。

年后灭亡了南宋。然而，早在女真与蒙古崛起之前，宋已然面对了两个草原强权。

党项人割据西北，建立了西夏（982～1227）。宋初的数十年间，朝廷并未留心这一政权；大体上，他们不认为党项会构成实质性的军事威胁。1006年的景德和议带来了三十年的友好关系。然而，到了1030年代，西夏在其西线占据了吐蕃、回鹘诸部的土地，明显壮大起来。1038年，党项的统治者已经有了足够的信心南面称帝，从此不再臣服于宋朝天子的权威，第一次宋夏大战由此爆发。之后数年的战争中，党项政权充分展现了其军事实力。1044年的临时和议之后仅过了二十多年，宋夏之间又因党项不断犯塞、宋将的冒险开边以及亲宋之河湟吐蕃的瓦解而再起战端。由此，宋神宗（1067～1085年在位）在其"鹰派"宰执的引导下发起了一系列大规模战役。这之后的六十年里，在神宗与他的继任者治下，收复失地的战略不断引发战事，双方人员财产损失惨重。尽管如此，到1120年代，宋朝控制了西夏的大片土地，同时兼并了河湟地区。① 18

北宋真正的强邻无疑是十世纪初契丹人建立的辽（916～1122）。甚至早在北宋建立前，辽朝就从后晋（936～947）手中取得了河北与河东北缘的十六州，那里一直以来都在中原王朝的治下。独特的地缘政治格局由此形成，即宋辽边境直接贯穿华北平原。宋朝的第二位皇帝太宗（976～998年在位）曾

① 至于宋夏关系，见邓如萍（Ruth Dunnell）《西夏》（"Hsi Hsia"），尤其是第168～169页；史乐民（P. J. Smith）：《作为政治资本的收复领土主张》（"Irredentism as Political Capital"）；史乐民：《士大夫国家下的危机》（"Crisis in the Literati State"）；蓝克利（Lamouroux）：《十一世纪后期甘肃青海边陲的武与文》（"Militaires et bureaucrates"）。

在 979 年与 986 年两次试图夺取这一地区，然而两次战役均告惨败。之后二十多年中，边境冲突不断。尤其是在 1004 年，辽军全面入侵，其大军很快推进到离宋都开封不到三百里的地方。随后宋真宗（998～1023 年在位）御驾亲征，辽军攻势由此陷入僵局。这时，契丹人开始意识到其大军过于深入，危机四伏，因而同意议和。这样，在 1005 年 1 月，真宗与辽方代表在黄河北岸的澶渊互换誓书。① 这之后，宋辽间还有过两次大的冲突。先是在 1042 年，辽方利用宋夏战争的契机主张河北十县早在有宋以前就是辽朝领土。之后在 1070 年代，宋辽两朝就河东西线疆界产生了严重分歧。两次冲突均以外交途径得到解决。两朝间的和平关系直到 1110 年代后期才真正破裂。当时，宋廷错误地选择了联合女真人对抗辽朝。这一联盟随即破裂，由此契丹王朝覆亡，宋廷则失去了北方全境。

澶渊之盟的两个重要结果值得我们重视。首先，贯穿十一世纪、前后长达百年的时间里，长年的使节往来促成了超越一国一朝的新的世界性格局（cosmopolitanism），即宋朝的政治精英可以亲身踏上旅途深入草原，与辽国使臣相往来。其次，在宋辽边境特殊的地缘政治格局下，许多汉人生活在辽国境内。虽然辽试图尽可能维持汉人与契丹人的分野，许多汉人仍在辽朝职官体系下出任大小官职。大量汉人在辽廷出任显职，这无疑使得辽宋关系显得尤为特殊。

在传统中国外交格局与规范的发展过程中，宋辽间的百年和平起着重要作用。三十多年前，罗茂锐（Morris Rossabi）在

---

① 关于澶渊之盟前的宋辽关系，柳立言与黄宽重有精彩的梳理，见《宋代之建立》（"Founding and Consolidation of the Sung Dynasty"），第 247～251、262～270 页。

其所编图书中提出了影响深远的命题，强调了宋辽关系中的务实导向与内容创新。罗茂锐认为，两国间关系对等，即宋辽的君主都承认对方是同等意义上的"皇帝"。由此，费正清（John King Fairbank）早先提出的"中国朝贡体系"就不能成立了，因为根据费正清的解读，在中国历史上，外部政权只能遵循中国的方式与中国相往来，即接受自己的臣属地位，并定期向中国天子朝贡。罗茂锐认为宋辽关系在某些地方与十八世纪后的欧洲国际格局相似，就这一点而言，其命题似乎在提示我们：宋在又一个领域上超越了其所处的时代。[①]

　　若要进一步阐释宋辽外交的意义与影响，我们可以探索这一东亚国际体系的文化维度。当今的国际体系当然不是唯一成立的国际关系形式。我们也许可以认为，一个最大程度理性的国际关系体系是这样的体系，即其中所有成员总体上接受同一套规则。[②]当语言文化截然不同的各政权，不得不与其他政权谋求共存的时候，一定的规则便渐渐发展起来。在欧洲人大量来到东亚以前，[③]彼此频繁往来的东亚政权之间已经发展出了自己的国际往来准则。在这里，笔者将这些准则称为"东亚世界秩序"。这一理解与费正清最初的主张不同。一方

20

---

① 罗茂锐编《平等诸国中的中国》（*China Among Equals*）；费正清编《中国的世界秩序》（*Chinese World Order*）。

② 虽然这一理想型下的国际体系在以下意义上稳定，即所有成员认同相同的规则，但系统的稳定并不排除战争的可能。帝制晚期的中原政权与其南北邻邦不无交战。其对云南、贵州及南方其他地区的武力并不是国族主义者所说的内部冲突，而是对已经建立的相邻政权的统一战争。

③ 最早到达东亚的欧洲人愿意融入东亚的国际体系。比如，当葡萄牙人到达东南亚以后，他们同意接受马来亚苏丹的、本打算进贡给中国的贡物。见桑托斯·阿尔维斯（Santos Alves）《先知之声》（"Voix de la prophétie"），第43页。

面，这并不预设中国对于国际体系的发展有着绝对的控制。另一方面，笔者并不认为国际往来模式一经固定便停滞不前。和现代世界秩序一样，当时的东亚世界秩序也是一个不断演变的系统，随着东亚诸政权政治文化的互动而持续发展。[1] 事实上，正如下文所要揭示的那样，宋代的对外关系包含着许多更早以前国际互动的元素，尽管其在新的条件下也有了一些重要的新发展。

我们要如何勾勒宋初的东亚世界秩序呢？首先，它显然等级分明。毫无疑问，这里的等级反映了政权之间在政治与军事上的相对实力。外交文书的措辞用语，往来使节的具体官衔，册命属国的"命官"制书，文书日期中的日历选择，当然还有小国进献给周围大国的贡物，凡此种种之间，等级关系一目了然。因为等级制度的外在表现在很大程度上是象征性的，所以这并不意味着名义上不对等的政权间不能有务实的协商。事实上，某种意义上讲，这使得外交更加灵活，因为一个政权可以公开表示臣服，并以这种让步争取其他可能更有价值的条件。整体上看，两个政权互为对等的情况绝非常态，但宋辽的情况明确说明这种对等来往也并非全然不可能。虽然朝贡国理应只臣属于一个政权，但"多元主权"的情况可能非常常见。在这一情况下，一个小国同时向多个大国朝贡并承认其宗主权。[2]

---

[1] 关于唐代周边政权如何界定东亚外交实践，见斯加夫（Skaff）：《隋唐王朝及其突厥－蒙古邻居》（*Sui-Tang China*）；王贞平：《多极化亚洲中的唐朝：外交与战争史》（*Tang China in Multi-polar Asia*）。

[2] 在东南亚，多元主权的情况似乎很常见，见通猜（Thongchai）《图绘暹罗》（*Siam Mapped*）。如果比较吐蕃与唐的编年史料，我们就会发现在八世纪时，云南的南诏政权同时接受了唐与吐蕃的宗主权（对此，唐朝一侧并不知晓）。见巴克斯（Backus）《南诏国与唐代的西南边疆》，第40~45页。

其次，在东亚国际体系之中，政权间的沟通往来大体基于古汉语写成的正式文书；一朝的正使与其随从会携带着相关文书去往邻国。在前现代东亚传统下，一国并没有常驻他国的外交代表，国与国之间因此需要依靠穿梭往来的使节来承担沟通任务。使节携带"国书"或其他外交文书，[①] 还有大量珍贵的礼物，[②] 受任出使邻国。这些使节不会在那里逗留很久，他们在送达公函后很快就踏上归途。因此，彼时并没有常驻或半常驻于他国首都的大使。其他外交准则也随之发展起来。比如，如果大臣的名字无法回避对方君主的名讳，就不可以被派作使节出使该政权。[③]

澶渊之盟进一步促进了东亚国际体系的发展。宋辽君主交换的盟书，确定了之后政权间往来的语言，特别是在宋金、宋夏之间。[④] 史料同样表明，在澶渊之盟后的一个世纪里，政权间的协定越来越被视为一种建立在过往先例上的契约。在第三章中我们将会看到，进入十一世纪后期，北宋中央政府才开始注重对过往所有协定的存档。我们也许可以说，这些文献给了北宋政府一种"基于档案的权威"（archival authority）。北宋使

21

---

① 福赫伯（Franke）：《宋代使节：一个总体的观察》（"Sung Embassies"），第 119~121 页。事实上，国书或国信一词已经在宋辽文书往来中使用；对高丽与西夏的文书则称"制"称册，宋廷并不将它们视作平等的政权。

② 同上书，第 130~131 页。

③ 例如，宋廷的重臣司马光（1019~1086）就不能作为使臣赴辽，因为辽国第二位皇帝名耶律德光，其中的"光"字与司马光的名字相同。见《全宋文》第 55 册，第 123 页。

④ 福赫伯：《宋代使节：一个总体的观察》，第 119 页。例如，与辽、西夏、金的盟书用几乎相同的措辞明确了遣返越境逃犯的条款。见《续资治通鉴长编》卷 58，第 1299 页；宇文懋昭：《大金国志校证》卷 37，第 527~528页；《续资治通鉴长编》卷 80，第 2022 页。

周围其他政权意识到它们必须遵守过往协议上的内容，在这之后，北宋就可以从其完整的档案备份中获得实际的好处。因为它有能力提供前代的协议，北宋也就在世界舞台上获得了某种霸主地位。

此外，十一世纪至十二世纪初，宋辽间大量使节往来（见第一章）使一系列外交程序成为常态，这些程序关乎如何安排来使从边境进入首都，如何在朝廷上接待他们，如何安排在外交宴会上的座次，以及交换的礼物的种类与数量。① 我们可以将这些常态化的外交程序与之前更加临事而定的外交仪式进行比较，譬如八世纪后期唐蕃会盟时的典礼。②

同时，东亚政权似乎开始以同一种模式对其统治加以合法化，一些特定的文本得以广为流传且影响深远便是明证。虽然儒家经典在东亚一直扮演着重要角色，从十一世纪开始，新近的政治哲学专著同样受到重视。特别是如八世纪初的《贞观政要》，人们或许会觉得这书更为实用，也更为切合当下——它以唐太宗（626～649年在位）与其大臣对话的形式呈现治理国家的建议。因此，它在契丹、党项、高丽、女真以及蒙古

---

① 关于宋辽间接待来使的恰当礼仪与流程，以及所用舞乐，见《宋史》卷119，第2804～2810页，卷328，第10565页；李心传：《建炎以来朝野杂记》第一册，卷3，第97～98页；叶隆礼：《契丹国志》卷21，第200～203页；《全宋文》第27册，第104～106页。

② 为了使盟誓生效，吐蕃与唐一开始同意以一马、一牛为牲祭祀。然而，唐方使节又有了新的想法，以为"汉非牛不田，蕃非马不行"。所以提出要用羊、豕、犬三物代之。吐蕃使节同意之后，实在也找不到猪，这样他们就又得想新的方案。最后吐蕃用羝羊，唐用犬、白羊。见《旧唐书》卷196下，第5247页。

诸朝中都产生了广泛影响。①

最后，正如我们在第三章中会讨论的，澶渊之盟下的宋辽划界立界使政权间确立边境的技术得以系统化。显然，若要让双方边境真正有效，人们就需要在地表明确地建立边境线，使周围的人都可以辨识出来。宋辽与宋夏边界的标记都使用了一种特殊的沟壑与土墩并置的方式。这意味着当时不同政权下的人群都开始接受并认识到一些特定的地貌是领土的分界线所在。

十一世纪多政权并存的格局，又是如何影响宋人对自身的认识呢？对于这个问题，过往学者大多关注党项与契丹的军事威胁，认为这迫使宋人重新构想自己在世界中的位置。然而，纵观中国历史，许多时候欧亚草原形成的游牧联盟都会威胁中夏，有时甚至侵入中原腹地。② 仅凭草原强邻的存在本身并不足以解释在十一世纪发生的变化与发展。另外，北宋的统治者们并不像我们有时想象的那样对来自北方的军事威胁忧心忡忡；第一章中还将对此加以展开。我们将会看到，十一世纪新的东亚世界秩序对宋人心态带来的冲击本身尤为复杂。北方边境的军事威胁确实让宋代的官员意识到王朝实力的局限；同时，正式承认天下另一个皇帝（即辽国君主）的存在也事关重大。在笔者看来，真正意义深远的，或许是一种外交的"世界性格局"在这一时期的出现；在这一世界性的格局中，

23

① 福赫伯、杜希德：《剑桥中国史》卷六的导论，第 33 ~ 34 页；福赫伯：《蒙古治下的中国史学》（"Chinese Historiography"），第 20 ~ 22 页；包弼德：《寻找共同的基础：女真治下的汉族士人》（"Seeking Common Ground"），第 503 页；李彼得（Lee）：《韩国文明史料汇编》（Sourcebook），第 1 册，第 273 ~ 274 页。
② 若论长时段下草原与中原政权的互动，见巴菲尔德（Barfield）《危险的边疆》（Perilous Frontier）。

人们有了新形式的社交往来，以及全新的、深入邻境的远行经历。

史料与方法

本书旨在追索北宋社会政治精英的理念及其背后的观念。然而，我们要如何记录并重构这些精英的文化呢？事实上，部分拜这一时期雕版印刷的飞速发展所赐，大量北宋史料得以存世，许多已经有了电子化、可检索的版本。与前代不同，北宋拥有丰富的编年史料，其中又以《续资治通鉴长编》（简称《长编》）最详，其现代点校本仅关于十一世纪的部分就有11000页之多。更多不同的文献以个人文集的形式得以传世。近年出版的《全宋文》吸收了上百种文集总集，关于北宋的资料超过40000页。使节行纪、注本地图、地方志等其他文字史料，则提供了更多不同的角度，让我们了解精英如何看待其周围的世界。又因为诗在中国士人的社会生活中扮演着重要的角色，约80000首存世的北宋诗，也具有很高的史料价值，有助于了解当时社会政治精英的世界观。最后，关于十一世纪我们还有丰富的出土材料。尤其是最近数十年间，大量墓葬重见天日；其中许多已有分析，并被收入资料库中，本书第五章将进一步加以讨论。陪葬物品、墓葬结构与墓葬壁画可以让我们比较东北亚的丧葬文化，以及宋辽对族群归属的呈现。

当然，凡此种种史料，都不乏方法论上的挑战。附录A详细讨论了考古资料运用的一些问题。与政策有关的文献，释读起来尤为不易；作为一种官场文书，它们本身就以专门的方式写成，旨在争取其他官员支持其中主张。我们常常无法确定某一官员为何持有某一立场，而他的这一立场在多大程度上是当时党争的结果。然而，无论作者处境如何，我们至少可以认为，他的政策论证会反映出其对当时的社会观念的敏锐把握，与其所处的社会环境下的既有预设。因此，通过追索他动用的套话与思维方式，就有可能复原作者眼中最具说服力与公信力的思考模式。

然而，需要指出的是，政治精英间的观念与政策立场从来都没有被纳入一个唯一的、逻辑一贯的整体。中国的政治精英数量庞大，构成复杂，甚至几乎从来不会上下一心。一个具体的士人也不一定会提出一个清晰的方案，尤其当他自己在努力弄清这个复杂的世界时。此外，因为这些精英涉猎经史，他们经常援引复述古人的观念，即便与传统观念针锋相对的崭新观点也在不断涌现。要追索文化变迁，我们不能只关注旧的概念或说法的退场，更需要关注出现于旧有观念间并与之共存的新观念。

最后，我们必须注意到，后世的审查制度与作者的自我审查会影响到涉及外交与政权间关系的用语。北宋时期，朝廷担心冒犯契丹，因此明令禁止在特定的场合（如宋辽间正式致辞，或在外交宴会上敬酒时）使用轻蔑的语言。① 在元代与清代，刊行于世的北宋人作品常遭删减，以防止其中措辞冒犯到当时的统治精英。② 其中最为著名、影响最为深远的当属 1770 年代的"文字狱"。当时清廷编纂的《四库全书》，最终汇集前朝图书 3500 余种，其中宋代文献数百种。由于清廷对措辞尤为敏感，并将契丹和女真视为满人的祖先，编者将其中对上

25

---

① 　陶晋生：《蛮夷还是北朝：契丹形象在北宋》（"Barbarians or Northerners"），第 69～70 页；司马光：《涑水记闻》，附录卷 1，第 332 页。

② 　谢惠贤（Jay）：《笔记与官方立场》（"Memoirs and Official Accounts"），第 599～604 页；谢惠贤：《改朝换代》（Change in Dynasties），第 71～78 页。

述两族的蔑称一并加以更改。① 其中，关于 1128 年的一段记述提供了一个尤具戏剧性的例证。当时，人们希望宋高宗可以回到北方，抵御女真人入侵。作者于是坚称整个华北平原的汉民都会迎接宋军，以至于"虽三尺童子，争欲奋臂鼓勇"。然而，在较早的明代版本中，这段文字更进一步，其中还说华北的汉民十分憎恶金贼，以至于"恨不碎金贼之首，食金贼之肉"。清朝的统治者恐怕是不想让汉人有这样的观念，所以四库全书本小心翼翼地改写了其中饥餐异类的说法。②

全书概览

本书的主要目标，即追索并理解宋代新的中国认同的形成，并将这一认同的出现与后澶渊时代特殊的地缘政治格局的深远影响相联系。本书的取径将涵盖多个维度。某种意义上，每一章都是一篇独立的文字，或政治、或文化、或军事、或外交，从不同的角度迫近共同的问题；而各章关注的焦点都是十一世纪政权间的互动。推敲语境背景，注重机缘偶然性，本书拓展了一种全面的历史书写，以呈现中国精英间国族意识的形成。

本书分为两部分，各由三章组成。第一部分题为"政治空间"，探讨澶渊之盟后一个世纪里政权间的互动。第一章介

① 例如在《历代名臣奏议》中，有强至（1023~1076）奏议，明本两处称辽人为"房"，四库本一并删去，句法亦有修改。所有称契丹为"胡人"的地方，都改为"辽人"或"诸部"；"胡马"也改为"敌马"。见《全宋文》第 66 册，第 29~30 页；《影印文渊阁四库全书》第 442 册，卷334，第 8 页下至第 10 页上。
② 《全宋文》第 129 册，第 350 页；《影印文渊阁四库全书》第 325 册，卷15，第 21 页下。

绍十一世纪的"世界人"（cosmopolitan），他们对宋人的世界观有着深刻的影响。这些人出使辽廷，或在宋廷接待辽使。他们不仅有机会和契丹人及辽朝的汉人往来社交，还能够亲眼见识东北亚的自然与文化地理。后来，宋廷宰执之中超过半数的人早先都曾出使辽境。笔者认为，他们的跨国经历会直接影响到这一时期的重大政治决策，以及中国社会政治精英看待周边世界的方式。这一章将集中讨论这种跨越边境的社交往来如何帮助宋人将北方邻邦视为和自己一样的生民，使得后澶渊时代的宋辽和平得以长期维持。第二章转而讨论军事边防问题，尤其是宋朝在北方边境与唐朝截然不同的全线防御（perimeter defense）体系。线性军事前沿的形成，某种程度上也反映出一种新的观念，既关乎本朝主权性质的认识，也包括对本朝实力局限的认知。以这一文化观念为背景，前现代最大的勘疆立界工程也随之展开，这些将在第三章得到详细讨论。中央政府前所未有的积极介入，最终形成了双方之间的边界；而这些边界的划定，无形之中又指向了新的边界下的主权观念，与"普天之下莫非王土"的旧理念相违背。

　　本书第二部分题为"文化空间"，重点讨论十一世纪的社会政治精英的中国观念及其变化发展。第四章推敲这一新的中国认同的组成部分。其中重点将是北宋人对汉族群、族群归属感、华夏国土等概念的理解；凡此种种给宋人提供了一个认识框架，促使他们不断致力于收复故土的运动，对之后的历史进程也有着深刻的影响。之后的两章旨在解释这一新的国族观念的形成。第五章将说明，在辽代的族群政策下，汉文化区域也即燕山以南的河北地区与其北面的草原文化区域之间泾渭分　27
明。第六章则重新审视了第一章中介绍的赴辽使节。这里的重点不再是外交往来中的社交，而是行旅之间的视野。当他们开始踏上欧亚草原的时候，宋朝的使节亲身经历着河北地貌的显著变化，目睹古长城的断壁残垣，也亲自体验着华北平原与欧亚草原间巨大的文化差异。他们以诗文的形式与同僚分享这些经历。来自实践的知识让这些使臣有了新的认识，即"中国"有其自身的天然疆界，与宋辽在现实中的政治边界不同。在华夏的天然分野之下的，即是所谓"华夏空间"（sinic space）。要之，我们常常说唐代是"世界性的"（cosmopolitan），因为唐代的都城汇集了大量来自异国的人们，然而笔者将会指出，宋代的世界性格局，就其对当时知识精英之世界观的重塑之效而言，有着更为深远的意义。

第一部分
政治空间

第一章　外交与跨境社交

　　1067 年 5 月 14 日，宋使陈襄（1017～1080）抵达燕京城郊。三天前，他渡过宋辽边境的白沟河，现在就要进入辽朝五京中的南京（今北京）。① 辽方的燕京副留守韩近置酒郊迎。三年前，陈襄在宋境见过韩近，那时在御筵上，陈襄曾以接伴使的身份接待他。两人都还记得上次相见的时分，交谈也就亲切起来。席上把酒九盏，再依例互赠土物酒食，一天的活动才落下帷幕。第二天，陈襄及其他随行人员受邀出席了另一场筵席，饮酒十三盏。敬酒之间，辽方伴宴的大臣三司使刘云盛赞多年来两朝和平，"如同一家"。陈襄同样答道："自古两朝欢好，未有如此。"之后，辽人继续为陈襄致酒。陈襄坚称自己不善饮酒，但刘云解释道，他的亲戚之中，不下十二人都曾出使宋朝。这样一说，陈襄也不好再做推辞。一时间，所有在场者开怀畅饮。筵席最后，陈襄依例将从宋都带来的土物赠予辽人。

　　本章中，我们将会看到，陈襄在辽境 68 天的经历其实是当时外交生活的常态。到十一世纪下半叶，1005 年澶渊之盟后形成的两朝交往格局已臻于成熟，宋辽共同协定的礼仪与体例清晰明确。在严格的外交流程之下，两朝人物间的交往早已

---

① 下文内容见陈襄《使辽语录》。见《全宋文》第 50 册，第 230～231 页。英译则参见赖大卫（D. C. Wright）《使辽语录》（*Ambassadors Records*），第 63～88 页。

超越国界，数以百计的宋辽官员彼此熟稔。他们在无数场宴会上一起交谈、畅饮。某种意义上，北宋文献中不断出现的"两朝欢好、前所未有"，不仅表现了王朝之间的关系，其实也反映在每个外交使节的社会生活中。

此前有许多史家讨论过十一世纪中国的外交关系。[1] 他们中有的追索了外交活动背后的政治制度，有的探讨宋辽关系与近现代世界体系的异同，甚至还有人想将其塞进中华民族屈辱史的框架中，说中原政权年复一年"屈辱地"向外邦"赔款"。这里，笔者旨在开拓一种新的问题意识。笔者关注的焦点在于宋代外交活动中官员自身的体验，希望尽可能细致地呈现宋辽官员间空前频繁的社交往来。在笔者看来，宋辽官员间紧密的社交关系对于维系宋辽和平起着至关重要的作用；同时，理解他们之间的交往还可以帮助我们解释当时的一些文化变迁，即为什么中国的政治、文化精英开始重新认识中国在世界中的位置。

感受不同文化的宋人

澶渊之盟后的一个世纪里，宋辽两朝定期派出使节，交聘活动非常频繁，其目的或是祝贺新年正旦，或是祝贺对方天子、皇后、太后的生辰。每当天子驾崩、新主登基，又会有专门的使节，或哀悼先帝驾崩，或庆贺新帝即位。[2] 我们将会看

---

[1] 英语中影响最大的大概是罗茂锐编《平等诸国中的中国》；陶晋生：《南北两天子》（*Two Sons of Heaven*）。中文世界的研究尤其丰富，这里就不一一罗列了。

[2] 关于十二种专门使节，见聂崇歧《宋辽交聘考》，第 5 页；安梅文（Ang）：《宋辽外交》（"Sung-Liao Diplomacy"），第 102～104 页；赖大卫：《从战争到对等外交》（*From War to Diplomatic Parity*），第 103～107 页。

到，许多当时最重要的政治家曾亲身参与这一外交往来。在这一意义上，十一世纪的精英们的体验超越了个别政权与文化。在之后的章节中，我们还会讨论旅途中的体验，尤其是跋山涉水的宋人如何勾勒辽境内的山川与文化。在这里，笔者追索十一世纪多元格局中的另一个层面，即外交使节间的交往。

宋朝派往辽朝的外交使团由百余人组成。文臣出任国信使，武臣则通常任国信副使，随从中还有士兵、车夫、挑夫、杂吏、佐僚、译官、厨师及向导。[①] 关于辽朝派往宋朝的使团，我们所知较少。即便如此，可以确知的是这些使团同样由重要官员率领，通常由契丹人出任国信使，汉人为副使。[②] 一方使团到达边境之后，另一方会派出专门的官员到场迎接，在整个访问期间，这些官员会陪同并接待来使及其随从。具体而言，负责接待的官员又可以细分："接伴使"将使团从边境迎接到首都；"馆伴使"负责在京接待；"送伴使"则会陪同使团踏上归程，直到将他们送出边境。[③] 和国信使一样，负责接待的官员通常也由重要文官担当。由于宋辽间往来频繁，出使与接待官员人数空前。就这样，后澶渊时代的外交模式给宋辽官员间的个人往来提供了契机。

---

① 安梅文：《宋辽外交》，第 104～112 页；福赫伯：《宋代使节：一个总体的观察》；聂崇歧：《宋辽交聘考》，第 6 页。

② 辽的正使都姓耶律或萧，也就是说他们都来自契丹的皇族与后族；副使则都有汉姓。完整的辽使名录，见聂崇歧：《宋辽交聘考》附录。

③ 安梅文：《宋辽外交》，第 130 页。这三种使职的名称本身蕴含着对来使的尊敬，仅用于接待辽使（或者，在特殊情况下，接待高丽使者）。对于其他政权来的外交人员，则由"引伴使"负责接送，"押伴使"负责在京接待。

为了更好地理解使团往来过程中有关官员的政治地位，我

34　们可以比较宋代外交官员与宋代宰辅群体，也即日常辅佐天子、共参军国大事的宰相、副相、枢密使、枢密副使。[1] 1005～1120 年，共有 618 位宋代官员曾以国信使或副使的身份出使辽国。基于今存史料，截至 1100 年这一列表相对完整（北宋最为详尽的编年史料《续资治通鉴长编》自 1100 年以后的部分亡佚）；至于接待辽国使团的宋代官员中，则只有一小部分出现在了存世史料里。

表 1-1　宋代外交使节成为宰辅的情况 （1005～1120）[a]

具体外事差遣	成为宰辅的人数[b]	
国 信 使	79/360	（22%）
国信副使	1/320	（0%）
接 伴 使	6/24	（25%）
馆 伴 使	19/43	（44%）
送 伴 使	10/45	（22%）

说明：a. 本表与接下来的四个表中的数据见附录 B 中的数据库。
b. 宰辅包括宰相、副相、枢密使、枢密副使。

上述宋代外交官员的大多数人在当时都是中层文官，然而，他们中的许多人之后都会成为大宋顶级文臣。学者安梅文（Melvin Ang）认为，60% 的赴辽国信使都进入了政府决策层。[2]另外，如表 1-1 所示，超过 20% 的国信使最终执掌东西二

① 下文的讨论基于宋代宰辅与使臣数据库，见附录 B。
② 安梅文：《宋辽外交》，第 154 页。安梅文在第 237～238 页中罗列了其所谓 "政府决策层" 的具体官职。对他而言，决策层除了宰相（同平章事）、副相（参知政事）、枢密使、枢密副使之外，还包括签书枢密院事、翰林学士、中书舍人、御史、台谏。

府，成为宋朝最高官员（这里我们并不考虑国信副使，因为作为武臣，他们并不在这一升迁序列中）。陪同接待辽使的官员也是如此，相当比例的馆伴使后来位极人臣。[1] 事实上，宋辽两朝奉行对等原则，即接待陪同的官员大体应与来使地位相当。因此，当名臣欧阳修（1007~1072）于 1055 年出使辽朝的时候，辽国的一位宰相与其他几名重臣亲自陪同。[2]

35

表 1-2　宋代外交官员与宰辅的平均年龄
（以初任年龄计）（1005~1120）

官职差遣	年龄[a]	样本总数
外事差遣		
国信使	51.3	316
国信副使	47.6	113
接伴使	47.9	38
馆伴使	51.1	37
送伴使	50.4	20
以上外事差遣合计	50.3	524
宰辅		
宰相	60.2	66
副相	56.3	121
枢密使	57.9	62
枢密副使	56.1	80
上述宰辅总计	57.4	329

说明：a. 年龄以（虚）岁计，数据基于 2013 年 10 月版的中国历代人物传记资料库（CBDB）。当具体年龄不明的时候，以 CBDB "指数年" 减 59 计。

---

[1] 在各种外事差遣中，馆伴使也许是一种殊荣，毕竟，他们都不需要离开首都。

[2] 《欧阳修全集》卷 6，第 2696 页；司马光：《涑水记闻》附录卷 1，第 334 页；王辟之：《渑水燕谈录》卷 2，第 15 页。

因为笔者旨在论证外事经历影响了政治文化，所以在此有必要指出，宋人是首先出任外事差遣，然后才位登宰辅的。如果我们比较他们参与外事与登顶两府的年龄（见表 1-2），这就很清楚了。通常，出任国信副使或接伴使、馆伴使的官员都在 47~52 岁；而宰相或枢密使的年龄一般在 57~61 岁。我们还可以比较出任外事差遣与位登宰辅之间的年数（见表 1-3、表 1-4）。平均而言，一个人从出任外交使职算起，至少要十年的资历才能拜相；并且，北宋无已拜相者充任外事差遣之例（见表 1-3、表 1-4 中的最短年数）。①

表 1-3　初任外事差遣到初登宰辅的年数
（以外事差遣论）（1005~1120）

外事差遣	平均年数	最短年数	样本总数
国信使	12.9	1	180
接伴使	17.2	1	19
馆伴使	8.6	0	42
送伴使	19.2	9	9

表 1-4　初任外事差遣到初登宰辅的年数
（以宰辅论）（1005~1120）

宰辅分类	平均年数	最短年数	样本总数
宰　　相	16.7	2	62
副　　相	11.2	0	88
枢　密　使	15.4	2	43
枢密副使	8.7	1	59

---

① 只有吕大防（1027~1097）一人，于拜馆伴使同年拜相。他于 1086 年正月任馆伴使，两个月后拜参知政事。见《长编》卷 366，第 8794 页；《宋史》卷 340，第 10841~10842 页。

　　由于相当比例的外事官员可以进入宰辅群体，近半数的枢 37
密使、枢密副使及超过半数的宰相、副相都曾以国信使的身份
出使辽朝（见表 1 – 5 第 1 列）。我们还可以把宰辅的任职年数
纳入统计，这样，我们就可以了解在某一特定时刻，当朝宰辅
有直接的外事经历的可能性有多大。参照第 2 列，我们会发现
这一百分比甚至更高。如果我们再把接待过辽国来使的官员也
考虑在内，那这一比例会进一步上升（第 3 列）。由于我们只
掌握一小部分接伴使、馆伴使、送伴使的资料，这就意味着，
如果有一份完整的名单，我们便不难想象宰辅中有外事经历的
比例会非常高（第 4 列）。不只如此，一些高级官员年轻时还
有可能以低级佐僚的身份随团使辽，而这些早年的经历很少出
现在史传中。[①] 可以明确的是，宋代的大多数顶级官员或是有
亲身赴辽的经历，或是曾在开封接待辽使，或兼而有之——而
这些官员将直接影响宋朝的政策走向，并以其强大的政治关系
网推动宋廷政治文化的发展。

　　那么，这些外事经历究竟意味着什么呢？在宋代，出使可
不是为时两三天的活动。使臣一路跋涉，有时要远赴辽朝五
京，而由于辽国皇帝四时巡狩，他们有时要直接去往皇帝的行
帐捺钵。比如陈襄于 1067 年出使时就在辽境内待了 68 天之
久。[②] 通常，宋使会在辽廷逗留数日，或是在其都城，或是在
草原上的行在。在那里，他们觐见辽主，无论是皇帝、皇后还
是太后。之后，他们会参加一系列辽天子亲自莅临的活动，或

[①]　例如，苏颂 1077 年以国信使出使辽国，此事广见于史传；但 1068 年他
　　　也曾赴辽，这段经历只保存在其文集所收诗作中。见苏颂《苏魏公文集》
　　　卷 1，第 160 ~ 168 页。
[②]　《全宋文》第 50 册，第 228 ~ 237 页。

38

表 1 - 5　宰辅的外事经历（1015 ~ 1105）^a

宰辅分类	曾任国信使（基于任宰辅者）		曾任国信使（基于任宰辅年数^b）		曾接待来使或任国信使（基于任宰辅年数^b）（最小估值）^c		曾接待来使或任国信使（基于任宰辅年数^b）（最大估值）^c	
宰　　相	29/54	（54%）	94/154	（61%）	102/154	（66%）	127/154	（82%）
副　　相	61/96	（64%）	145/210	（69%）	158/210	（75%）	196/210	（93%）
枢 密 使	22/53	（42%）	48/120	（40%）	57/210	（27%）	65/210	（31%）
枢密副使	38/71	（54%）	77/152	（51%）	83/152	（55%）	104/152	（68%）

　　说明：a. 选取 1015 ~ 1105 年是基于实际情况的考虑：这一时期宰辅的外事经历变化不大。由于澶渊之盟以前使辽活动很少，1015 年以前的宰辅不会有这样的外事机会。1100 年以后，史料中关于国信使等的记载很少（因为存世《续资治通鉴长编》到这一年为止）；这样一来，我们就无法准确估计 1105 年以后的情况。

　　b. 任宰辅年数，从拜官之年开始算起，到卸任截止，计其年数。如果当年就已经卸任，则取 0.5 年。

　　c. 基于现存史料，我们可以梳理出相对完整的、1005 ~ 1100 年的国信使与副使的名单，但是接伴、馆伴、送伴等使的名录就难以追索了。"最小估值"仅仅取文献中明确记载的接伴等使。"最大估值"则基于以下估计：在 27 位曾任接伴等使的宰辅中，只有 20 人曾任国信使；据此，曾任接伴等使（或国信使）的宰辅人数应该比只担任过国信使的人数高出 35% 左右。

在宴射时比试箭术，或于晚宴间把酒言欢。① 辽使在开封的经历也大致如此，只是宋天子较少到场。② 然而，对于宋辽使节

39　来说，在对方首都逗留的时间都相对短暂，大部分时间要花在

---

① 宋使会展示出精湛的箭术，尽管他们似乎没有受过这方面的训练，见《全宋文》第 111 册，第 132 页；第 135 册，第 55 页。关于宴会间的音乐与游戏，见《长编》卷 177，第 4281 页；刘挚：《忠肃集》，第 475 页。

② 例如，尽管宋使常常可以见到辽朝太后，辽使则不同；宋臣会告诉他们即使自己身居高位，也从未亲眼见过垂帘听政的太后。见《宋史》卷 286，第 9630 页。有一次，宋使韩综竟与辽主推杯换盏，引起台谏交相论列。见《长编》卷 163，第 3919 页；《宋史》卷 315，第 10300 页；《张方平集》，第 697 页；《全宋文》第 41 册，第 171 页。

旅途上。来使与迎接他们的官员一路同行，并马而前，就有了很多直接交谈的机会。① 最重要的社交场合大概还是宴会；就如陈襄《使辽语录》所一一记录的那样，每晚辽方陪同官员都会设宴招待宋使。② 同样，辽使每到一处馆舍，宋人也以美酒佳肴宴请辽使。③

　　这些社交往来以汉语进行，双方都说同一种汉语口语。辽方大部分汉人官僚都来自河北的燕地，在幽云十六州中，这里人口最多。宋初的精英阶层从文臣武将到赵姓皇族其实也是从河北或河东来到中原的，因此河北的文化显著影响了宋代早期开封的文化面貌。④ 宋辽双方大部分官员都来自燕京或其周边地区，华北的方言就会成为他们交谈中的通行语。⑤ 尽管辽方使团中的一些契丹人可能需要翻译，但不少契丹人显然也会说汉语。宋使曾注意到，辽主在接待他的时候曾转身以“胡语”询问他的近臣。反过来这也说明，在这之前辽主正以汉语与宋使交谈。⑥

　　当然，无论正式会见还是招待宴席，宋辽官员的往来都必须依照严格的规定与流程。陈襄就很在意这些外交礼节，他呈

40

---

① 见向南编《辽代石刻文编》，第 646 页。

② 《全宋文》第 50 册，第 228～237 页。此外，路振（957～1014）《乘轺录》也记载了使者到达之后即有宴会招待。见江少虞《宋朝事实类苑》卷 77，第 1016 页。

③ 《全宋文》第 25 册，第 368 页。

④ 谭凯：《晚唐河北人对宋初文化的影响：以丧葬文化，语音以及新兴精英风貌为例》。

⑤ 十世纪的时候，“幽州僧行均集佛书中字为切韵训诂”。这部书传到中原以后，士大夫认为其音韵与中原并无差异。这说明燕地的语音对宋代官话有着深远的影响。见沈括《梦溪笔谈》卷 15，第 132 页（第 264 条）。

⑥ 《全宋文》第 71 册，第 317 页。

报的《使辽语录》言简意赅，但对晚宴流程尤为重视，这包括不同官员的座次，互相饮酒若干盏的安排以及所赠土物的数量与种类。① 十一世纪使节的墓志通常会将志主塑造为儒臣典范，自然也会强调仪礼的重要性。1079 年，辽使要求以"常礼入见"，馆伴使张璪当即指出，以本朝仪范，皇太后仙驾，"臣僚朝谒，悉罢舞蹈"。② 同样，1085 年，范百禄（1030 ~ 1094）使辽，当时北宋正值太皇太后摄政，辽使只问太皇太后而不及皇帝圣躬。范百禄则严词诘问，迫使辽使"屈而从之"。③

很多时候，作为本朝代表，使节不得不针锋相对，争取主动。宋人史料中常有宋辽官员间斗智的故事，双方都想从对方那里套出一些机密来。吕大防曾在开封馆伴契丹来使。契丹使者颇为狡黠，谈话频频涉及宋朝机密。吕大防则不失时宜地调转话锋，反而诘问契丹"隐事"。④ 梁蒨（990 ~ 1059）通判雄州时，因雄州地处宋辽边境，也曾接待辽使暂歇一晚。此间，梁蒨从辽使口中探得国信内容，随即遣使将这一重要情报快马加鞭奏报仁宗。刘挚作《梁蒨墓志铭》时盛赞梁忠勤有谋，但辽使则抨击梁蒨刺探国事，泄露私言。宋方认同了这一说法，于是将梁蒨调离了雄州。⑤

在此番交锋中，辽使因为发现国信的内容泄露，大为震
41   惊。反过来，这也说明宋辽官员一路同行时大都在说一些无关

---

① 《全宋文》第 50 册，第 228 ~ 237 页。
② 《全宋文》第 82 册，第 61 ~ 62 页。
③ 《全宋文》第 99 册，第 38 页。墓志中还有大量宋朝官员指责辽使疏于礼仪的例子，见《全宋文》第 75 册，第 261 页；《张方平集》，第 604 页；苏颂《苏魏公文集》卷 2，第 920 页。
④ 《宋史》卷 340，第 10841 页；周煇：《清波杂志校注》卷 4，第 159 页。
⑤ 刘挚：《忠肃集》，第 273 页；《长编》卷 138，第 3326 页。

军国大事的闲话。事实上，尽管外交礼节至关重要，而捍卫本朝又是职责所在，宋辽使节间并不总是如临深渊。我们从不少史料中都可以看出端倪。陈襄所呈《使辽语录》就告诉我们，使者们一路上开怀畅饮：全程 68 天的旅途中，他们共参与正式宴会 50 场，饮酒 375 盏。[①] 1054 ~ 1055 年，辽朝祝贺正旦新年的使团来到开封，面对一轮又一轮的敬酒，辽使中的汉人冯见素已不胜酒力，推辞说"劝酒当以其量"。[②] 然而，即使人们随"量"而饮，到笙歌将散的时候，他们大概也已经红潮生面了。

对于外交宴会，宋人很少记载其将尽未尽时的场景——我们可以想象，在做书面汇报的时候，当事人总不好讲那些酒酣夜深之后不合常礼的事情。不过，宋人笔记中还是透露出一些唯酒无量的细节。在 1042 年使辽之际，方偕（992 ~ 1055）抄起大瓠一饮而尽，辽主大喜，从此这种酒器就改叫"方家瓠"了。[③] 不过，大约三十年前的 1014 年，孙冕在陪同辽使时就因"被酒不谨"以致酩酊大醉。[④] 相反，梁蒨则以自持严整著称。他在边境接待辽使的时候，体制严重，席间"无辄敢哗"。[⑤] 而要说在宴会上喧哗畅饮，就不能不说王拱辰（1012 ~ 1085）了，他的风采甚至招来了台谏赵抃（1008 ~ 1084）的弹劾。1054 年，王拱辰在第二次使辽时和属下一起参加了为

---

① 《全宋文》第 50 册，第 228 ~ 237 页。
② 范镇：《东斋记事》，补遗第 47 页；江少虞：《宋朝事实类苑》卷 78，第 1019 页。
③ 魏泰：《东轩笔录》卷 15，171 页；江少虞：《宋朝事实类苑》卷 78，第 1018 页。
④ 《长编》卷 83，第 1897 页。
⑤ 刘挚：《忠肃集》，第 273 页。

他准备的筵席。在此期间，他与另外三人无视安排好的席次，主动和契丹人坐在一起。这样一来，他们就可以大肆畅饮；接下来，他们"深夜狂醉，喧酗无状，或执房使之手，或拍胡人之肩，或联嘲谑之诗，或肆市廛之语"。虽然赵抃极力弹劾，好在辽朝官员并不觉得这是什么大事。相反，对辽人来说，与这位及时行乐的宋使一起喝酒颇是一件快事。于是，辽人就直接叫他"王见喜""王万年"。①

42

当然，不是在所有的筵席上都可以尽欢。尤其当双方都还拘谨的时候，若能交杯换盏、喝上一盅，说不定就可以两相开怀、各抒己见。比如，1042 年，辽使萧英、刘六符抵达开封，与宋臣富弼（1004~1083）碰头磋商——此次会面在下文中还会有详细讨论。当时正值宋夏交战，辽人乘机聚兵宋境，形势严峻。富弼适时劝酒，数巡之后，辽人"始肯渐贡其诚实"。② 酒精可以拉近双方的距离，这样的记载不在少数。1057 年，宋使张昇（992~1077）使辽，馆伴使萧奥只陪同接待。萧奥只的父亲挞里么曾与宋军接战，在澶渊之盟订立前夕阵亡。因此，席间萧奥只尽量避免言及家恨。据《契丹国志》记载，他说："两朝盟好，誓若山河，毋以小嫌，遽伤大信。"接着，两人谈论移时，"曲尽其欢"；张昇也对萧奥只尊敬有加。后来，开明的萧奥只成为辽朝宰相，这无疑有助于宋辽关系的稳定发展。③ 十年后的 1067 年，辽使萧林牙、杨兴公

---

① 赵抃弹劾王拱辰的三份奏状，见《全宋文》第 41 册，第 170~173 页。
② 《全宋文》第 71 册，第 315 页。当苏轼勾勒当时对话时，他写道："公（富弼）开怀与语，不以夷狄待之。"见《苏轼文集》第 2 册，第 526 页。
③ 叶隆礼：《契丹国志》卷 15，第 158 页。

（1050 年进士）抵达开封。一开始，因为上一年外交往来并不顺畅，宋廷严阵以待。这次，宋方馆伴使滕元发（1020 ~ 1090）"开怀与语"，友好地问起对方的家常。开封方面的接待方式让杨兴公感到很自在，他也没有提起上一年的龃龉。① 总之，虽然包括陈襄《使辽语录》在内，大多数关于宋辽使节的记载都强调礼仪、礼节的重要性，但旅途毕竟很长，宋辽精英在结伴而行的过程中有足够的机会以不那么拘谨的方式互动。

其实，双方无拘无束的交谈同样见诸史料。一些宋使对辽朝风俗充满好奇，他们写下的所见所闻往往见证了这样的交流。余靖（1000 ~ 1064）曾在 1040 年代中期三次使辽，记录了不少契丹风俗。他说自己之所以能了解到个中细节，是因为询问了辽国治下的各色人等，从陪同他的辽方大臣，到他所遇到的各种士兵、小吏。用他的话说，"房中不相猜疑，故询胡人风俗，颇得其详"。② 关于宋使细心留意契丹人风俗的记载还有很多，甚至辽人间或也追问宋方的情况。在一则笔记中，辽使询问宋方馆伴："仪鸾司缘何有此名？"③ 另一次，辽使向宋方接待官员解释说，辽朝表示行营的"捺钵"一词，是契丹语的行在，即临时驻地的意思。另一位辽使对宋使说，杜甫诗中的"黄羊"就是塞上的一种野物，"食之不膻"。④ 后来，

43

---

① 《苏轼文集》第 2 册，第 461 ~ 462 页。另见《全宋文》第 332 册，第 10674 页。值得注意的是，1070 年代中，张方平（1007 ~ 1091）受命接待辽使。这是因为作为一位资深官员，他和新近的官僚不同，面对来使，他可以"开怀谭话"。《张方平集》，第 810 页。
② 《全宋文》第 27 册，第 104 页。
③ 赵令时：《侯鲭录》，第 105 页。
④ 《全辽诗话》，第 58、78 ~ 79 页。

有一位辽方接伴对他接待的宋使说，他知道一个游牧部族
"家养牝牛一二，饮其乳，亦不食肉，煮汁而饮之，肠如筋，
虽中箭不死"。① 还有一次，宋使与辽方馆伴讨论了契丹人割
马肝的做法，说是割去马肝以后，可以让马起死回生。② 刘敞
44　（1019～1068）于 1055 年使辽，接待他的契丹人就燕山中的一
种"异兽，如马而食虎豹"询问于他，刘敞当即就能讲出这
种动物叫"驳"，并引用《山海经》《管子》等书证明之。③
最后，1950 年代出土的辽朝汉人官员王师儒（约 1040～
1101）墓志呈现了后澶渊时代外交中辽方官员的视角，因而
弥足珍贵。墓志讲，1080 年王师儒接伴宋使钱勰，王的渊
博学识令钱大为叹服。根据墓志，两人还在路上的时候就讨
论了各种学问，从六经子史到天文星占、医学地理，乃至异
物术数。④ 总之，宋辽官员并不总是在为各自的政权磋商军
国大事。他们也聊各种其他话题，从严肃的学问到平常的
琐事。

　　要说两朝官员间的社交，就不能不说他们写的诗——这是
中国精英社会里最有代表性的往来方式。在十一世纪的宋代中
国，筵席、雅集中总有文人当场赋诗。不少记载都告诉我们，
使节与接待他的官员间就有这样的互动游戏。⑤ 若天子在场，
对方来使大概就要写一些歌颂两朝和平的小诗。赵概（996～

---

① 江少虞：《宋朝事实类苑》卷 78，第 1019 页。
② 叶隆礼：《契丹国志》卷 25，第 241 页。不过辽使也承认，这手术成功率
　　只有十之一二。
③ 《全宋文》第 69 册，第 209 页；《宋史》卷 319，第 10384 页。
④ 向南编《辽代石刻文编》，第 646 页。
⑤ 具体实例见陶晋生《宋辽关系史研究》，第 194～195 页；陶晋生《南北
　　两天子》，第 22～23 页。

1083）就写了一首题为"信誓如山河"的诗，契丹皇帝读了
很喜欢，还让人写在他随身携带的扇子上。① 余靖在 1044 年与
1045 年使辽时，同样以和平欢好为主题写了诗。为了展现自己
在文学上的造诣，余靖还把契丹语词汇嵌入自己的汉文诗作
中。② 现存宋诗中，宋庠（996～1066）有两首欢迎辽使在京参
加宴会的诗作。王珪（1019～1085）有一首致其馆伴使耶律防
的诗，写于即将告别辽廷的时候。③ 刁约（1030 年进士）和余
靖一样，在诗中用了契丹语的词汇；全诗四行，描写契丹的风
物，第一行提到了辽朝一种名为移离毕的职官，或许全诗就是
赠予主持宴会的移离毕的。④ 不过，不是所有的唱和都一本正
经。上文中，我们的"王见喜"王拱辰震惊了当时的台谏；
他曾于席间以杨贵妃起兴写了几首淫诗，还有一联暗指辽朝
皇帝酒后风流——讲这样的实话也真是随性。⑤ 这些外交场合
的诗作多已不存——人们觉得这些即兴的戏作不值得收入作
者的文集。即便如此，赋诗之风仍成了一个引起朝廷注意的
问题：1042 年，宋廷下诏，凡"奉使契丹，不得辄自赋
诗"。⑥

　　当然，纵观整个十一世纪，宋朝也与其他东北亚政权有所
往来。虽然现存史料不多，但这些外交活动大体上似乎也遵循

45

---

① 《全宋文》第 53 册，第 328 页。
② 叶隆礼：《契丹国志》卷 24，第 232～233 页；江少虞：《宋朝事实类苑》
　　卷 39，第 513～514 页。
③ 《全宋诗》第 4 册，第 2220 页；第 9 册，第 5970 页。
④ 沈括：《梦溪笔谈》卷 25，第 212 页（第 463 条）。
⑤ 《全宋文》第 41 册，第 171～172 页。
⑥ 《长编》卷 135，第 3219 页。

了宋辽模式。在高丽与契丹、① 高丽与宋、② 辽与日本③的外交往来中，大家也写诗唱和。不过，因为往来特别频繁，高级别使节特别众多，双方官员一起社交、宴饮、共处的时间特别长，宋辽外交显然与众不同。通过和契丹官员的往来，十一世纪的宋朝官员可以和其他政权的人深入交往，这种超越政权的友谊在整个前现代世界里都不多见。

两朝共同的族群观

宋辽外交往来带来的影响之一，即是宋代知识精英对族群的新认识。宋使不仅有机会了解辽朝及其习俗，他们还开始吸收辽人对其他族群的分类认识。下一章中，我们会看到在辽朝的族群政策下，契丹人与汉人有着明确的区分。这里值得注意的是，在整个十一世纪期间，宋辽精英开始以差不多的方式认识族群。

在对辽墓壁画的研究中，罗乐士（Robert Rorex）指出辽代墓葬壁画表现契丹人和契丹风俗的方式与同时期北宋宫廷绘画相仿。这些绘画都呈现了契丹人的日常生活。骆驼牵引的毡房、契丹男子的发式，还有他们特有的服饰——窄袖圆领的长袍，系在腰间的束带，长袍里还有塞进皮靴的长裤，这些细节尤为引人注目。同样值得注意的还有画中的厨房和三脚锅里煮着的肉。宋画与辽代墓画对这些要素的表现几乎

---

① 《全辽诗话》，第70页。
② 《全辽诗话》，第124～127页；苏颂：《苏魏公文集》卷1，第151页。
③ 《全辽诗话》，第223～224页。

完全一致。①

罗乐士强调,这些相似之处可以用来推断宋代宫廷画的创作时间,还可以考察宋画是否准确呈现了契丹文化。不过,我们不必把这些绘画看作契丹人日常生活的真实写照,它们更是一种刻意的呈现。画师(或订制这些画作的人)选择了一些契丹文化的元素,这是因为他们认为这些场景最能呈现契丹社会。如果我们把北宋宫廷绘画(图 1 - 1)与辽代墓葬壁画(图 1 - 2)放在一起,一些共同点马上会浮现出来。对于如何刻画契丹人生活,宋代开封与辽朝境内的画师所见略同。我们需要很大的帐篷、骆驼拉的毡房、剃着契丹头穿着契丹服饰的男子。还有一个主题出现在许多画作中,那就是契丹人烹饪的场景:一口或几口大锅里,探出大块的肉。② 这些元素的反复出现意味着宋辽双方都将其看作契丹人身份的标志。

有趣的是,绘画中呈现的烹饪等契丹人日常生活的场景,与外交宴会中表现出的契丹人身份认同大体相仿。虽然大多数关于外交宴会的文字记载重点描写喝酒,但路振留下的一些文 47

---

① 罗乐士:《辽墓壁画与中国文姬主题画作中的游牧形象》("Some Liao Tomb Murals")。

② 辽代墓葬壁画中骆驼拉着的毡房与大锅里的肉与宋画相仿,见:《敖汉旗喇嘛沟辽代壁画墓》,第 93~94 页;《敖汉旗七家辽墓》,第 51 页;《敖汉旗羊山 1~3 号辽墓清理简报》,第 20~21、25~26、29~30 页;戴尊德、雷云贵:《朔州辽代壁画墓发掘简报》,第 21 页;《库伦旗第五、六号辽墓》,第 40 页;刘建忠、贺勇:《河北涿鹿县辽代壁画墓发掘简报》,图版第 8 页;邵国田:《敖汉旗白塔子辽墓》,图版第 11 页;邵国田:《敖汉文物精华》,第 242 页;王健群、陈相伟:《库伦辽代壁画墓》,第 29~30、44 页;项春松:《辽宁昭乌达地区发现的辽墓绘画资料》,第 30 页,图版第 8 页;《宣化辽墓》,第 293 页,图版第 226 页。

图 1-1　宋代宫廷绘画中的契丹人日常生活

上、左下：勾线基于波士顿美术馆藏《文姬归汉图》
右下：勾线基于台北故宫博物院藏《文姬归汉图》

字讲述了他在澶渊之盟后出使契丹时，在辽朝南京吃了些什么：

> 文木器盛虏食，先荐骆糜，用杓而啖焉。熊肪羊豚雉
> 兔之肉为濡肉，牛鹿雁鸳熊貉之肉为腊肉，割之令方正，
> 杂置大盘中。二胡雏衣鲜洁衣，持帨巾，执刀匕，偏割诸
> 肉，以啖汉使。①

---

① 江少虞：《宋朝事实类苑》卷 77，第 1077 页。

48

图 1 - 2　内蒙古出土辽代墓葬壁画中的契丹人日常生活

勾线基于王健群、陈相伟《库伦辽代壁画墓》，第 29 ~ 30
页；《敖汉旗羊山 1 ~ 3 号辽墓清理简报》，第 29 ~ 30 页；《敖汉
旗喇嘛沟辽代壁画墓》，第 93 ~ 94 页。

辽的南京（今北京）位于燕地，是华北平原上由辽朝统治的
部分。下文中我们会看到，这里的居民大多是汉人而不是契丹
人。但这里的宴会还是安排了典型的契丹菜肴——大块肉、用
水煮——这正是宋辽绘画中引人注目的细节。而且，为了突出
族群与文化的差异，还需要派仆人专门把肉切成小块，这样宋
使就可以以汉人的方式，拿筷子来吃，而不用像契丹人那样直
接上手。这样一来，在宴会上吃东西的过程就把两个族群的关
键差别体现了出来，而这一差异又被纳入宋辽双方对契丹人日
常生活的呈现之中。十世纪初，当中原人描绘契丹人日常生活的

49　时候，大体还不会刻意强调烹饪或毡房。① 而在澶渊之盟订立
　　之后，路振的描述却告诉我们，在这样的外交宴会中，契丹民
　　族有着自己的饮食习惯。我们有理由认为，在各种外交宴会
　　上，辽代使节表现出的契丹与汉文化的差异，使得宋辽两朝对
　　于族群差异有了共同的认识；以此为基础，宋辽双方对族群差
　　异的视觉呈现也就比较接近了。②

庆祝北方边陲的和平

　　宋辽政治文化精英的跨境交往不仅给知识交流提供了新
的渠道，还使双方决策层互相信任，这样一来，主张恢复旧
土的鹰派就不容易抬头了。一个多世纪以来，很多中国的历
史学者把澶渊之盟看作屈辱过往的一部分。协议要求宋每年
向辽输送岁币；此外，宋还放弃了对燕云十六州的领土主张。
在第四章中，我们还会看到，在南宋时这十六州已经成为忠
义之士的心结。不过，在北宋的大多数时候，宋廷无意对辽
开战。当然，在澶渊之盟以前，宋太宗曾两度出兵燕云；澶
渊之盟 110 年后的 1115 年，以宦官童贯（1054～1126）为首
的一群声名狼藉的主战分子积极鼓动宋徽宗（1100～1125 年
在位）联金攻辽。虽然他们说服了徽宗，但大批朝臣极力反

---

①　艾琳·梁（Irene S. Leung）：《"毡包齐列，大帐紧闭"：北宋对边陲的视
　　觉呈现》（"Felt Yurts Neatly Arrayed"）。
②　女真南下之后，食物在外交宴会中扮演着相似的角色，见周辉《北辕
　　录》，第 1 页。对于这些标准化的描写，我们并不清楚宋朝的汉人、辽金
　　的汉人、辽的契丹人、女真人是不是以同样的方式理解的。宋朝的汉人
　　觉得用筷子吃东西是文明开化的标志，契丹人、女真人大概会觉得用筷
　　子的汉人缺少豪气，阴柔颓废。

对开战。① 大体上，十一世纪北宋的军事扩张主要是针对西北的党项与吐蕃，或者西南的羁縻部落，东北方向辽国的领土并不在其中。② 陶晋生、史乐民等学者都曾指出，十一世纪北宋致力于维持与辽的和平关系。③ 在这里，笔者希望先讨论后澶渊时代主战与主和派在朝廷的相对影响力，然后再呈现时人主张和平的理由与热情，最后探讨和平主张与跨境社交间的关系。

50

当然，在澶渊之盟以后的一个世纪里，不乏主张出兵幽燕的人物。重要的是理解这些鹰派人物所处的位置。表1-6收集了1005～1114年主张及反对收复幽州的论奏、言论、诗作。主战立场主要出现在1042年与1075年前后，此时正值宋辽关系出现重大矛盾的时期，对已有和议的失望和对未来走势的关切在士大夫之间传播开来。在宋人集中主战的时期，主战人物的平均年龄比推动和平的官员小了将近15岁（37.4岁比51.9岁）。同时，主战者在朝廷资历较浅，在他们的职业生涯中，他们在决策层的时间较少（1.6年比3.6年），而且他们往往要在很久以后才会进入决策层（表1-6第6列）。尽管宋代政治精英都明白燕地就是汉人的土地，也应是大宋的土地，朝廷仍然致力于维系和平。因此重视和平的政治家有时虽也会表达收复幽燕的愿望，但那要等到辽

---

① 伊沛霞：《宋徽宗》，第379～385页。
② 史乐民：《作为政治资本的收复领土主张》；蓝克利：《十一世纪后期甘肃青海边陲的武与文》。以笔者的统计，当北宋文章提到了"故土""故地"的时候，三分之二的情况是在讲西北地区、党项吐蕃人的土地（34/54，以《全宋文》第1至140册为限）；只有余下的三分之一把燕地作为故土，大多数时候也不是要发动对辽战争。
③ 陶晋生：《南北两天子》，第68～78页；史乐民：《神宗朝》，第464～465页。

朝因内乱而崩溃的那天。只有年纪较轻、政治影响力有限的官员才积极鼓动战争。

51

表 1-6　部分主张及反对收复幽州的论奏、言论、诗作的作者（1005~1114）[a]

| 时间 | 姓名 | 出处 | 宰辅年数 | | 年龄[c] |
			（职业生涯）	（之前或当时）[b]	
主张收复幽燕的鹰派					
	张方平	QSS 6:3874-3875	0.5		
	华镇	QSW 123:87-89	0	0	
	刘挚	QSS 12:7972	5.5		
1028？	夏竦	QSW 17:54-55	7.5	6	44
1030	张方平	QSW 38:5-6	0.5	0	24
1042	刘敞	QSW 59:251-252	0	0	24
约1045？	苏洵	QSW 43:61-65	0	0	37
1060	郭谘	XCB 191.4622-4624	0	0	
1072	吕陶	QSW 73:304-308	0	0	42
1073	冯山	QSW 78:261-267	0	0	46
1074	杨文广	XCB 258.6288	0	0	60[d]
约1075	晁补之	QSW 125:321-336	0	0	23
约1075？	李清臣	QSW 78:393-395	8	0	44
约1078	秦观	QSW 123:333-334	0	0	30
		平均	1.6	0.5	37.4
反对收复幽燕的鸽派					
	宋祁	QSW 24:335-339	0	0	
	李复	QSS 19:12436	0	0	
	张耒	QSW 128:33-33	0	0	
	毕仲游	QSW 111:79-80	0	0	
约1007	夏竦	QSW 17:53-54, 193-194	7.5	0	23
1041	张方平	QSW 37:35	0.5	0	35
约1041	尹洙	QSW 27:301-303	0	0	41

52

续表

| 时间 | 姓名 | 出处 | 宰辅年数 | | 年龄[c] |
			（职业生涯）	（之前或当时）[b]	
约 1043	范仲淹	QSW 18：152 - 159	2.5	0	55
1044	张方平	XCB 150.3657 - 3658；QSW 37：95 - 96	0.5	0	38
1044	富弼	XCB 150.3638 - 3655, 151.3674 - 3676, 153.3729 - 3731	10.5	2	41
1045	韩琦	XCB 154.3737 - 3739；QSW 39：220 - 222	13	2	38
约 1045	范仲淹	QSW 18：303 - 305	2.5	2.5	57
约 1049	宋庠	QSW 20：398 - 401	10	6	53
1052	包拯	QSW 26：40 - 41	1	0	54
1055	宋祁	QSW 24：340 - 352	0	0	58
1055	欧阳修	QSS 6：3630	7	0	49
1063	王安石	QSS 10：6510	6	0	43
1065	司马光	XCB 206.5008 - 5010	1.5	0	47
1065	胡宿	QSW 22：44, 46 - 47；SS 318.10368	5	5	70
约 1067	郑獬	QSW 68：48 - 49	0	0	46
约 1070	强至	QSW 66：29 - 30	0	0	49
1072	文彦博	XCB 238.5787, 238.5790 - 5792	19	15	67
1072	王安石	XCB 238.5787, 238.5790 - 5792	6	5	12
1075	张方平	XCB 259.6320 - 6321	0.5	0.5	69
1075	韩琦	XCB 262.6386 - 6391	13	13	68
1076	文彦博	QSW 30：223 - 225	19	15	71
1078	黄庭坚	QSS 17：11472	0	0	34
1083	苏颂	QSW 61：340 - 342	3	0	64
1084	毕仲游	QSS 18：11899 - 11900	0	0	38
1085	司马光	XCB 363.8689 - 8691	1.5	0	67

53

续表

时间	姓名	出处	宰辅年数		年龄^c
			（职业生涯）	（之前或当时）^b	
1086	吕　陶	QSW 73：241 – 244	0	0	56
约 1089	毕仲游	QSW 110：243 – 244	0	0	43
约 1089	苏　辙	QSW 94：360 – 361	3	0	51
1093	吕　陶	QSW 73：180	0	0	63
约 1100	苏　辙	QSW 96：28 – 29	3	3	62
约 1100	晁说之	QSW 129：401 – 418, 130：250 – 251	0	0	42
1101	任伯雨	QSW 108：230 – 233	0	0	55
1114	洪中孚	QSW 119：127 – 129	0	0	66
		平均	3.6	1.8	51.9

说明：a. 本表根据《全宋文》（QSW）、《全宋诗》（QSS）、《续资治通鉴长编》（XCB）、《宋会要》（SHY）、《宋史》（SS）、《三朝北盟会编》（SCBM）全文检索制定。关键词包括"燕蓟"（及相关）、"故地"（及相关）、"雪耻"（及相关）及"通好"（及相关）。析出相关文本以后，笔者再加以筛选，只有明确主张或明确反对出兵幽燕的才收入上表。有些人认为在遥远的未来辽政权会自行崩溃，那时可以再收复幽州，这些人被归为鸽派。本表到 1114 年为止，这一年鹰派开始鼓动皇帝及朝廷联合女真打击契丹。

b. 任宰辅年数，从拜官之年开始算起，到卸任截止，计其年数。如果当年就已经卸任，则取 0.5 年。"职业生涯"即当事人一生中担任宰辅的年数；"之前或当时"则计算当事者发表相关言论之时，已经任职宰辅的年数。

c. 这里的年龄以虚岁记，大部分源于 2013 年 10 月版的中国历代人物传记资料库（CBDB）。当人物生年不明的时候，以 CBDB"指数年"减 59 计。

d. 根据《宋史》，杨文广是杨延昭的儿子。在估计他的年龄时，笔者主要依据其任官年，因而实际上是将其作为杨延昭的孙辈对待。早期的杨家将故事也把他作为杨延昭的孙子。

　　张方平的情况颇具代表性。他的文集中有写于 1030 年的《送古卞北游序》。当时，他的朋友正要去北方边陲，因此张方平在此文中明确表示希望后者能为收复失地贡献力量，

以"雪中原百年之耻"。① 这时张方平才 24 岁；四年以后他才 54
成为进士，开始自己的仕宦生涯。到了 1041 年也即 11 年后，
张方平已经是一位成熟的官员，此时他正在为推动宋辽和平而
积极建言。② 年底他会转知谏院，这一备受推崇的职位可以让
他直接批评当时的政策。秦观（1049～1100）的情况也是如
此。当他在 1085 年前后入仕时，他已经不再好战，但他也承
认自己约十年前曾带头鼓吹进军幽燕、挥师西北，因此有了一
点名气。③ 主张出兵的人中还有郭谘，他就有点与众不同了。
虽然是进士出身，他后来做了一个当时罕见的决定转入武职，
因此无缘进入决策层。1060 年他主动献策平燕，提议朝廷使
用他自己设计的拒马车三千、陷马枪千五百等器械装备。④ 总
之，较年轻、较边缘的官僚更倾向于对辽采取强硬立场，对此
可以有不同的解释。其中之一大体是人们在仕途中不断积累经
验，政治视野愈加成熟，从而褪去了年轻时的好战热情。如果
他们与辽使有直接交往，这一经历带来的改变更是不在
话下。⑤

从表 1－6 中我们能得出的另一重要结论关乎十一世纪
后期的党争。我们知道宰相王安石（1021～1086）推行新
法，改革国家，以求富国强兵。由此，支持者与反对者结成

---

① 《张方平集》，第 561～562 页（《全宋文》第 38 册，第 5 页）。为方便起
　见，这里与下文中讨论表 1－6 中的篇目时，笔者会在括号中给出《全宋
　文》中的页数。
② 《张方平集》，第 263 页（《全宋文》第 37 册，第 35 页）。
③ 《全宋文》第 123 册，第 333 页。
④ 《长编》卷 191，第 4622～4624 页；《宋史》卷 326，第 10531～10532
　页。
⑤ 另外，一旦倾向于维持和平的政治家主导朝廷，他们可能有意识地将主
　战的人排除在决策层之外。

阵营，水火不容。传统的史学家抨击王安石，认为他的变法
要为北宋的灭亡负责；据称，1115 年以后的好战分子以他的
变法为蓝本。按照这种理解，王安石推行的对外扩张政策造
极于 1122 年吞并燕云的军事冒险行动，最终导致女真南下
以及北宋的彻底崩溃。① 可以肯定的是，王安石积极推动拓边
西北；可以说，因为他的改革引发了一系列变化，在他去世几
十年后，北宋确实占领了吐蕃与党项的许多土地。② 此外，王
安石的几乎所有政敌都批评其在西北发动的战争，这一批评
也时常与他们对王安石新法的抗议融为一体。③ 即便如此，
王安石和他的追随者并不主张对辽开战。事实上，在 1070
年代，那些主张攻入幽燕的人大都在政治上反对王安石——
吕陶（1031～1107）、冯山（1057 年进士）、晁补之（1053～
1110）、秦观。④ 总体而言，维持对辽和平的姿态超越了新旧
两党。

在十一世纪后期的政治话语中，一个突出的现象即人们着
重强调和平本身的意义——这从表 1-6 所录作者的诗文中就
可以看出。北宋后期政治家苏辙（1039～1112）的《燕蓟论》
深入讨论了"何谓割燕蓟之利"，因此值得我们细读：

55

---

① 对传统研究的回顾与批评，见陶晋生《南北两天子》，第 68～78 页。
② 史乐民：《作为政治资本的收复领土主张》；蓝克利：《十一世纪后期甘
肃青海边陲的武与文》。
③ 见《苏轼文集》第 2 册，第 737 页；《长编》卷 363，第 8689～8690 页；
《全宋文》第 78 册，第 266～267 页。
④ 事实上，在那些反对新法的所谓鸽派人物中，有些甚至还批评王安石及
其追随者在与契丹磋商的过程中但求姑息。关于 1070 年代王安石反对对
辽开战，见蒂策（Tietze）《1074 至 1076 年间的宋辽边境冲突》（"Liao-
Sung Border Conflict"），第 130～131 页。

真宗皇帝亲御六师，胜虏于澶渊。知其有厌兵之心，稍以金帛饵之。虏欣然听命，岁遣使介，修邻国之好。逮今百数十年，而北边之民，不识干戈。此汉唐之盛所未有也。古者戎狄迭盛迭衰，常有一族为中国之敌。汉文帝待之以和亲，而匈奴日骄。武帝御之以征伐，而中原日病。谓之天之骄子，非一日也。今朝廷之所以厚之者，不过于汉文帝，而虏弭耳驯服。则石氏之割燕蓟利见于此。夫熊虎之抟人，得牛而止。契丹据有全燕，擅桑麻枣栗之饶，兼玉帛子女之富，重敛其人，利尽北海，而又益之以朝廷给予之厚。贾生所谓三表五饵，兼用之矣。被毡饮乳之俗，而身服锦绣之华，口甘曲蘖之美，至于茗药橘柚，无一不享，犬羊之心，醺然而足，俯首奉约，习为礼义。①

56

此文开头和结尾的措辞都是在告诉读者，与辽朝议和不等于屈辱。按照苏辙的说法，是契丹而不是大宋在澶渊乞求议和。这之后，契丹就像一个朝贡国一样听命于中原天子，每年遣使修好。事实上，这种撑面子的说法在后澶渊时代很常见。还有的人会把宋辽关系说成是一种自上而下的羁縻（就像宋朝对待西南部落那样），在这个过程中大宋"文德怀远"，以文明教化远方的蛮夷。② 到了苏辙的时代，人们甚至可以说，对契丹的教化相当成功。苏辙提到了汉代学者贾谊（前200～前168）

---

① 《苏辙集》第 3 册，第 1012～1013 页（《全宋文》第 96 册，第 28 页）。
② 《全宋文》第 22 册，第 44 页；《张方平集》，第 561～562 页（《全宋文》第 38 册，第 5 页）。关于契丹人在澶渊乞求和议的说法，见《全宋文》第 17 册，第 53～54 页；《全宋文》第 27 册，第 302 页。

的"五饵"说，这是说每年支付的岁币会诱使辽人向化。现在，他们不再是贪得无厌、好恶无常的禽兽了。相反，在彼此往来时，他们遵守古代圣人创制以教化天下的礼法。① 与苏辙同时代的晁说之（1059～1129）还说，对辽的教化效果显著，现在辽主提到宋朝先帝的时候，都会感恩戴德，喟然而叹。②

苏辙的措辞不乏对四夷的偏见，这在传统中国政治文化中并不新鲜；但苏辙提出的另一点尤其值得注意。在称颂百年和平的同时，他认为澶渊之盟不仅是一种成就，而且在中国历史上史无前例。之前，范仲淹（989～1052）就已经提出，因为澶渊的和平，宋真宗的功业不下于汉文帝（前180～前157年在位）。③ 到了十一世纪中叶，宋人已经普遍认为，国朝修邻国之好，是能汉唐所不能；因此，宋王朝应将其视为自己的伟大胜利。早在1041年，张方平通判睦州时就曾上《平戎十策》，在讲到宋辽关系时他说："我与契丹通好余三十年矣，自汉氏已来，夷夏之和而能谨守信誓如今之久者，未之有也。"④ 1060年代中，胡宿也有类似的说法：

> 自尔边境长无风尘之惊，父老不识金革之警……国家承平百年，其间通好居六十年，前世所未有。⑤

---

① 宋人讲到宋辽关系时，不时会用到"五饵"说，如《全宋文》第20册，第399页；《全宋文》第24册，第343页；《全宋文》第30册，第223页。至于汉代的"五饵"政策，见巴菲尔德《危险的边疆》，第51～52页。
② 《全宋文》第129册，第407页。
③ 《全宋文》第18册，第304页。
④ 《张方平集》，第263页（《全宋文》第37册，第35页）。
⑤ 《全宋文》第22册，第46页。

十年后，宋辽勘界引发外交冲突；这时，文彦博（1006～1097）同样指出：

> 自真宗朝与通好，所以息民几八十年……历观前代中国与夷狄通好，未有如今之悠久。①

之后的 1083 年，苏颂（1020～1101）为他所编的收集宋辽外交文书的《华戎鲁卫信录》写了总序，其中说：

> 臣窃观前世制御朔漠之道……至于我朝，乃得上策。年历七纪而保塞无患，岁来信币而致礼益恭。行旅交通，边城晏闭；黎民土著，至老死而不知兵革。②

58

即使在北宋朝的最后几年里，执政者仍然不断强调宋辽间史无前例的和平。1118 年，郑居中（1059～1123）便以此反对联合女真：

> 至今几二百年，兵不识刃，农不加役。虽汉唐和戎，未有我宋之策也。③

与此同时，出于同样的考虑，宇文虚中（1079～1146）也提醒朝廷，宋辽间和平共处已经有一百多年了，虽然在领土与礼

---

① 《全宋文》第 30 册，第 223 页。
② 苏颂：《苏魏公文集》卷 2，第 1005 页（《全宋文》第 61 册，第 342 页）。
③ 《三朝北盟会编》政宣上帙，卷 1，第 5 页。

节问题上不免龃龉，但总是可以通过外交途径解决：

> 中国与契丹讲和，今逾百年。间有贪婪，不过欲得关
> 南十县而止耳；间有傲慢，不过对中国使人稍亏礼节而止
> 耳。①

紧接着，宇文虚中指出，与女真的关系就很难如此顺利了；此言最终一语成谶。

当然，宋人对和平的珍惜与现代的和平主义思想不同。我们已经能从苏辙的字里行间感受到华夏对蛮夷的高傲，同样的情况即使在鸽派话语中也十分常见。② 此外，有些人虽然反对对辽全面开战，却主张对契丹人采取强硬立场。比如，上文中我们已经读到文彦博盛赞宋辽间八十年的和平。但在 1072 年辽人"巡马过河"侵犯宋境时，文彦博就主张以牙还牙。③ 而且，几乎所有人都认识到边防绝不能松懈。张方平、胡宿等人虽然歌颂宋辽之间史无前例的和平，他们也强调朝廷不可有一日懈怠。④ 还有一些人觉得和平总有一天会走到尽头，尤其在 1042 年修改和议、1070 年代划界磋商的时候。宋人还很清楚，说不定某一天，契丹人就有了一位好战的皇帝。⑤ 最后，很多反对对辽开战的人都觉得宋朝有朝一日可能会收复幽燕。也许燕人自己会推翻契丹统治，迎接大宋军队；也许辽帝国会在对

① 岳珂：《桯史》，第 103 页；《宋史》卷 371，第 11526 ~ 11527 页。
② 陶晋生：《南北两天子》，第 34 ~ 52 页。
③ 《长编》卷 238，第 5791 页。
④ 《张方平集》，第 263 页（《全宋文》第 37 册，第 35 页）；《全宋文》第 22 册，第 46 ~ 47 页。
⑤ 例如《全宋文》第 24 册，第 351 页；《全宋文》第 108 册，第 232 ~ 233 页。

外战争中土崩瓦解；又或者，也许辽人自己会对宋开战，这时宋军别无选择只能奋起反击。[①] 尽管有这些不同意见，朝廷的鸽派人物都认为，为了幽燕之地而全面开战得不偿失。借用1070 年代的说法，"太平无为之时生事觅功"，[②] 放弃澶渊之盟，就意味着放弃好不容易培养起来的这种前所未有的双边和平关系。

那么，为什么在北宋的百年间，各党各派的决策者都致力于维持与契丹间的和平呢？尤其是在第四章中我们将会看到，十一世纪的燕地就是汉人居住的地方；为什么恢复"中国之地、前王之旧"的呼声没能撼动朝廷的决策呢？积极推动和平的政治家给出了不同的理由，其中之一是当时的实际情况。契丹人兵强马壮，之前曾在936 年、947 年和1004 年三次深入华北平原，直逼京畿腹地。[③] 宋人广泛地认识到，当年太祖太宗以百战之师尚且不能收复幽燕；现在承平日久，河北诸军战力有限，更缺少必要的准备，[④] 靠武力统一恐怕更行不通了。到1114 年，宋朝北边州郡的安抚使就坚信宋军绝对打不过契丹，因此他在奏议中直言道："若谋臣必欲收复燕云故疆，臣虽万死，不敢恭奉诏旨。"[⑤] 同时，对于主张维持和平的人来说，财政上的考量也不可忽视。相比战争的开支，每年的岁币

60

---

① 《全宋文》第 66 册，第 29～30 页；《长编》卷 154，第 3738 页；《全宋文》第 18 册，第 159 页；《全宋文》第 24 册，第 349～350 页。

② 《全宋文》第 125 册，第 321～322 页。

③ 《全宋文》第 18 册，第 157 页。

④ 尤其在 1040 年代与 1110 年代，宋人对河北的战备状况多有担忧，见《全宋文》第 18 册，第 95 页；《全宋文》第 22 册，第 46～47 页；《全宋文》第 111 册，第 80 页；《全宋文》第 119 册，第 127～128 页。

⑤ 《三朝北盟会编》政宣上帙，卷 19，第 180 页。

实在是九牛一毛。① 在各种实际因素中，鸽派人物还指出，澶渊之盟有切实的宗教约束力，因为它本身是双方天子向"天地神祇、宗庙社稷"的庄严宣誓；当时双方都已发下毒誓，"有渝此盟，不克享国，昭昭天鉴，当共殛之"。到了 1110 年代后期，宰相郑居中竭尽全力想要说服宋徽宗放弃背约，他说："今若导主上弃约复燕，恐天怒。"② 事实上，后来南宋人感怀中原故土时，就已经感到触犯天怒的后果确实很严重。③

除了上述原因，北宋政治文化中越来越重要的祖宗之法也为和平政策提供了强有力的支撑。④ 例如，1060 年代中叶，宋英宗（1063～1067 年在位）登基以后，枢密副使胡宿就告诫他应"守真宗仁宗法度"。胡宿注意到，"今搢绅中有耻燕蓟外属者"，因此，他认为英宗应延续真宗仁宗的政策，即"择良将以守边，选能臣而修聘，外固欢和之形，内修守御之备"。⑤ 英宗的继承者神宗似乎尤其致力于师法祖宗。1075 年，他问侍臣张方平："祖宗御敌之策孰长？"张方平认为与宋太宗（第二任皇帝）相比，太祖（第一任）与真宗（第三任）更为成功；因为太祖、真宗都能安辑四夷，天下因此安乐；太宗时则战争连年，两度进军幽州都无功而返。⑥ 三个月后，宋辽河东议界陷入僵局。虽然神宗感到沮丧，但他仍然表示，自

① 按照富弼的估计，每年支付给辽朝的岁币，大概只占战争开支的百分之一二。见《长编》卷 150，第 3640 页。
② 《三朝北盟会编》政宣上帙，卷 1，第 5 页。之前在 1076 年时，文彦博就说，如果宋朝坚守盟约而辽朝背信弃义，那么上天必然站在宋朝这边。见《全宋文》第 30 册，第 223～224 页。
③ 庄绰：《鸡肋编》卷中，第 45 页。
④ 邓小南、蓝克利：《祖宗家训》（"Ancestors Family Instructions"）。
⑤ 《全宋文》第 22 册，第 44 页。
⑥ 《长编》卷 259，第 6320～6321 页。

己会"以祖宗盟好之重",优容处之。^① 到了十一世纪后期,
鸽派人物大都强调澶渊之盟是祖宗成宪。^②

北宋的官员同样指出,使百姓免于战争之苦也是君主应尽
的责任。基于中国的政治哲学传统,天子受命于天,就有责任
让百姓丰衣足食,免于战乱与繁重的赋税。治理好自己的土地
比扩张领土重要得多。真宗就做出了榜样。澶渊之盟两年后,
有人就提出要出兵幽燕、一雪前耻,真宗回答说:"河朔生灵
始免兵革之祸,吾安能为此?"^③ 有宋一代,士大夫在献计献
策的时候,就经常援引这一基本原则。1071 年,苏轼写道:
"西取灵武,北取燕蓟,谓之有功可也,而国之长短,则不在
此。"^④ 相反,苏轼认为今上应致力于修复官府带给社会的创
伤(对苏轼来说,这意味着废除王安石的新法)。毕仲游
(1047~1121)之后也有相似的论点。为了阐述国朝是否应对
辽开战,毕仲游打了一个比方,即朝堂上的士人是否投入一场
激烈的辩论。他需要首先问自己,我的持论是否合乎道义?我
是否会因此牵连我的家人子孙?对于持论的要点,我的准备是
否充分?同理,在对辽展开军事行动之前,宋廷也应该认真考
虑,我方是否出师有名、是否合于义理?百姓是否安居、是否
与主上同心?国家是否有足够的财富支持这场战争?^⑤ 再往

62

---

① 《长编》卷 262,第 6386 页。
② 神宗朝之后,鹰派也开始诉诸祖宗之志。他们会说,军事扩张是为了继
　承太宗、神宗的大业,"绍述先志之政"。
③ 苏辙:《龙川别志》卷上,第 72 页;《长编》卷 67,第 1506 页。宋人经
　常会讲,真宗为了黎民百姓,才屈尊与契丹议和。见《全宋文》第 18
　册,第 157 页;《长编》卷 262,第 6386~6387 页。
④ 《全宋文》第 86 册,第 224 页。
⑤ 《全宋文》第 111 册,第 80 页。

后，到 1121 年，这是北宋出兵北伐的前夜，北宋将在一个世纪以来第一次出兵辽境，此时李璆（1151 年殁）还在做最后的努力，试图以同样的政治理念制止对辽开战，他说："今承太平之业，父老幸不识兵，虽不得燕云地，何阙于汉？"①

显然，这些维持宋辽和平的主张与论证在理论上也可被用来反对对党项人的战争。那么，为什么有这么多人支持在西北用兵，却很少有人认同在东北开战呢？再者，因为这些观念深深地根植在传统中国政治思想之中，其他时期的人似乎也可以用这些理由反对当时的军事扩张，比如唐初、明初。事实上，整个帝制时期，当官员们要推动和平的时候，他们有一整套反战说辞来阐述自己的主张。但其他时期的人们却不会像宋人反对与辽开战那样反对本朝的军事行动。当然，我们很难把推动某一政治运动的真正原因与用来为其张目的各种说辞区分开来。然而，鉴于澶渊体系下史无前例的持久和平，我们还是要在十一世纪寻找其原因。下文中，笔者主张，宋辽官员紧密的社交来往是使鸽派在朝廷占据主导的重要原因。

宋辽官员之间往来密切，彼此也都把对方看作同一个共同体内的有识之士，这得益于两朝间紧密的外事往来，以辽从宴会到唱和的互动方式。宋代文豪苏轼就这样认为。在 1088 年的宴席上，机智的辽使为了让苏轼再饮一杯，就引用了苏轼已出版的诗集中关于饮酒的两句诗。满心欢喜的苏轼起初还故作震惊："虏亦喜吾诗！"之后，他总结说："臣观其朝廷百官之众，而中国士大夫交错其间。"② 十一世纪，随着旧门阀大族

---

① 《宋史》卷 377，第 11654 页。

② 《苏轼文集》第 1 册，第 288 页；第 5 册，第 2154 页。

的瓦解，新兴的士人阶层以士大夫为彼此共同的身份认同。像苏轼这样杰出的文人都认为"士大夫"也在契丹官员中"交错其间"，这本身就是一个值得注意的现象。

辽国统治下的汉人应该也将自己的群体称为士大夫，只是要找到明确的史料更困难一些。在读陈襄《使辽语录》时，我们会发现许多辽朝官员都在询问宋朝官员近况。比如，辽的三司使刘云就问起吕公弼（1007～1073）与胡宿"莫只在朝否"，因为刘云出使开封的时候曾见过这两位。辽的度支使赵徽则向陈襄询问蔡襄"今在何处"。同样，赵徽在开封时，蔡襄曾是馆伴。① 生活在以汉人为主的燕地的辽国士人同样热衷于阅读宋朝名家的作品。尽管宋代对出版物出境有着严格的规定，在辽国境内还是可以读到宋朝大家的诗文。② 一些进入辽境的宋使还会自豪地说在这里也能见到自己或朋友已经出版的诗集。③ 苏轼为范镇（1008～1088）所作的墓志便曾说契丹乃至高丽都传颂着范镇的"文赋"。④ 无论这些说法是否有夸大的成分，这至少说明，诗文为辽朝官员争诵在当时是一件值得自豪的事情；这也进一步说明，对于宋人而言，辽朝官员也具有士大夫的品位，以及甄别佳作的能力。显然，宋辽汉人属于同一个士大夫共同体的观念进一步强化

64

---

① 《全宋文》第 50 册，第 228～237 页，尤其是五月十一、十三、十五、二十五和六月初二、十一、十八和二十日的条目。司马光也曾记载，辽使曾向宋使问起他的近况，见《涑水记闻》附录卷 2，第 354 页。

② 《苏辙集》第 2 册，第 747 页。关于宋代对跨境图书流通的限制，见魏希德（De Weerdt）：《苏辙见到了什么？》（"What did Su Che See?"）。

③ 如王辟之《渑水燕谈录》卷 2，第 15 页，卷 7，第 89～90 页。

④ 《苏轼文集》第 2 册，第 442 页。我们并不清楚这里的"契丹"是否专指辽国境内的汉人。

了宋人相信幽地及其汉人理应属于大宋的信念——笔者将在第四章讨论这一问题。但同一共同体的归属感也能促进宋辽外交使节之间的互相信任，这在长期来看有助于维持两朝间的友好往来。

外交过程中的社交活动还要求宋辽双方纷纷致辞，庆祝前所未有的澶渊和平。上文中，我们已经看到外交宴会的具体安排使双方对汉、契丹的身份有了共同的认识。宴会还提供了无数契机让双方官员称颂澶渊之盟以来的和平。作于外交宴会上的存世诗歌告诉我们，这些作品的主题集中在两朝的和平共处之上。[1] 外交使节之间互相致意的时候也是如此，表达问候与其他含义的陈词旧调往往会庆祝多年来的和平。例如，澶渊之盟四年后的 1009 年，路振出使辽朝，并详细奏报了自己的见闻。路振告诉我们，宴会之后是比试箭术的宴射，契丹"大内惕隐、知政事令耶律英"也来助兴。他一边举起大觞向汉使敬酒，一边祝愿"两朝通欢千万年"。[2] 宋朝的张保孙（1015～1085）通判离宋辽边界不远的恩州时，一次契丹使者过境，张保孙在席间为他践行时说："两朝通好日久，往来如一家，可谓太平！"[3] 其中的"太平"二字是多少王朝和叫嚣"岁在甲子"的千禧年信徒（millenarian）所没能实现的。上文中我们已经提到，陈襄的《使辽语录》尤其注重外交仪式，其中也有一个类似的例子。进入辽境之后，辽朝三司使、礼部尚书刘云伴宴劝酒，他对陈襄说："两朝通

---

① 《全宋诗》第 4 册，第 2220～2221 页；叶隆礼：《契丹国志》卷 24，第 232～233 页。
② 江少虞：《宋朝事实类苑》卷 77，第 1014 页。
③ 《全宋文》第 98 册，第 329 页。

好多年，国信使副与接伴使副相见如同一家。"① 外交宴会上　
双方庆祝和平的辞令，与宋朝内部议论政策时强调宋辽和平前
所未有的辞令如出一辙。这当然不是巧合。简单说，外交往来
过程中不断重复的程式套语，使珍视和平的话语逐渐成为宋代
政治文化中尤为重要的一部分；因为朝廷最重要的官员也亲身
参与外事活动，这一点就更加显著。

　　我们还可以用一个更具体的例子来说明双方官员间的社交
如何使宋辽高层间的信任感日益增强。富弼在十一世纪中期出
任宰相，其行状、神道碑、墓志铭俱存。这三种传记大体依照
当时官方档案与富弼家藏文书写成，具体记录了 1042 年他与
辽使刘六符、萧英及辽主的对话。② 上文中我们已经看到，在
去往开封的路上，富弼通过宴会赢得了两位辽使的信任。后
来，当富弼摒去左右之后，萧英就告诉富弼说，眼下危机的根
源在于"两国相疑"：宋人怀疑契丹人要帮助党项，辽人也怀
疑宋人屯兵西北，是不是会转而进攻辽朝。富弼进而补充道，
一旦两朝之间互相怀疑，那么"奸人"就可以施展"离间之
计"。于是萧英总结说："将来两朝遣使，必慎择其人，使通
两主之意，以解其疑。"③

　　之后几个月里，富弼两度使辽。过去，大多数研究者关注此
轮磋商的结果：宋朝增加了向辽支付的岁币，作为交换，富弼说
服辽主放弃了对关南十县的主张。但在这里，更有趣的是富弼
与刘六符以及辽主之间的交谈，连日的交谈让富弼相信自己已

①　《全宋文》第 50 册，第 230～231 页。
②　这三篇传记见《全宋文》第 49 册，第 229～233 页；《苏轼文集》第 2
　　册，第 526～528 页；《全宋文》第 71 册，第 314～321 页。
③　《全宋文》第 71 册，第 315 页。

66 经掌握了辽方的意图。富弼与辽朝君臣交谈了许多天。他们不仅在朝堂上交谈，也在打猎时有所交流。史传以相当的篇幅记录呈现了这些对话，从中我们可以发现富弼与和他对谈的辽国君臣间开始出现一种互信关系。渐渐地，双方都认为已经理解了彼此的意图、主张。到 1043 年，富弼已经回到开封。他上章论事，强调自己完全掌握了情况：

> 臣昨奉使契丹，彼执政之官，汉使未尝见者，臣皆见之。两朝使臣，昔所讳者，臣皆言之。以是得详知其情状。①

一年之后，辽军在党项方向大举集结。富弼上章论奏，条陈九点，以细致的分析令仁宗相信这一军事部署绝非针对宋方。他对自己的判断很有信心，甚至说如果契丹人转而攻宋，自己愿意承担欺君误国之罪（"臣为罔上且误国"②）。当然，我们也应该注意到，富弼对辽人的信任不是没有限度的。他很清楚，一旦有"奸人"挑拨离间，那么情况就会有所不同。因此，尽管他确信辽朝暂时没有进攻宋朝的计划，他同样强调宋朝边防须臾不可懈怠。总体而言，富弼对宋辽间长期稳定的和平关系保持谨慎的态度，但当时宋辽两朝官员之间的互信同样不可忽视。这一互信显然来自宋辽之间因外交活动而存在的社交空间。

在宋辽关系史上，富弼的外交活动具有里程碑式的意义。

---

① 《长编》卷 140，第 3360~3361 页；《全宋文》第 71 册，第 320 页。
② 《苏轼文集》第 2 册，第 531~532 页；《全宋文》第 71 册，第 321 页。

他不仅使宋辽两朝重新议和，还在两朝之间培养了一种新的信任感；更重要的是，他使两朝相信，外交可以有效地解决分歧。尽管在 1042 年年初，契丹人还在边境大集军队。两年后，蔡襄注意到，朝廷似乎已经忘记了边备之急，整个北方仿佛是太平无事了。① 到了 1060 年代中期，曾于 1048 年、1057 年两度使辽并多次接待辽使的胡宿明确表达了对宋辽外交的信心。　67
当时边境有些"侵诬尺寸"的小事传来，胡宿表示，这样的事情"移文足以办之，何遽至兴甲兵哉?"② 同样，郑獬（1022～1072）也强调，对于契丹人征用边境税户的传言，宋廷不必过于紧张。几年前刚刚出使辽廷的他此时坚信，辽朝"举动亦顾曲直"，不会乱来；所以他反问道："今无衅隙，何缘遽有南牧之计?"郑獬进而认为，边境的实情，似乎是"当地雄豪"在未经辽主许可的情况下为非作歹。③ 几年后的 1070年代中期，曾出使辽朝（1038 年）并两度馆伴辽使（1038年、1059 年）的韩琦同样告诫朝臣，在河东争界过程中应镇定处之。在韩琦看来，辽朝和宋朝一样，可能会因为各种各样的原因担心对方起事。④

　　1072 年，宋辽边境又发生了小小的龃龉。在这一事件中，宋朝官员间对辽朝的信任感就以非常有趣的方式体现出来了。此时，位极人臣的王安石正在全力推行他的新法。这年四月，边郡雄州的知州张利一不断上言，称契丹人多次越过白沟河侵

---

① 《全宋文》第 46 册，第 351～352 页。到了 1076 年，文彦博将把整个 1042 年的冲突描述为"琐琐细故"。
② 《全宋文》第 22 册，第 44 页。
③ 《全宋文》第 68 册，第 49 页。
④ 《长编》卷 262，第 6387～6388 页。

犯宋境。① 一些朝官认为应派出军队予以强硬回击，同时还应加强河北边防，甚至不惜违反澶渊之盟，在边境新设堡寨。王安石则坚决反对。王安石对全局有自己的把握，他恐怕不想把国力消耗在这件事上。不过，王安石反对强势回击的理由值得我们注意。首先，他认为一切应在澶渊之盟框架下进行，换言之，宋方首先应诉诸外交途径。当时，张利一请求朝廷允许其对辽方巡马予以打击，以防止契丹人在宋境之内修筑防御工事。王安石直接表示，辽人绝不可能以这样的方式侵犯宋界。继而，他坚持认为，等到他们真的在宋境之内修筑工事的时候，两国间的争端也可以通过外交沟通，协商解决（"若待彼移口铺向里，乃可与公牒往来理会"②）。

王安石反对回击辽人的第二个理由就更加有趣了。王安石或许有他自己的信息渠道，因此他视张利一及其同党为区区"边吏"，认为是这些人主动挑衅并激怒契丹人，继而发来奏报，误导朝廷。既然王安石不相信宋朝的边陲官员，那么在他看来，朝廷应该相信谁呢？"契丹主即位已二十年，"王安石说，"其性情可见，固非全不顾义理，务为强梁者也。"几天之后，王安石重申了自己的观点："契丹主即位几二十年，所为详审，必不肯无故生事。"③ 总之，到1070年代初，因为宋辽精英长期的往来对话，宋朝的执政者甚至相信辽朝的主政者和他们一样以大局为重，反而是宋朝一方的地方官员有可能无事生非。

---

① 关于有关奏报及朝廷回应，散见于《长编》卷232第5638页至《长编》卷242第5801页之间，不一而足。
② 《长编》卷236，第5725页。
③ 《长编》卷236，第5734~5735页；卷236，第5751页。

最后，到了十一世纪后期，宋方对辽方的信任不断增强，这里我们不妨以苏辙为例，稍做展开。尽管人们经常把苏辙看作王安石的政敌、新法的反对者，但他对辽朝君臣的看法和王安石几乎一致。1089 年出使辽廷之后，他向宋廷做了如下汇报：

> 北朝皇帝年颜见今六十以来，然举止轻健，饮啖不衰，在位既久，颇知利害。与朝廷和好年深，蕃汉人户休养生息，人人安居，不乐战斗。加以其孙燕王幼弱，顷年契丹大臣诛杀其父，常有求报之心，故欲依倚汉人，托附本朝，为自固之计。虽北界小民亦能道此。臣等过界后，见其臣僚年高晓事……皆言及和好，咨嗟叹息，以为自古所未有，又称道北朝皇帝所以管待南使之意极厚。有接伴臣等都管一人，未到帐下，除翰林副使……皆言缘接伴南使之劳。以此观之，北朝皇帝若且无恙，北边可保无事。惟其孙燕王，骨气凡弱，瞻视不正，不逮其祖，虽心似向汉，未知得志之后，能弹压蕃汉保其禄位否耳。①

在这里，苏辙对于辽朝结好宋朝的意愿充满信心。他指出，深明大义的辽朝大臣在谈到两朝八十年来的友好关系时，纷纷感叹其来之不易。显然，基于他亲身使辽的经历，苏辙开始认为，辽朝士大夫中也不乏睿智、富有远见的人物。当然，和富弼一样，苏辙在谈到未来时也相当慎重。皇位继承充满变数。如果说富弼认为奸人可能离间两朝，苏辙则认为新帝即位以

① 《苏辙集》第 2 册，第 748～749 页。

后，辽朝政局可能会有变数。总体上，苏辙充分相信，辽朝官员会遵守澶渊之盟的约定，也坚信外交途径可以有效解决冲突龃龉。

当然，宋辽官员间跨境、跨政权的社交也有其阴暗面，这同样值得我们注意。持续到深夜的宴会往往少不了大量酒精助兴；这不一定总能增进在场者的友谊。各种恶意、敌视情绪也会在这样的场合流露出来。例如，在十二世纪初，官员林摅出使辽朝。因为行酒令中的拆字游戏，他大骂契丹馆伴使。于是辽朝大臣把这事奏到了宋朝这边，林摅因此遭到降黜。① 显然，宋朝也觉得林摅的行为乖张失礼。其他时候，也频频有人因为这样的事情被贬官。刘沆（995～1060）在宴席上因醉酒拂袖而起，大骂契丹馆伴使杜防；回朝以后，朝廷就把他贬到潭州去了。② 1054 年，吴奎（1011～1068）和郭逵（1022～1088）出使辽朝，辽朝官员邀请他们同上辽主尊号，两人执意不可；之后参加辽朝盛礼，辽人邀请他们立于"本班"以示尊宠，二人又坚持"立于别次"，自始至终抱有强烈的对立情绪。辽人将此事告于宋朝，两人因此被降职。③

谈到因使节来往而结怨、最终引发灾难的事例，就不能不提宦官童贯，此人在徽宗朝后期备受宠信，权倾一时。1111 年，在徽宗的授意下，童贯以贺生辰使的身份使辽。这显然很不合适。童贯是个宦官，因此不像以往正使那样是正经的士大夫。辽人觉得宋朝派一个宦官来访，本身就是轻蔑本朝的表现；所以童贯在辽期间，辽人以各种方式公开戏弄他。于是，

---

① 赵彦卫：《云麓漫钞》卷 10，第 165 页。
② 《宋史》卷 285，第 9606 页。
③ 《全宋文》第 98 册，第 340 页。

十二世纪中期的南宋史学家认为，童贯因此而起的怨恨最终导致辽朝灭亡，而宋朝则失去了整个中原。① 在辽期间，童贯秘密会见了一些有意投奔宋方的辽朝汉人官员。在这些人及一些边将的帮助下，童贯进而鼓动宋徽宗和当时的宰相〔以王黼（1079～1126）为主，也许还有蔡京（1047～1126）〕联金灭辽——其灾难性的结局我们已经知道了。在某种意义上，童贯的经历再次说明，社交活动对于维持宋辽关系至关重要。一旦两朝官员间的交往崩溃了，灾难便随之降临。不过，同样值得注意的是，即使在 1110 年代后期，当女真大举起兵、辽朝即将崩溃的边报不断传来时，许多宋朝宰辅依然反对主动攻辽，童贯也很难说服他们。② 数十年后，南宋士大夫陆游（1125～1210）记载了一件令他感到奇怪的事情：

> 初，元丰中，蔡京使房，（李）俨馆之，情好颇厚。及崇宁后，二人者皆专国，每因使聘往来，辄问安否，而二人者卒为国祸基，可怪也。③

伊沛霞认为，在出兵幽州的问题上，蔡京的态度充其量只是不置可否。如果她是对的，那陆游所说的情况就没有什么可奇怪的了。④ 以蔡京与辽朝官僚的个人友谊，他很有可能并不完全站在主战派这边。但无论蔡京本人抱有怎样的立场，像陆游这样的下一代士人仍会认为蔡、李两人的交往本应该巩固两朝间

71

---

① 李心传：《建炎以来系年要录》卷 1，第 2 页。
② 伊沛霞：《宋徽宗》，第 379～385 页。
③ 陆游：《家事旧闻》卷 1，第 191～192 页。
④ 伊沛霞：《宋徽宗》，第 523～525 页。

的和平，当时政治精英所理解的两朝社交的意义由此可见一斑。

小　结

澶渊之盟下的宋辽交聘制度对中国政治文化产生了深远的影响。在第六章中，我们会更进一步讨论交聘制度下的另一产物，即使节在旅途中对边疆地理、文化风貌的重新认识。在本章中，笔者着重讨论了宋辽官员间的交往及其影响。每年，宋辽两朝都会派出多个使团互访，因此相当一部分宋代宰辅——中书门下与枢密院的决策者——都有机会去辽廷和对方高级官员会面，或者在开封接待对方。于是，这些官员就有了对其他政权、其他文化的深入体验，这在中国历代王朝中实为罕见。宋以前，尽管华夏王朝周边的政权会定期前来朝贡，但出仕中原王朝的官员却很少能有机会离开朝堂前往遥远的边陲。更重要的是，并没有史料表明之前王朝的重臣和前来朝贡的外国使节间有过深入的交往。宋代外事官员代表了当时的顶级政治精英，这一事实意味着他们的外事经历会切实影响到政策的制定与政治文化的形成。即便那些从没有出使过辽朝或接待过辽朝来使的宋代的宰辅，也会因为与同僚共事而为这种新的政治文化所渲染。

我们已经看到，长达数周的旅程、不断举行的晚宴，让宋辽官员可以彼此深入交往。同时，打猎、宴射、赋诗等其他活动也促进了他们之间的往来。宴会中双方都会喝很多的酒，虽然有时会引发争吵，以致失礼失态，但这也使双方放开拘束，开怀畅谈。因为他们之间的密切往来，宋辽的官员可以交流学问，分享各自对周遭的认识。尤其是对契丹、汉两族的不同之处，他们有了共同的理解。在第五章中我们还会看到，正是辽朝的民族政策催生并强化了契丹与汉的差异。

十一世纪政治精英间跨越政权、文化的交往显然增强了宋辽两朝间的互信。在史料中我们已经看到，宋代执政者有时宁可相信辽朝君臣会和他们一样信守和平，也不愿采信本朝地方官员旨在激化事态的奏报。这样的观念显然可以帮助我们解释为何宋朝官员中的许多人认为燕地自古以来就是华夏领土，因此宋朝理论上应该将其纳入版图，他们仍无意用武力将其收复。当然，同胞情谊在宋辽汉人官员间最为强烈。说到底，这些人说着同一种河北方言。与此同时，在本章所给出的例子里，我们已经看到了萧英、耶律防、耶律英这样的契丹人。辽朝的汉人官员自然大大方便了宋辽外交间的官员交往，而契丹人也同样积极参与其中。

在分析十一世纪宋辽外交机制时，陶晋生注意到宋辽关系与五代时期各政权的往来以及战国时期各政权间的往来有许多相似之处。[1] 其他学者也曾比较宋辽关系与近代早期的西方国际体系。不过，我们不应太过执着于这些类比。十世纪五代各政权都认为自己是唐王朝的继承者，而在战国时期，列国也都认为自己是东周天下的一部分。同样，在欧洲，十八和十九世纪的主要外交会议奠定了近代欧洲国家的格局，当时的参会代表大体来自贵族阶层，或是其他一些对跨国沙龙文化与文人共同体（Republic of Letters）有明确归属感的政治、社会精英。[2]

宋辽关系就很不同了。关键在于，从一开始，宋王朝的合

73

---

① 陶晋生：《南北两天子》，第 5 ~ 8 页。
② 维齐（Vick）：《维也纳会议》（*Congress of Vienna*），第 112 ~ 152 页。

法性建立在完成大一统的基础上。于是，在政治话语的层面，宋人就需要将辽政权的领土视为化外之地，即华夏天子无须直接控制的地区。① 因此，大部分宋代文书都以蔑称称呼契丹人。此外，尽管宋代知识精英清楚地认识到辽朝治下的汉人与契丹人截然不同，但事实上当时的文献还是会以契丹人代指辽朝的所有臣民。在这样的背景下，尤其值得注意也尤其重要的现象是，宋代政治精英有时会将辽朝官员视作衣冠人物，甚至将他们视作士大夫共同体的一员。这有可能意味着，此时华夏与华夏之外的分野不再是文明与野蛮的对立，而更多是一种族群间的差异，这种区隔的一方是汉人的世界，另一方则是有开化潜质的他者。

---

① 见第四章。

第二章　北方边防

要真正理解十一世纪的政权间格局，以及宋人所想象的自
己在这一体系中的位置，我们就不能只讨论外交关系，还必须
考察宋代的边防建设。近十年来，对宋代军事史的研究持续升
温。更早之前，学界错误地认为宋朝在军事上很弱，因此对宋
代军事史重视不足。现在，许多学者已经摒弃了这样的偏见，
取得了许多新的研究成果。[①] 在此基础上，本章关注的是澶渊
之盟之后、十一世纪上半叶北宋的边防策略。这一时期上承宋
辽战争，宋朝许多官员对契丹的强大记忆犹新，也担心辽朝会
大举入侵。同时，从 1030 年代开始，党项人又对宋王朝构成
了新的挑战。后文中我们会看到，为了应对这东西两面的威
胁，宋人投入了大量人力物力，沿宋辽、宋夏边境构建了以堑
壕等其他人造障碍物组成的军事防线。当然，到十一世纪下半
叶，这些防御设施就渐渐荒废了——因为宋廷开始感到宋辽和
平日渐稳固，同时宋军已经攻入西夏的领土了。

历史上，不同时期边防策略各有异同。1082 年科举时，

---

① 就英语世界而言，近来宋代军事史的主要成果有以下这些。史乐民：《作
为政治资本的领土收复主义》；史乐民：《〈水浒传〉与北宋军事亚文化》
（"Shuihu zhuan"）；堂·怀亚特（Don J. Wyatt）：《真实与想象的战线：
中古中国的战争、边境与身份认同》（*Battlefronts Real and Imagined*）；龙
沛（Peter Lorge）：《统一中国：宋代以战争建立的和平》（*The Reunification
of China*）；乐永天（Elad Alyagon）：《黥：宋代士兵、武人文身与中国下
层阶级的形成，960~1279》（"Inked"）。

尚书左丞（副相）王安礼（1034~1095）为应策时文命题，其五题中的第四题，对历代边防有一个提纲挈领的概括：

> 夷狄之为中国患，其来尚矣……今欲考众说之是非，以求至当之说。若验之于已行之迹，然古之御戎者，不过有命将帅而伐之者，有筑长城而绝之者，有奉金缯币而和亲之者……严尤以为古无上策，周得中策，汉得下策，秦无策焉……然则考古之事，酌今之宜，务求最上之策，以外威四夷，内强中国，子大夫以为何施而可乎？①

该题的核心指向历代王朝所面临的一个重大问题：如何应对欧亚草原的游牧民族及其骑兵部队？立足中国北方的历代王朝所处的地理环境与文化生态基本相仿，本章的第一部分将考察这些因素。然而，尽管历代王朝都必须面临这些挑战，不同时期的决策者仍以不同的方式组织边防，王安礼的策问命题就充分说明了这一点。如果说唐王朝通过彼此牵制的朝贡国与羁縻政权实现纵深防御，② 那么十一世纪上半叶的北宋，则构建了战线防御体系（perimeter defense），以期御敌于国门之外。那么，我们应该如何理解北宋中前期的这一特有的防御策略？

最直接的回答当然是地理、政治形势使然。辽朝的军队比

---

① 《全宋文》第 83 册，第 71 页。

② 斯加夫：《跨越草原与耕地：唐与内亚游牧民的关系，640~756 年》（"Straddling Steppe and Sown"）。甚至到九世纪中叶，唐朝仍通过其军事资源与政治资本管理缘边羁縻部落，以维持对草原的霸权。参见张国平（Michael R. Drompp）《唐代中国与回鹘帝国的瓦解》（*Tang China*）。

唐帝国面对的任何敌人都更强大。后文中我们还会看到，宋辽
边境横跨人口密集的华北平原，这本身就对边防建设提出了新
的挑战。不过，本章希望说明，左右宋人战略选择的不仅是地
理、军力对比等现实因素，当时的政治文化观念同样扮演着重
要的角色。更具体地说，宋人拥有一种新的世界观，一种新的
对王朝的理解；这帮助宋人认识到其军事力量有其天然局限，
并形成了新的防御策略。

地理条件的限制

76

　　在讨论北宋乃至古代中国的军事政策前，我们有必要了解
东（北）亚自然地理所产生的影响（图 2−1 及图 2−2）。对

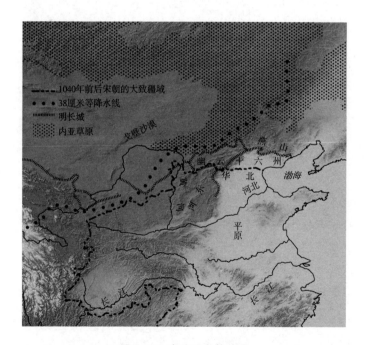

图 2−1　东北亚自然地理

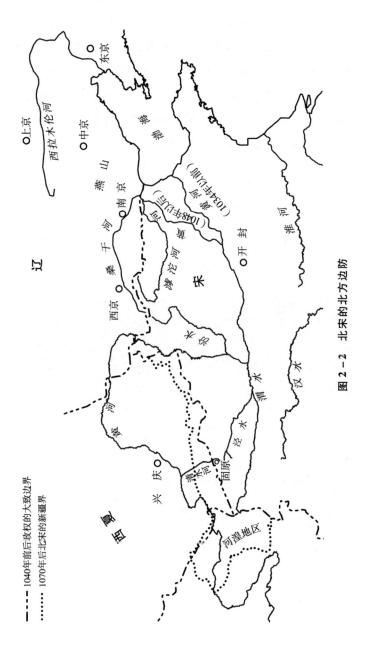

图 2－2　北宋的北方边防

—— 1040年前后政权的大致边界

······ 1070年后北宋的新疆界

北方边防而言，自然环境在三个方面有着重要意义。首先是前工业时代农业经济的自然边界。历代中原王朝都以农业为本，国家的主要活动即管理农业人口并向他们征税。历代地方行政体制大体上都是为了农耕地区设计的，国家在征收谷物的同时还从农耕人口中征发兵役劳役。进入宋代，中原政权已经有了非常先进的技术用来管理可耕作地区；但是，要驾驭无法开垦的草原地区，行政成本往往就过高了。因此，华夏文明总是向南扩展。在那里，尽管开垦农田需要投入大量劳动力以清空森林或改造湿地，但潮湿、温暖的气候可以让农业很快发展起来。[①] 农业开垦在北方与西北方的发展则受制于内亚干燥、寒冷的天气。如果年降水量不足 38 厘米，那么非绿洲型的农业生产方式就基本不可能成立。这在前近代世界就意味着在当地部署国家行政机构或驻军的成本将十分高昂。[②] 所以，直到今天，汉族基本上仍生活在中华人民共和国东半部分的所谓"中国本部"（China proper），大体上处在 38 厘米等降水量线的东南侧。

东亚自然环境下第二个重要因素就是横亘在东亚世界北侧的欧亚大草原。从蒙古东部一直到东欧，这一辽阔的草原上很难开展非绿洲型农业生产，但牧草却能在寒冷干旱的气候下旺盛生长，从而支撑起游牧经济。因此，草原和农耕地带之间的

78

[①]　关于南方的"大有可为的发展潜力"，见拉铁摩尔（Lattimore）《历史中的边疆》（"Frontier in History"），第 475～477 页。在数千年里，汉人的开垦改变了中国南方的自然环境，见伊懋可《大象的隐退》（*Retreat of the Elephants*），第 9～39 页。

[②]　斯加夫：《跨越草原与耕地》，第 242～262 页；濮德培（Peter C. Perdue）：《中国西征：清朝对欧亚大陆腹地的征服》（*China Marches West*），第 38～40 页。关于北宋西北边防补给，见程龙《北宋西北战区粮食补给地理》。

生态差异催生了一条更为鲜明的文化边界。[①] 草原上的游牧部落蓄养了大群马匹，那里的儿童从小就学习骑乘。虽然理论上在中原的农耕区也可以养马，但从经济上看，还是发展农业更为实惠一些，这样单位土地才能产出更多的卡路里。[②] 这样一来，如何确保国家拥有足够的战马与优秀的骑兵，成为中原王朝的一个长期问题。[③] 大多数中原王朝会从周边的羁縻部族或其他非汉人族群中招揽骑兵，以组织成有战斗力的骑兵部队。至于那些属于中原周边的草原牧区，且和王朝为敌的部族，虽然它们也会骑马抄掠、威胁边陲，但一般不会构成真正的威胁。一旦北方的欧亚草原孕育了一位自己的领袖统一诸部，并建立联合政权（confederation），那么他的手下就会有一支规模空前的骑兵部队，即使把西藏、云南及其他西南地区的牧民都动员起来也无法与之抗衡。这些纵横草原的游牧政权并没有足够的人力长期驻守中原腹地，但他们间或南下抄掠，就可以使边陲陷入混乱。所以，古来治国者总是会发现："御戎无上策"。

地理影响军事策略的第三个方面，在于显著地形构成的屏障对华夏与游牧地区的分割。这其中以处在华北平原最北端的燕山山脉最为引人注目。确保对燕山各隘口的控制至关重要，

---

① 巴菲尔德：《危险边疆》，第 1~31 页。

② 布叶（Bulliet）：《打猎、放羊和汉堡：人与动物的过去与未来》（*Hunters, Herders, and Hamburgers*），第 18 页。

③ 宋祁曾指出："中国马少，又人不习骑。"见《全宋文》第 23 册，第 258 页。关于唐宋明的马政与马匹贸易，见斯加夫《跨越草原与耕地》，第 178~207 页；史乐民：《取税天府：马匹、官僚与四川茶业的崩溃，1074~1224 年》（*Taxing Heaven's Storehouse*），第 13~47 页；濮德培：《中国西征》，第 68~72 页。

因为燕山以南一马平川，广袤的平原从今天的北京一直延伸到几千里外的长江。对于宋都开封而言，黄河可以构成第二道天然障碍，当然河北就指望不上它了。华北平原的西侧山势起伏。这里的关键在于保卫土地肥沃的河谷地区，而那些向东向南深入中原腹地的河谷就是重中之重。河东（山西）中部的恒山是战略要地，它将北面的桑干河流域（当时被辽所控制）与南面的汾水、滹沱河分割开，而汾水、滹沱河都会一路汇入中原。所以，北齐在这一带修筑了"内"长城。千年后，明王朝在这里重建长城。现在，在雁门关一线还能看到多座内填夯土的关城，它们向我们呈现出明代边防的布局。对于这些隘口，宋王朝寸步不让。在 1074 ~ 1075 年的河东争界期间，辽人希望以对自己有利的方式重新划界，宋人则旨在获得能够俯瞰滹沱河流域的黄嵬山。936 年，辽人正是在占据了这一高地之后打通了进军中原的路线。[1]

　　无论是治理国家还是整备边防，历代王朝都以相似的方式面对东亚的自然地理环境。对此，我们可以举出许多的例子。总体上，囿于农耕活动的自然边界，大多数王朝统治着中原地区，未必能把疆土拓展到更远的区域。因此，只有一些朝代能直接管治今天的东北三省以及新疆地区的塔里木盆地。明长城和 38 厘米等降水量线大体吻合（见图 2-1），这当然也不是巧合。以恒山地区为例，这里的明代城关大体循着早先王朝所开拓的天险而布局。事实上，宋辽边境的许多地方和北齐长城一致；而宋夏边境的一些地段就是战国时秦长城的故址。[2] 同

　　80

---

① 谭凯：《长城与宋代的边境构想》（"Great Wall"），第 1、25 ~ 126 页。
② 同上文，第 125 ~ 127 页。

样，今天宁夏回族自治区南部的固原也具有相当的战略价值。这里扼守着连接清水河（宋人称为葫芦河）河谷与泾水上游的通道，而泾水一路向南进入渭水流域与关中腹地。因此，若要进兵关中，固原便是必争之地。李峰在其西周史研究中就已经指出，在西周以来的许多朝代中，西戎入侵中原时就从固原南下。因此，固原以北就有许多西周战国以来的城防遗迹。[①]这一带还有大量宋代堡寨，如今在当地的玉米地里还能找到当时夯土而起的城墙。[②] 不过，在东北方向上，宋人就不能像之前的王朝那样以天险为屏障。因为燕地、燕山都不在宋朝境内，整个华北平原直接向契丹骑兵敞开。下文中我们会看到，这一防御上的弱点也是北宋朝臣规划边防时关注的焦点。

82 以史为鉴的北方边防

宋朝的军事决策不仅受到地形、生态因素掣肘，影响宋人边防思想的还有前朝治理边陲的经验教训。宋代官员的教育背景决定了他们熟悉史部文献，在时政辩论中他们经常讨论前朝得失。事实上，在制定军事策略的时候，历史的经验提供了多种可能的方案。989 年张洎（933～996）的奏议便是一例：

> 北戎为患中国，自古而然，夏、商以还，桀暴滋甚。备御之术，简册具存。或度塞以鏖兵，或和亲而结好，或

[①] 李峰：《西周的灭亡：中国早期国家的地理和政治危机》（*Landscape and Power*），第 35～40、52 页。在今天，福银高速公路将固原与泾水河谷连接了起来。

[②] 《中国文物地图集（宁夏）》以橙色椭圆标记了宋代堡寨遗址，见第 128～129 页。谷歌或微软的卫星图上，可以辨识出三川寨（36.125265N，106.250609E）与高平寨（36.081780N，106.175989E）。

诱部落以分其势，或要盟誓以固其心，谋议纷纭，咸非得策。举其要略，唯练兵聚谷，分屯塞下，来则备御，去则无追，是矣。①

这里，张洎罗列了多种不同策略，值得我们逐一讨论。

首先是"度塞以鏖兵"。汉武帝就大力推行这一主动出击、开拓疆土的战略。武帝即位时，汉与匈奴之间已经维持了数十年的和平。武帝一改之前的方针，在自公元前129年起的三十多年间多次出兵，远征漠北与西北，先是将匈奴逐出了河套地区，即黄河大拐弯处，继而又打通了河西走廊，最后在塔里木盆地的西域绿洲驻军。② 几个世纪后的初唐时期，唐太宗和他的继承者也以类似的方式大举出兵。唐先是在630年大败当时控制蒙古高原的突厥，又在之后的数十年里恢复了在西域的驻军。③ 虽然宋朝无力把军队投送到远离农耕文明的地区，之后的中原王朝依旧采取了积极进取的策略。例如，十四世纪末到十五世纪初，明王朝就六次出兵，深入蒙古草原，以期彻底扫除蒙元余部。④ 因为军事上的成功，这些旨在开疆拓土的政权并不需要依靠边境城防来维系边防。唐王朝及明前期都没有兴师动众地修建长城。相反，他们依托一系列军事要塞，如唐代的"受降城"、明初的"外八镇"，并在这里驻扎大量机

82

---

① 《长编》卷30，第666页。
② 余英时：《汉代对外关系》（"Han Foreign Relations"），第389~391、405~411页。
③ 魏侯玮（Wechsler）：《巩固政权的唐太宗》（"T'ai-tsung the Consolidator"），第220~228页。
④ 沃尔德（Waldron）：《中国的长城》（Great Wall），第72~79页。

动部队。一旦有敌人来袭，他们可以迅速出动，予以反击。①

　　张洎提到的第二种方案，就是通常说的"和亲"。这一政策同样可以追溯到汉代对外关系，其核心即汉朝派出公主（或宫女）与匈奴单于联姻。汉宫女王昭君远嫁匈奴的故事可谓家喻户晓，她的形象不断出现在后世诗文中。在这些文学作品的推动下，和亲体系就这样深深嵌入了后来的历史记忆。在谈到和亲时，很多学者关注的是联姻。然而，汉朝的和亲政策还意味着汉朝要向匈奴王廷赠送大量的嫁妆，并与这一草原政权约为兄弟。② 在一些情况下，唐王朝延续了汉朝的政策，将公主远嫁突厥、吐蕃与回鹘。③ 虽然宋朝从没有把公主嫁给契丹人，但澶渊之盟以后的一些执政大臣也会用"和亲"一词来描述宋辽关系。这大概是因为宋辽皇帝已经约为兄弟，且宋朝也每年向辽朝送出岁币的缘故。

　　张洎说的第三种方案即分而治之。中原王朝可以选择性地联合一些部落，以此介入草原政治。汉武帝与唐太宗都采取了这一策略：武帝与南匈奴合兵，太宗则与毗伽可汗联合。唐太宗在这方面取得了空前的成功，最终使各部首领尊他为"天可汗"，亦即把他当作草原各部实际上的领袖。④ 宋朝也尝试在缘边建立羁縻政权，但收效往往有限。⑤ 还有一些情况下，

83

----

① 关于唐代的情况，见斯加夫《跨越草原与耕地》，第216～271页；明代的部分，见沃尔德《中国的长城》，第76页。
② 余英时：《汉代对外关系》，第386～389页。
③ 潘以红：《联姻与汉国际政治中的公主》（"Marriage Alliances"）。
④ 余英时：《汉代对外关系》，第403～405页；魏侯玮：《巩固政权的唐太宗》，第222页。
⑤ 宋代决策者有时也采取分而治之的策略，如1040年代，他们就希望利用吐蕃与党项间的世仇。见《全宋文》第37册，第36～37页。

中原王朝会任用来自草原的武将及其部曲，我们也可以把这一策略归为张洎所谓的分而治之。唐代的蕃将就是这种情况。他们或来自吐蕃，或来自欧亚草原，以自身骑射之长为唐王朝效力。几百年后，当丰臣秀吉入侵朝鲜半岛时，明王朝还从贵州土司处征发土兵，与日军作战。① 下文中我们会看到，在西北战场上，宋人也小规模地任用吐蕃出身的蕃将。

张洎罗列的第四种方案是宣誓结盟。这里我们需要注意，张洎的这些文字比澶渊之盟早十多年。在北宋中后期，澶渊之盟将会成为处理对草原关系的新的典范，但在张洎看来，盟誓甚至比和亲更不可靠。他想到的大概是唐与吐蕃之间的一系列会盟。783 年清水会盟三年后，吐蕃就又大举入侵了。在之后的 786 年，双方又在平凉会盟，但在达成盟誓之前，吐蕃就劫持并杀死了几位唐朝官员。809 年，双方才重新会盟，但之后十多年里仍然冲突不断。直到 820 年代，唐蕃之间才基本实现和平。②

对于上述种种方案，张洎认为"咸非得策"。他倾向于建立一条边防线，这里要有足够的粮食，并屯重兵坚守。但当敌人撤退的时候，宋军就不应越过封锁线追击敌军。在另一篇奏议中，张洎进一步指出，这一防线应该依凭天险。③ 张洎所说的线性防御对我们来说很重要，我们会在下文中着重讨论他所说的这种防线。不过，尤其值得注意的是，作为一种防御策

84

---

① 乔荷曼（Herman）：《云里雾里：中原开拓贵州史，1200～1700 年》（*Amid the Clouds and Mist*），第 164～165 页。

② 杜希德：《唐代大战略中的吐蕃》（"Tibet in Tang's Grand Strategy"），第 152～176 页。

③ 《长编》卷 31，第 701 页。

略，这样的防线显然和前朝的长城差不多，但张洎自己并没有做这样的类比。于是，这里的问题是，张洎及之后的宋朝大臣为什么从未提议在边境真的建一道长城？为此，我们必须首先讨论宋人历史记忆中的长城。

我们今天所说的长城，其实是过往两千多年里不同王朝在北方边陲修建的许多长城的总称。其中，秦及汉初、六世纪及七世纪初的隋朝，以及一千年后的中晚明所修建的长城规模最大。因为是防御工事，历朝在修长城时大体沿用前朝的布局，依托山势天险进行建造。不过，以秦汉为代表的其他一些长城其实包含内外多重，最远的可以深入草原数百公里。这些外围的长城更像是进攻平台，中原王朝以此为依托就可以持续对草原部落用兵。由于隋亡以后就没有人修过长城，到十一世纪，只有一些旧时城防的遗迹依旧留存下来，其中大部分还不在宋朝境内。①

到了宋朝的时候，真的长城已成为遥远的往事，但长城意象却在宋人的历史记忆中扮演着重要角色。南宋前，长城往往和暴政联系在一起。人们说秦始皇在北边不毛之地修起巍峨的长城，数以万计的劳工死在了那里。事实上，秦朝和之后的隋朝热衷于修长城；而且，长城才修好，它们就因内乱而灭亡。这样一来，长城就象征着过度征发民力的苛政，其后果不堪设想。进入十世纪，孟姜女的故事已经在通俗文学中流行起来。她的丈夫死在长城工地上，她为他收拾骸骨，并将他葬在长城下。② 北宋时，一些最重要的决策者也以这样的方式看待长

85

① 关于宋人亲历的长城印象，见谭凯《长城与宋代的边境构想》，第 109 ~ 120 页。
② 伊维德（Idema）:《孟姜女》（*Meng Jiangnü*），第 10 ~ 14 页。

城。王安石就有"秦人半死长城下"的诗句。① 王安石的政敌苏辙也有一篇奏议，反对当时大兴土木的黄河改道工程，并将之比作兴修长城的弊政。②

在批评长城工程的同时，人们也开始强调，对于边防来说，优秀的将领比长城更重要。这里的观念是，如果君主能够任用良将主持边防，那就不需要劳民伤财、修造长城了。目睹了隋亡的唐太宗就以这样的方式称赞大将李勣（594～669）：

> 炀帝不择人守边，劳中国筑长城以备虏。今我用勣守并，突厥不敢南，贤长城远矣！③

在宋代的诗文中，把将领比作塞上长城的写法就已经非常普遍了。在说到武将的时候，人们会说他"隐若长城""势若长城""倚如长城"或是"国家长城"。④ 虽然这些称赞武将的套话并不否定长城的军事价值，但它们同样说明，与劳民伤财的长城工程相比，选贤任能才是治理边陲的长策。

基于上述对长城的理解，宋人从未认真考虑过修造长城的可能。在宋初的 989 年，太宗手诏诸将时就很清楚地指出，"筑长城"只是"自示弱"而已，最终只会"为后世笑"。⑤ 对于时人来说，秦长城就是一个笑话；999 年朱台符所上之言中就呈现了这种观念。他说："至于秦筑长城而黔首叛乱……

86

---

① 王安石：《王荆公诗注补笺》卷 6，第 113 页。

② 《苏辙集》第 2 册，第 737 页。

③ 《新唐书》卷 93，第 3818～3819 页；《旧唐书》卷 67，第 2486 页。

④ 如《全宋文》第 2 册，第 108 页；《全宋文》第 8 册，第 168 页；《全宋文》第 17 册，第 52 页；《全宋文》第 26 册，第 211 页。

⑤ 《宋会要·兵》二七之三。

逞一时之心，为万代之笑。"① 有趣的是，尽管宋人众口一词，反对大起民力兴修长城，他们还是建立了一套规模不亚于长城的战线防御体系。这便是下文将着重讨论的内容。

"骑利在平地"

构建明确的边防界线，既是宋代地缘政治环境促成的结果，也是一种关于华夏与华夏政权的新型观念下的产物。② 宋人面临着唐代未有的挑战，即欧亚草原东部出现了一个高度中央集权的强大政权。与唐为邻的是今天蒙古高原上的突厥、回鹘等汗国；这些政权组织比较松散，总体上是一个部落间的联盟，因此唐朝往往可以分而治之。通过与一些部落联合，唐帝国将其权力渗透到草原深处。到了北宋的时候，契丹人不仅控制着草原，还统治着幽云地区。在这样的情况下，宋人不可能在草原上获得坚实的盟友。

此外，辽朝对幽云十六州的统治又催生了新的地缘政治问题，因为这意味着宋辽边境直接从华北平原穿过（见图 2 - 1）。用宋祁（998 ~ 1061）的话说，东北缘边地区薄如"衽席"。这给宋代决策者造成了经久的困扰，并且最终影响了宋人在北方边陲的决策。③ 许多宋初的决策者都曾提到，没有任何天险可以阻止北人南下。989 年，张洎在奏议中着重强调了燕山的军事价值：

夫中国所恃者，险阻而已。朔塞而南，地形重阻，深

---

① 《长编》卷 44，第 931 页。
② 下文的探讨建基于谭凯《长城与宋代的边境构想》中，第 124 ~ 133 页。
③ 《全宋文》第 24 册，第 343 页。

山大谷，连亘万里，盖天地所以限华戎，而绝内外也。　　　87

在这基础上，张洎进一步解释称，自古以来，匈奴、突厥即使
在其最强大的时候，也不敢越过这些关塞：

> 或犯关塞，终未有窥兵中夏，径越边防，啸聚犬羊，
> 长驱河、洛者，虑汉兵守其险，而绝其后也。

在张洎看来，蕃汉本来各居燕山南北。然而，后晋将幽云地区
割让给了契丹，由此蕃汉间地利的平衡就被打破了：

> 自飞狐以东，重关复岭，塞垣巨险，皆为契丹所有。
> 燕蓟以南，平壤千里，无名山大川之阻……此所以失地
> 利，而困中国也。①

当时许多人表达了类似的看法。事实上，1000 年前后，契丹
已经多次入侵中原。在宋朝建立前的 947 年，契丹就长驱直
入，并一度占领开封。所以，臣僚上言时还会提醒皇帝，"此
（契丹大举入侵）皆见于史氏"。② 1004 年，辽军再度南下穿
过华北平原，即将饮马黄河，局势至此已无比危急。
　　即便在 1005 年澶渊之盟后的数十年里，宋朝决策者仍然
对无险可守的河北防线颇怀忧虑。③ 1044 年，富弼出使辽朝后

---

① 《长编》卷 30，第 667 页。
② 《长编》卷 46，第 999 页。
③ 例如《全宋文》第 17 册，第 54~55 页；《欧阳修全集》第 3 册，第 875~
876 页；《全宋文》第 26 册，第 42 页；《武经总要》前集卷 16，第 2 页下。

不久，就上言重申河北的困境：

> 伏以河北一路，盖天下之根本也。古者未失燕蓟之
> 地，有松亭关、古北口、居庸关为中原险要，以隔阂匈奴
> 不敢南下，而历代帝王尚皆极意防守，未尝轻视。自晋祖
> 弃全燕之地，北方关险，尽属契丹。契丹之来，荡然无
> 阻，况又河朔士卒精悍，与他道不类，得其心则可以为
> 用，失其心则大可以为患，安得不留意于此而反轻视
> 哉？[1]

1048 年的黄河决口又引发了新的问题。这场变故导致黄河
主干道一路向北汇入了宋辽边界上的白沟河。同时，黄河
河水在河北东北部泛滥成灾，由此形成的大片浅滩使得黄
河之险荡然无存。[2]1060 年代担出任枢密副使的胡宿曾
写道：

> 河朔地形，无险可守，自雄、莫以南，平壤千里……
> 自河决商胡，不由横陇故道，河北水流散漫，失中国大河
> 之险，不能限隔戎马。盛冬冰合，铁骑可过。北人若以精
> 骑梼沧、景之虚，长驱南下，则京东摇矣。[3]

胡宿显然知道，1004 年契丹大举入侵时，这"大河之险"正

---

① 《长编》卷 153，第 3729 页。

② 关于黄河改道对当时政策的影响，见蓝克利《从黄河到淮河：对河网的
新认识与 1128 年的水利危机》（"From the Yellow River to the Huai"）。

③ 《全宋文》第 22 册，第 47 页。

是阻止契丹兵临开封的最后一道防线。①

宋朝原本就缺少自然屏障，由此产生的边防困境还因中原与草原军事力量的不对等而凸显出来。十一世纪尤为重要的军事著作《武经总要》就说："骑利在平地，中国多步兵，利于险阻。"② 骑兵可以利用开阔平原，迂回步兵侧翼；一旦进入狭窄的山谷，他们就失去了这一机动优势。之后数十年里，宋朝的决策者们会不断强调，在平坦开阔的地带，草原的骑兵对华夏军队有着天然的优势。③ 这里值得注意的是这些军事关切背后的文化观念。宋以前的将帅当然知道，驻守草原边缘地带的步兵应依托城寨，在可能的情况下尽量避免在开阔地带直接与草原骑兵接战。④ 然而这并不是华夏政权唯一的对策。唐帝国就建立了强大的骑兵军团，因此不仅能深入漠北，还能远征中亚。这些部队包括大量蕃兵；有时他们由其本部蕃将统领，更多的时候则以唐军战斗序列改编。此外，一些兵将同时具有汉与鲜卑的血统，他们受过良好的骑兵作战训练。此外，唐代武人乃至部分贵族间还盛行马球，这更使他们熟悉马上作战。⑤

89

---

① 在针对同一问题的第二道奏疏中，胡宿明确提到了 1004 年辽军南下，见《全宋文》第 22 册，第 43 页。关于 1048 年黄河决口的军事意义，见《全宋文》第 24 册，第 346 页；见蓝克利《从黄河到淮河》，第 561～562 页。

② 《武经总要》前集卷 16，第 28 页上。

③ 如《全宋文》第 17 册，第 54 页；第 68 册，第 49 页；第 120 册，第 269 页。参考《长编》卷 469，第 11212 页；这里宋人指出，西北山岭并不能阻止党项骑兵，他们"驰骤山岭谿谷之间，如践平地"。

④ 如张国平《唐代中国与回鹘帝国的瓦解》（Tang China），第 240～241 页。

⑤ 斯加夫：《跨越草原与耕地》，第 274～291 页。刘子健：《马球与文化交流：唐朝至宋朝》（"Polo and Cultural Change"）。在安史之乱以前，唐王朝在西北拥有大量草场牧马，尤其是史乐民的东亚草场图中的第四区（河西甘肃走廊），这与宋代的情况不同。史乐民：《取税天府》，第 25 页。

事实上，宋军中也有不少骑兵部队，尤其在西北战线上。[①] 总之，宋人反复强调的说法，即华夏政权本质上只能组织步战，只有草原政权才有强大的骑兵部队，这并不符合实情。这背后反映出的是宋人对于华夏或"中国"的构想（详见第四章），这种构想将自己与北方草原政权区分开来。如果说唐王朝是一个多民族的帝国，收编各种牧马骑射的部族为自己征战，那么宋王朝则是一个汉民族国家，以族群与文化上的汉人组成自己的军队。

宋人的边防线

基于华夏、草原作战方式不同的观念，宋廷选择了大范围设置线性屏障。早在 989 年，坚持认为宋朝不应兴修长城的宋太宗便主张缘边设置砦栅，辅以军屯，以此建立一道防线。他解释说："此可以限其戎马，而大利我之步兵也。"[②] 事实上，宋廷最终启动了一个更加雄心勃勃的边防建设计划。从 990 年代起，宋朝动用 18000 名士兵开始修建一个复杂的塘泺体系，构成一条横贯河北边境的防线。[③] 这一体系利用水坝等设施重新引导河流，由此构成一系列水塘湿地。这一水网"深不可以舟行，浅不可以徒涉"，[④] 南北数十公里宽，西起恒山，东至渤海。宋人在水塘湿地间开辟水田，以为驻扎在这里的军队

---

① 关于宋代骑兵分布数据与地图，见程龙《北宋西北战区粮食补给地理》，第 87～91 页。
② 《宋会要·兵》二七之三。
③ 《武经总要》前集卷 16，第 26 页上～第 27 页下；《宋史》卷 95，第 2358～2363 页；阎沁恒：《北宋对辽塘埭设施之研究》；林瑞翰：《北宋之边防》，第 199～205 页。
④ 《长编》卷 112，第 2608 页。

提供粮食。不过，海拔较高的地方就无法建设塘泺了，因此宋人设计了第二种防线，即在河北西侧依山种植三百多万棵树，树与树间排列紧密，不容马匹通行，因此就形成了一个紧密的隔离带。在这树林防线中，又添置了绊马索、拒马、鹿角等障碍陷阱。①

十一世纪中期，河北防线似乎颇有成效，因此得到了很多人的赞赏。例如，约在1030年代，欧阳修就注意到：

> 契丹奄有幽陵，遂绝古北之隘，往来全师入寇，径度常山，陵猎全魏，澶渊之役以至饮马于河，蒸民不聊生矣。非北虏雄盛如此，失于险固然也。今既无山阜设险，所可恃者，惟夹峙垒，道引河流，固其复水，为险濬之势，就其要害屯以锐兵。②

几年后，张方平使辽归来，也以同样的方式强调塘泺体系的重要性：

91

> 臣顷年奉使，见北边塘水森森如江湖，间有浅深，舟车皆不可渡。盖占北疆三分之二，虏心依依，南望而踟蹰，抑知此之为惮也。③

然而，进入十一世纪下半叶，这一塘泺体系就无以维系了。

---

① 《武经总要》前集卷16，第27页上。
② 《欧阳修全集》第3册，第875~876页。英译参考谭凯《长城与宋代的边境构想》，第130页。
③ 《全宋文》第37册，第98~99页。

1048 年黄河大改道（见图 2－2）之后，河北大部洪水泛滥，破坏了为原有塘泺供水的水系。宋廷多次尝试修复，但收效有限。① 到 1070 年，余下的河道也因泥沙淤积而无法利用。虽然朝廷多次派人调查这一问题，但始终没能真正投入人力物力清理河道并重整水网。② 而且，日常管理塘泺、维持水深的体制也逐渐废弛了。这样一来，这些塘泺不仅在冬天河水结冰后无法起到防御作用，即使在夏天也形同虚设。1072 年，一位官员就说："其水或有或无，夏秋可徒涉，遇冬冰冻即无异平地。"③ 李清臣（1032～1102）在批评塘泺体系时，用了这样一个比喻。他说，失去燕山的宋朝，就像一个"千金之家"，"寇盗"已经在"藩墙"里面了，这个时候不准备"格斗攘却"，却还在造壕沟之类的防具，所谓塘泺体系便是这种让强盗笑掉大牙的事情。④ 在下一章中我们还会看到，宋人之所以无意维持塘泺体系，还因为他们希望提高缘边耕地的粮食产量。此外，宋廷显然也因为宋辽间的长期和平而有所懈怠。1100 年前后的一道科举策问题就指出，塘泺曾经是国家藩篱，但现在情况不同了："今岁久而浅深失旧制，且复有河水以盪之，当如何以复其故乎？"⑤

出了河北，宋人就无须面对像 1004 年那样虏骑大举南下的威胁。河东中部的恒山是一道有效的屏障。⑥ 宋夏边境

---

① 司马光：《涑水记闻》卷 4，第 73～74 页。
② 《全宋文》第 98 册，第 92 页。
③ 《长编》卷 235，第 5707 页。
④ 《全宋文》卷 78，第 394 页。
⑤ 《全宋文》第 130 册，第 251 页。
⑥ 所以，恒山南麓的代州，显然是北边最易守难攻的要塞之一。见《欧阳修全集》第 5 册，第 1742 页。

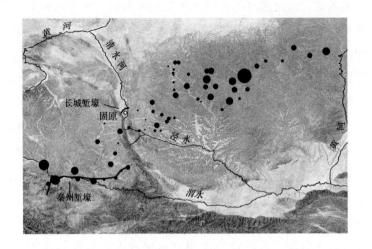

图 2 - 3　西北战局（堑壕与"西军"分布）

秦州堑壕基于文字记载；长城堑壕与战国秦长城基本符合。圆圈大小表示蕃部西军兵力与马匹数量，数据基于《宋史》卷191，第4752~4755页；环州军数基于所列蕃部数量估计。地形图来自 MapSurfer. net。

沿线山势连绵起伏，虽不比恒山天险，但总好过一马平川的华北平原。即使如此，十一世纪上半叶，宋人还是沿宋夏边境修筑了大量线性防御设施，以保护河谷要地的农田（见图2-3）。其中最重要的部分是由曹玮（973~1030）主持修建的。曹玮是宋初名将曹彬（931~999）之子。[1] 和其他高级将领的子弟一样，他学习春秋三传等儒家经典，随后获得其父麾下的军职。19岁的时候，通过其父曹彬的举荐，他便主持西北边陲的渭州。[2] 之后三十多年里，他历任西北边州，以沉勇

93

---

[1]　关于曹玮的生平，见《宋史》卷288，第8984~8989页。

[2]　1004年他转知镇戎军，1007年兼知邠州；1007年回到渭州，1015年知秦州。

有谋闻名，在此期间还曾献西北山川城寨图，深为天子器重。基于他的资历和对边情的掌握，他着手设计了"足以限房"的西北线性防御体系。这一体系主要由深宽各五米的堑壕构成；堑壕绕过山势过于陡峭、无法作业的地方，与地形合为一体。①

1005 年知镇戎军（今固原）时，曹玮开始修建堑壕。在上文中我们已经看到，镇戎军（固原）地处清水河要冲，扼守着通往泾水上游与关中腹地的咽喉。同时，在整个西北地区，清水河地势开阔，易攻难守。因此，曹玮便向宋廷解释道："（镇戎）军境川原夷旷，便于骑战，非中国之利。"针对这个问题，他提议沿战国时秦国的古长城挖一道堑壕，穿过整个清水河河谷。② 这一古长城堑防线长 15～20 公里，沿线由乡兵弓手驻防；1018 年，堑壕体系进一步向东拓展，深入当地山脉。③ 同时，在堑壕之外还有一系列新修堡寨，为了保护这些堡寨，又在原有堑壕以北十余公里外新修第二道堑壕。这样一来，深入山林的"新壕"就需要新的城寨保护了。④

1016 年，曹玮在秦州周边修建了更长的堑壕。这一堑壕东起镇戎军南 130 公里处，向西延伸 200 余公里，与渭

94

---

① 《长编》卷 60，第 1337 页；《宋史》卷 258，第 8988 页。曹玮死后十年，枢密院提出应要求各缘边军州以同样的方式利用地利，修造堑壕。见《长编》卷 127，第 3021 页。

② 《长编》卷 109，第 2534 页。1002 年曹玮来到镇戎军以前，当地秦长城以北已经有一些堑壕了。这些堑壕恐怕没有包括整个河谷。见《长编》卷 52，第 1149～1150 页。

③ 《长编》卷 91，第 2100 页。

④ 《全宋文》第 38 册，第 329 页。《宋会要·兵》四之二。《武经总要》卷 18，第 22 页记载了沿边堑壕外的另两座城寨。

水上游的一系列堡寨互相支持。曹玮还在缘壕堡寨修建壕桥，以扼守堑壕道路。① 这一防线的直接目的之一，就是保卫周围的农田。曹玮指出："缘边旧无濠堑，致蕃部屡有侵略。"② 除了为周围的农户提供警戒，这些堑壕还有更大的战略价值。渭水下游农业发达，是之前许多王朝的都城所在；只有保护好渭水上游，才能有效阻止敌骑进入渭水下游地区。

除了镇戎军与秦州的军事堑壕以外，史料中还记载了一些类似的壕沟工事，只是个中细节没有保存下来。1009 年，曹玮在镇戎军东北方向的环州一带挖掘堑壕。尽管朝廷勒令他停止这一工程，但 1045 年时的一份材料指出，环州附近存在"边壕"。③ 史料还指出，1002 年，宦官秦翰（952～1015）在镇戎军与原州前线的"要害"修建了类似的防御性壕沟。另外，1018 年及 1023 年原州也挖了这样的堑壕。最后，尽管上文提到的所有堑壕都在宋夏边境，河东路岢岚军附近的宋辽边境上也有 1041 年挖掘的壕沟，其目的当然也是为了在"地形平阔处"限制"戎马"。④

古长城多为垒石或夯土而建（土墙也可以像水泥一样坚固），因此可以历经岁月的侵蚀而屹立如故。但堑壕就不同

① 《长编》卷86，第1982页；《宋会要·兵》二七之十九。关于这些堡寨的大致位置，见谭其骧《中国历史地图集》第6册，第20～21页，第4栏5至7项。至于"边壕外"及"壕外蕃界"的情形，见《武经总要》前集卷18，第26页下，第27页下，第29页上。
② 《长编》卷86，第1982页。
③ 《长编》卷71，第1599页；《武经总要》前编卷18，第12页下，第13页上。
④ 《长编》卷60，第1337页；卷92，第1118页；卷101，第2332页；卷133，第3173页。

95　了，如果没有维护，它们会渐渐平整，所以今天我们已找不到当年的遗迹。然而，间接的史料告诉我们，它们可以有效阻止军队越过边界。镇戎军附近的堑壕深为 15～20 米，尤为威武。面对这么深的堑壕，党项人必须先将其填平，然后才可以进兵抄掠。宋军自身的损失，反过来生动形象地说明了堑壕的威力。1042 年定川寨之战是宋夏战争中宋军遭受的主要惨败之一。当时宋军越过镇戎军一线堑壕出击，然而西夏军迂回其后，切断堑壕木桥；宋人无路可退，万余宋军惨遭歼灭。[①] 最后，1009 年曹玮在庆州界挖掘堑壕时，党项主赵德明就请求宋廷放弃这一工程。这一举动也很有说服力。显然，如果有了这样一道堑壕，党项商人就不能像之前那样携带违禁物品来回两边了。[②]

　　总之，虽然宋人无意修复前朝的长城，却沿着长城遗迹大举挖掘堑壕。造成这一现象的原因之一，即宋代决策者把兴修长城理解为暴政。颇具讽刺意义的是，挖掘堑壕也需要大量人力，相比建造缘边长城可能差不了多少。[③] 所以，秦翰在镇戎军、原州一线挖掘堑壕的时候就动用了 30 万人，工期超过一年。[④] 只是在政治决策中，堑壕听上去要好一些，因为十一世纪时的人们不会把它和秦始皇式的残暴统治联系在一起。

[①] 谭凯：《长城与宋代的边境构想》，第 127～128 页。

[②] 《长编》卷 70，第 1599 页。

[③] "堑"与"墙"的区别可能也不是那么明显；因为挖一条壕沟的同时，挖出来的土就会堆成一道土墙；后来金人在内蒙古、黑龙江一线修的"界壕"大体如此。感谢马颂仁（Pierre Marsone）向笔者指出这一点。

[④] 《长编》卷 60，第 1338 页；《宋史》卷 466，第 13613 页。

西北乡兵与蕃兵

1040 年代开始，西北边陲就再也没有挖掘堑壕的记载了。[1]
相反，乡兵在宋代战线防御中扮演起越来越重要的角色，这在
陕西路尤为显著。用军事史家的话来说，这些机动部队构成了
一种纵深或弹性防御力量，可以迟滞甚至阻挡敌军通过缘边缓
冲地带。用宋人自己的话说，他们就是边防线上的"藩篱"
与"屏蔽"。就像长城或其他线性防御工事一样，缘边乡兵体
系一旦建立起来，他们自己就能起到保护中原腹地的作用，不
必由中央政府提供日常维护。

96

陕西边陲的地方武装构成复杂，既有汉人的乡兵，也有其
他族群的蕃兵。前一群体中最重要的战斗部队被称为"弓
手"。[2] 北宋官员就已经指出，"陕西恃弓箭手为国藩篱"。[3]
陕西"弓手"在与党项骑兵的战斗中脱颖而出。尤其是在
1040 年官军惨败后，他们代替损失惨重的北宋正规军，表现
更为活跃。[4] 这些配备弓矢的步兵一旦进入城防堡寨，就能对
轻骑兵拥有相当大的优势。他们从当地人中征募，所以"习
障塞蹊隧，晓羌语，耐寒苦"，而不像那些禁军士兵，按当时
的惯例只在边陲服役三年。这些"弓手"在当地有土地耕种，

---

① 笔者在《长编》《宋会要》《宋史》《武经总要》《全宋文》前 140 册中
　检索了"堑"与"壕"，由此得出这一结论。

② 关于这一族群构成复杂的民兵群体，从河北、陕西的"义勇"到四川、
　广南、西南的"土丁""壮丁""枪手"等，见《宋史》卷 190，第 4706
　页。为了组编这些部队，国家从当地人户中征集健壮的男丁。宋辽、宋
　夏边陲上集中了规模最大的乡兵。

③ 《宋史》卷 190，第 4724 页。1093 年上奏将陕西弓手视为"藩篱"，见
　《全宋文》第 72 册，第 105 页。

④ 《宋史》卷 190，第 4706 页。

所以国家不需要额外提供粮食与军械——对于中央政府来说，这尤为让人省心。①

相比汉人乡兵，吐蕃、党项人构成的蕃兵的军事意义恐怕更为明显。他们选择投靠宋朝，宋人称之为"熟户"或"属户"。因为部落间的政治冲突，这些人在不同情况下向宋朝投诚。大多数时候，他们只是把部落栖居的土地献给宋朝，自己仍然居住在那里。在另一些情况下，他们也会迁入宋境，搬到宋朝堡寨、城池附近。进入 1040 年代，宋廷将这些来自部落的"蕃兵"与其战马列籍于他们所属的堡寨。这些人保留了推举自己首领的权利，宋人则向这些首领授予官职。② 虽然一些部落转向了农耕生活，但大多数人还是保持着游牧习惯，因此在文化上和吐蕃、党项人更为接近。③ 因为他们在文化上与宋的敌人一脉相承，宋人总是担心他们可能不忠。④ 事实上，如果和宋廷有了冲突，缘边部落也会纷纷离去。因为有这样的风险，宋廷总是小心翼翼，避免引发事端并让这些部族萌生叛意。⑤

---

① 《宋史》卷 258，第 8985 页。司马光也有类似的观察，见《长编》卷 204，第 4948～4949 页。

② 金成奎：《宋代の西北問題と異民族政策》，第 160～185 页；安国楼：《宋朝周边民族政策研究》，67～78 页；这里笔者把"蕃兵"翻译为"Western soldiers"（西兵），"蕃将"翻译为"foreign general"（外将）。宋代"蕃"字有不同的意味，有时可以用来指称宋代西侧边陲的吐蕃与党项人。因此"蕃语""蕃字"可以是吐蕃语或是党项语。

③ 《长编》卷 154，第 6436 页记载了熟户转为农耕的例子；关于这些熟户文化上与吐蕃、党项相近，见《长编》卷 35，第 768 页；卷 139，第 3341 页。

④ 如《长编》卷 51，第 1112 页；卷 88，第 2011 页。

⑤ 比如，宋廷在派出官员、往来蕃帐时，就会要求他们"受其牒诉"，"勿令猜阻以萌衅隙"。见《宋史》卷 191，第 4752 页。

宋代蕃兵的军事意义首先在于，他们能够提供相当数量的战马与精锐骑兵。尽管出于自身安全考虑，[①] 他们可能会迁到宋朝堡寨附近，但他们仍然在远处保有族帐，以维持自身的独立性。[②] 因为自身所处的位置，这些蕃兵往往能抵御党项人的侵袭。[③] 很多时候，他们也接受汉将指挥。事实上，到 1040 年代，宋朝将领往往率领禁军、弓手、蕃兵一同投入战斗。[④] 不过，他们似乎也会偶尔自行作战，以保卫自己的牧场，不受敌骑侵扰。[⑤]

《宋史·兵志》中有对 1067 年宋夏边境陕西四路蕃兵的详细记载，这可以帮助我们了解其地理分布。[⑥] 这一材料罗列了缘边 64 处堡寨附属蕃兵的兵力和战马配置。据此绘图之后（见图 2-3），我们就会发现这些蕃兵的部署范围涵盖了宋夏边境的许多地区。宋夏边界东侧（也即河东路西侧）并没有出现在这一记载中，但其他史料则指出这里同样有"熟户"存在。[⑦] 从图 2-3 上看，清水河谷一线并没有蕃兵，这一农业地带可能是汉人农户聚居区。不过，南侧秦州堑壕沿线各处堡寨都有大量"蕃兵"隶属。总体而言，综观西北战局，在籍

98

---

① 关于宋军出动军队保护熟户的记载，见《长编》卷 89，第 2048 页；卷 95，第 2178~2179 页。

② 关于熟户离开宋寨数公里设立族帐，见《武经总要》前集卷 18，第 12 页下，第 22 页下，第 26 页下，第 28 页下。

③ 如《长编》卷 49，第 1074 页；卷 57，第 1251 页。

④ 《长编》卷 139，第 3352 页；卷 144，第 3486 页；卷 149，第 3599 页；卷 214，第 5196 页。

⑤ 如《长编》卷 54，第 1184 页；卷 54，第 1188 页；卷 59，第 1318 页；卷 81，第 1840 页；卷 81，第 1842 页。

⑥ 《宋史》卷 191，第 4752~4755 页。

⑦ 《长编》卷 132，第 3144 页；《宋史》卷 191，第 4750 页。

蕃兵凡 10 万人，掌握战马 3 万余匹。① 相比之下，宋军在这里部署的禁军不过 137500 人，"弓手"约 3 万。②

图 2-3 中将蕃兵的位置定于其所属的堡寨。但事实上，他们在堡寨周围分布很广。1086 年，韩琦描述秦州两处宋军堡寨以北的边境时，就指出了其分布广泛的特点：

> 永宁、安远之北，绵亘一二百里之外，皆是西番熟户，其间有不授补职名目，官中亦不勾点彼族兵马者，则谓之生户，并与熟户交居，共为篱落。③

这里我们发现，和宋人称呼缘边"弓手"的方式一样，韩琦把蕃兵称为"篱"。因为这些蕃部沿着宋夏边境的广阔地区展开，不难想象宋人会把他们看作一条军事防线。夏竦也用了同样的说法，把缘边熟户称为"藩篱"。司马光就称他们为"中国之藩篱"。另外，张方平则把边防线的熟户称为"屏蔽"。④

---

① 10 万蕃兵（3 万余匹战马）的数字来自两种史料：《武经总要》前集卷 18，第 2 页上，第 8 页上，第 15 页上，第 25 页上；《宋史》卷 191，第 4752～4755 页。

② 137500 名禁军的估计，基于宋军在陕西设有 275 个指挥的建制。见麦克·麦格拉思（Michael C. McGrath）《北宋军事与地方行政》（"Military and Regional Administration"），第 171 页。理论上，每一指挥的人数不超过 500 人。关于 3 万弓手，见《武经总要》前集卷 18，第 22 页上，第 8 页上，第 15 页上，第 25 页上。这一材料中并没有包括秦州的具体数字，不过其可以根据部署部队建制估算得出。

③ 《全宋文》第 39 册，第 236 页。

④ 《全宋文》第 17 册，第 59 页；第 55 册，第 116 页；其他关于"藩篱"或"屏蔽"的说法，见《宋史》卷 187，第 4569 页；卷 191，第 4750 页；《长编》卷 131，第 3111 页；卷 132，第 3144 页；《全宋文》第 108 册，第 305 页。

整个西北战局因倚重蕃兵而显得尤为特殊。事实上，十四 99
世纪元朝编修的《宋史》在归纳宋代兵制时，就注意到界定
"蕃兵"的困难之处。① 除了西北，四川及西南也有非汉人构
成的武装，如西南夷地区就有"峒丁"（整个地区也被称为溪
峒之国）。② 不过这些部队似乎是 1050 年代以后的产物，他们
隶属于所谓羁縻州郡；宋朝在这里没有驻军，也不直接指挥当
地的武装。西北蕃兵、熟户的情况则截然不同。他们不仅聚居
在宋朝堡寨周围，还常常与数量超过自己的禁军和"弓手"
为伍。此外，西北各寨所属蕃兵通常又以"族"细分，这意
味着这些族帐之间彼此不相统摄，也就不能联合起来对抗宋
廷。③

在这里，比较唐宋蕃兵将有助于我们的讨论。从普通蕃兵
到统兵蕃将，唐以倚重草原或吐蕃系武人著称。对于其中最著
名的人物，欧阳修在其《新唐书》中还专辟一卷，以"诸夷
蕃将"的形式为其立传。④ 与唐代相比，宋代任用蕃将的规模
要小得多。⑤ 金成奎指出，关于蕃将任用，两方面的制度变迁
在唐代到北宋后期的过程中尤为重要。其一涉及蕃将的类型。
唐代的一些蕃将可以迁入内地，通过军职融入中原社会，这类
蕃将到宋代就消失了。另一类唐代蕃将则留在边陲地区，他们

---

① 《宋史》卷 187，第 4569 页。
② 关于"峒丁"，见《宋史》卷 191，第 4746～4749 页；安国楼：《宋朝周
　边民族政策研究》，第 79～85 页。关于宋代西南边疆社会，见万志英
　《溪洞之国》。
③ 金成奎：《宋代の西北問題と異民族政策》，第 174～175 页。
④ 《新唐书》卷 110，第 4111～4130 页。
⑤ 陈峰：《北宋武将群体与相关问题研究》，第 70 页。

和北宋时指挥蕃部的蕃将就很接近。①

100　　　其二则发生在十一世纪后期神宗朝。作为前线战斗部队改编工作的一部分，也出于开拓河湟之后的实际需要，宋朝进一步依赖蕃兵，甚至将他们与汉人士兵混编在同一个战斗单位之中。② 不过，与唐代东征西讨的蕃兵不同的是，这些部队只在本地服役。宋廷从未将他们调入内地，或换防至其他边陲。然而，并不是所有人都支持这样的混编方案。1083 年，李宪上奏称：

> 汉、蕃兵马杂为一军，今未论出战，而其它为害已多。盖由汉、蕃语言不通，部分居止，以至饮食悉皆不便。③

下一章中我们将会看到，在可能的情况下，宋廷会力图以族群为单位分割边境住民，使其各自为政。

在宋代新的关于王朝的观念体系下，唐宋蕃兵制度的差异就很容易理解了。金成奎认为，唐代对待"蕃将"的方式有时就像对待入质长安的朝贡国王子。④ 在吸纳异族将领或他邦质子的过程中，唐王朝把自己视为一个世界性的帝国。任何人无论其种族、政权出身都可以来这里效力。之后我们便会看到，宋人有一种非常不同的自我认同——他们不认为自己的政权是一个世界性的帝国。无论在文化上还是族群上，宋都是一

①　金成奎：《宋代の西北問題と異民族政策》，第 195 ~ 212 页。
②　同上书，第 217 ~ 244 页。
③　《长编》卷 338，第 8141 ~ 8142 页。
④　金成奎：《宋代の西北問題と異民族政策》，第 202 ~ 204 页。

个汉人政权。这样一来，无论是"蕃兵"还是"峒丁"都不可能离开家乡，真正加入宋朝禁军。宋代这种新的认同观甚至还对历史书写产生了影响，以至于唐宋军队的差异看起来就更为显著了。邓小南已经注意到，宋朝皇室与许多开国将领本身就是沙陀与汉人或奚人与汉人的混血，但史传往往对此讳莫如深。如果说唐代史料对皇族与高级将领的家世、种族直言不讳，那么宋代史料背后的作者早就已经坚信，宋帝国是一个汉人政权。① 为了让宋政权真正成为一个汉人政权，宋廷的决策者与史官就意识到，必须抹去王朝建立者的胡族背景，使中原腹地的人们相信自己同种同源；同时，还需要廓清边陲族群的分野，把汉人与非汉人区分开来。

101

小　结

本书旨在讨论十一世纪的形势变化如何影响了中国在世界上的位置，以及宋人对此的理解。本章则从军事史的角度切入，梳理了十一世纪上半叶北宋边防策略的形成，因此也希望为蓬勃发展中的宋代军事史研究添砖加瓦。概言之，尽管宋辽在澶渊达成和议，十一世纪的上半叶的北宋王朝仍担心契丹骑兵会如 1004 年那样大举南下。同时，自 1030 年代起，西北的党项人对宋代边防构成了严重威胁。因此，十一世纪上半叶宋人在其辽阔边陲兴修线性防御工事，从东北侧水网运河构成的塘泺到密集的树林，以及不断向西延伸的堑壕。依托这些人造工事，宋廷又部署了大量蕃兵、乡兵、禁

---

① 邓小南：《论五代宋初"胡/汉"语境的消解》。另见金成奎《宋代の西北問題と異民族政策》，第 204~206 页。

军，驻扎在广阔的边陲地区。

过去有不少学者认为宋朝在军事上很弱，与唐朝相比更是不值一提。然而，宋人的防御策略事实上未必是军事弱国的无奈选择。要进行比较的话，我们可以参考公元一世纪后期罗马大战略的转变，尤其是勒特韦克（Edward Luttwak）对此的经典研究。一世纪以前，出于对罗马军事力量的畏惧，罗马周边的许多政权选择投靠罗马。因此，罗马就如唐王朝那样依靠这些附属政权维持边陲稳定。之后，处于巅峰期的罗马却进行了战略转型，从"霸权型帝国"（hegemonic empire）转向"领土型帝国"（territorial empire），并在这一过程中建立了战线防御体系。① 同理，宋廷不是因为自身实力不足才选择了战线防御。宋代的决策者当然需要应对十至十一世纪的新形势。到960年宋朝建立时，契丹大军比唐帝国的任何敌人都要强大。此外，辽朝已然是一个高度集权的政治体，宋廷也不可能在辽的治下寻找盟友，以期分而治之。再加上宋辽边界贯穿河北地区的平原，面对契丹骑兵，宋人也无险可守。

然而，促成战略决策的不仅仅是地理或军事因素，同样重要的还有当时的政治文化。在罗马帝国的例子里，勒特韦克指出，帝国加强其边陲防御的构想源于公元一世纪的一种新的政治观念，即一种更加宽泛也更加强调关怀的帝国观；与之互为表里的还有帝国边陲的罗马化。② 同样，在北宋，决策者理解

① 勒特韦克：《罗马帝国的大战略：从公元一世纪至三世纪》（Grand Strategy）。

② 因此，当帝国不同地域的人接受了罗马腹地即意大利的文化并最终获得罗马公民权以后，"罗马就必须保卫其边陲地区，以捍卫在那里的罗马人的权利，而不能只留心帝国的中心腹地"。勒特韦克：《罗马帝国的大战略》，第5页。

其政权的方式也影响着其边防政策的选择。他们开始视自己为一个文化上、种族上的汉人政权（而不再像唐那样视自己为一个世界性帝国），我们会在第四章详细考察这一转变。因此，宋代决策者不会真的像唐人任用吐蕃蕃将那样，把吐蕃骑兵纳入正规军。同时，宋人也严重低估了汉人自己组成骑兵的潜力。他们强调只有草原游牧民族才擅于骑马，而"中国"的优势则在步军，并据此进行军事决策。总之，现实的地理政治环境与宋代特有的政治文化相结合，才促成了宋代的边防政策。

因为宋廷自身的注意力主要集中在北方边陲，因此本章的重点也在宋辽与宋夏边防。当宋在北方构建战线防御体系的时候，在其西南及南方边陲并没有类似的安排。针对不同的边疆有不同的军事策略，用马世嘉（Matthew Mosca）的术语说，就是一种"边疆政策"，而不是一种整体的"对外政策"（或者，用勒特韦克的话说，还不是一种"大战略"）。① 总体上，宋廷并不认为东西南北的情况可以互通，因此宋廷并不以同样的方式对待不同方向上的相邻政权。相反，在宋廷的观念里，不同的边陲之间是相对独立的，宋廷需要采取不同的政策与策略。一方面，东北、西北、南方实际情况的不同使得军事决策者必须因地制宜。另一方面，也更重要的是，实际负责军务的官员往往在一个地区迁转，因此以处理某一地区的情势见长。

表 2 – 1 与表 2 – 2 统计了地区军事负责人，即知州与经略

① 马世嘉：《从边疆政策到外交政策：印度问题与清代中国地缘政治的转变》（*From Frontier Policy to Foreign Policy*）。

安抚使迁转过程中的前任地，以大致衡量这些官员任官地域的
专门化程度。知州掌握本州的作战部队，与本路经略安抚使一
起进行军事决策——经略安抚使本身也兼任本路关键州郡的知
104 州。从这两个表中我们发现，宋廷在委任官员时试图让他们在
帝国各地轮流转任。然而，对于西北与西南边陲这样的关键地
区，朝廷倾向于任命在当地有相当经验的官员，这就和内地的

表 2-1   北宋知州的前任地[a]

任知州地	之前任知州地（%）					样本数量
	东北[b]	西北	四川	西南	内地	
东　北	9	19	3	15	53	228
西　北	3	48	5	11	32	1040
四　川	5	16	11	15	53	252
西　南	2	7	2	35	53	902
内　地	2	9	3	14	72	4388

说明：a. 资料来源：中国历代人物传记资料库（CBDB）（2013 年 10 月版）
"东北"即河北与河东；"西北"即渭水西北与兴元府以北以西地区；"四川"即
四川盆地加上嘉陵江以西的长江流域；"西南"即长江以南及东经 115 度以西的地
区，加上江陵；"内地"即其他地区。
b. CBDB 中缺少大量东北地区知州信息。

表 2-2   北宋经略安抚使的前任地[a]

任经略安抚使地	之前任经略安抚使地（%）				样本数量
	东北	西北	四川	西南	
东　北	38	44	10	8	240
西　北	21	63	7	9	246
四　川	34	44	10	11	61
西　南	29	26	6	40	35

说明：a. 资料来源：吴廷燮：《北宋经抚年表》。关于表中地域，见表 2-1
的说明。

迁转方式很不同了（表 2 - 1 最后一行）。官员长期任职于某一大区，并以此形成自己的专长，这可以帮助我们理解帝国边防的基本格局，即不同边陲各成一体，有着自己的边防策略。正因为曹玮曾在西北多个州军任职，他才可以把自己设计的堑壕体系推广到西北各路。①

　　本章中我们讨论了战线防御的边防体系，下一章继而探讨政权间的边境线的厘定。河北的塘泺防线大体在十一世纪的前三四十年中建成。之后，因为宋人对于宋辽关系日益乐观，这一塘泺体系就渐渐弛废。十一世纪上半叶，宋人还在西北修造大量堑壕。同样，当宋人不断深入吐蕃、党项的土地后，这些战壕大概也不会再起作用了。要之，到十一世纪中叶，宋人担心的已不是如何坚守这些防线，而是如何划定明确的边境线。下一章将详细考察十一世纪后期的勘界活动，并以此追问其中界定华夏版图的不同方式。我们将会看到，更加积极进取的中央政府逐渐形成了新的对外视野，也开始推行一种更具全局视野的"外交政策"。

---

① 　熊本（1026～1091）一开始在四川南部任职，然后调往宋越边境。这也是一个有趣的例子，正是他在这两处建立了"土丁"制度。见《宋史》卷 191，第 4741 页；卷 191，第 4745 页。

第三章　政权间的共同边界

　　1041 年，河东代州上奏称，辽朝有两个名叫聂再友、苏直的农户越过边境数公里，把地种到了宋朝的领土上。几年后，邻近的宁化军也奏报了类似的情况，一个叫杜思荣的"北界耕户"侵犯了宋界。当时，朝廷以和好为大体，仅仅让代州有关部门把标记边界的"石峰"往南移了一下。① 然而，到了三十多年后的 1070 年代，当宋辽再次议界时，这两件事就成了双方关注的焦点。令宋辽双方反复拉锯、争执不下的，正是这三户耕地的归属问题。② 如果说北宋前期的朝廷并不在意将几片农田拱手相让，到十一世纪下半叶，宋廷已经在边境上寸土必争了。

　　宋廷力求在代州界上建立准确的边境线，这在当时并不是孤立的现象，其背后是一场史无前例的全国性工程。在本章中，我们将会看到在十一世纪的最后三十年里，北宋持续在各处边陲开展大规模的划界立界运动。在这一过程中，国家投入了大量时间和精力，征发大量劳力；经过周密筹划，宋廷最终在辽阔的边疆上修建了壕沟等设施，以标明边界。在上一章中

---

① 关于这些事件的概况，见《长编》卷 184，第 4462 页；《宋会要·蕃夷》二之一八。另见《长编》卷 132，第 3123 页；第 134 卷，第 3205 页；《宋会要·兵》二七之二七；《宋会要·蕃夷》二之一二。

② 《长编》卷 265，第 6499 页；卷 265，第 6507～6508 页；卷 265，第 6510～6512 页。

我们已经看到，十一世纪上半叶，宋人建成了线性防御体系。显然，划界立界背后的观念与打造线性防御的动机一脉相承。但同样需要注意的是，二者之间有着本质不同。最重要的是，十一世纪下半叶形成的边界是两个政权共同决策的结果。换言之，这不是一个政权单方面构筑起的一道防线，而是两个政权共同商定、共同认可的分界线。我们知道，在近代欧洲的历史叙述里，这样的领土主权是 1648 年威斯特伐利亚体系这一特定国际秩序的产物。下文中，笔者将会指出这种叙述很难套用到中国的情境当中。北宋后期边境线的形成有其特定的历史背景。要理解这一过程，我们不仅要考察宋朝所处的地理环境，还要追索十一世纪的各种变革，尤其是王安石变法后出现的诸多新观念。这些新的边境线在被建立起来以后便自行运作生效，推动着家国观念（notions of Chinese identity）的变化与发展。

106

十一世纪的立界工程

在十一世纪，尤其是十一世纪后期，宋廷开展了规模空前的划界（delimitation）与立界（demarcation）活动。前者指决策者反复研读地图，决定边界的大致走势；后者指在边界竖立起栅栏、界石等标记界线之地标的行为。在此之前，对于其北方边陲，唐王朝既没有划界意识，也从未设立边界。唐人在往来要冲修筑城池，却无意经营城池间的开阔地带。[1] 在西南方向，八、九世纪时唐曾与吐蕃多次尝试立界，不过这些边界有许多局限；即使界碑标记了双方的一些分界点，但唐蕃之间并

---

[1] 谭凯：《长城与宋代的边境构想》，第 121～122 页。

没有一条完整的边界。① 宋代的情况就完全不同了。过去曾有
学者将宋辽边境称为"真正意义上的现代边境"。② 然而，宋
辽边境并不是一个孤立的现象；它是宋代对不同边疆的整体政
策的一部分。

107 　　从 1005 年的澶渊之盟开始直到 1120 年代女真南下，宋辽
边境大体上没有变化——当然，双方曾在 1040 年代重新议约，
又在 1070 年代有过较为严峻的边界争端。在河北，宋辽边境
大体沿白沟河展开；其河道从今天北京以南约一百公里处穿过
华北平原。在河东，绵延山势将滹沱、岢岚河谷与桑干河谷分
开，这基本构成了宋辽边境线。一开始，土垅与五百年前的北
齐古长城标记了双方边界。③ 但很快就没有人在意这些界限
了。当宋辽在 1070 年代各派官员考察当地情况的时候，他们
甚至无法确定任何一处土垅的位置。④ 因为代州北侧的边界并
不清晰，早先辽朝农夫就已经侵耕宋界。就像上文说的那样，
宋廷派人重新以"石峰"、界壕标记边界。⑤ 这之后，边界氛
围渐渐紧张起来，矛盾于 1074 年彻底爆发。对于之后两年里
双方往来磋商的细节，今存史料的记载保存较详，最近蓝克利
有专文探讨。⑥ 一直以来，中国士人论及此事往往纠结于宋朝
让与辽朝的"七百里"土地，但这部分是因为此次定界发生
在宣仁太后垂帘听政时期（1085 ~ 1093），当时王安石及其一

① 潘以红：《唐吐会盟研究》（"Sino-Tibetan Treaties"），第 116 ~ 161 页。
② 杜希德、蒂策：《辽朝》（"The Liao"），第 110 页。
③ 谭凯：《长城与宋代的边境构想》，第 113 ~ 116 页。
④ 《长编》卷 256，第 6254 页。
⑤ 《长编》卷 174，第 4194 页；《宋会要·蕃夷》二之一八。
⑥ 蓝克利：《地理与政治：1074、1075 年的宋辽边境争端》（"Geography and Politics"）；见蒂策《1074 至 1076 年间的宋辽边境冲突》。

党正在遭受一轮舆论攻击。① 对我们的讨论来说更关键的是，这些边境磋商最终促成了规模更大、更系统的立界工程。从此，宋廷开始在整个河东"开壕立堠",② 这一立界工程于 1076 年全线竣工。③

宋夏立界的过程大体相仿。双方先在 1006 年立约，庆历年间（1041～1048）又重新议约。④ 和宋辽边界的情况一样，神宗以前宋夏之间明确立界的地方很少，也没有连成一线。⑤ 宋人到 1070 年代才开始大范围立界。1071 年底，朝廷派人前往刚刚收复的绥州。与此同时，朝廷又遣官往诸路缘边封土掘壕，确立边界——这一行为本身也告诉我们，之前双方的边界比较模糊。⑥ 第二年，党项人已经察觉到宋人有开疆拓土的打

108

---

① 如李焘等反对新法的后世史家很可能夸大了让与辽朝的领土面积。交涉当时，并没有人批评当事人韩缜放弃了整整"七百里"土地，这种说法直到十年后的 1086 年才出现，当时许多人开始攻击新党，并将韩缜等人逐出决策层。见《长编》卷 366，第 8810 页；卷 369，第 8901 页；卷 371，第 8988～8989 页。

② 如《长编》卷 266，第 526 页；卷 267，第 6541～6542 页。这里的"堠"可以是"封堠"，也可以是"烽堠"。见杨蕤《西夏地理研究：边疆历史地理学的探索》，第 69～70 页。不过，和壕沟一起出现的时候，"堠"指的是"封堠"。见《长编》卷 226，第 5515 页；卷 228，第 5547 页。

③ 从神宗的角度来说，立界工程在 1076 年四月就宣告完成。见《长编》卷 274，第 6718 页。然而，直到 1082 年，河东界上或还有开挖界壕的事情发生。见《长编》卷 322，第 7760 页。

④ 《长编》卷 64，第 1428 页；卷 152，第 3706～3707 页。《宋史》卷 466，第 13619 页。关于宋夏立界的深入研究，见金成奎《宋代の西北問題と異民族政策》。

⑤ 1046 年环庆路一些堡寨附近"画壕为界"，见《长编》卷 158，第 1428 页；《宋会要·方域》二十之一三；1057 年麟州、府州"立封堠"为界，见《长编》卷 185，第 4470 页；卷 186，第 4489 页。

⑥ 《长编》卷 228，第 5547 页。三个月前，宋朝皇帝就告知西夏宋方将会"立封堠，掘壕堑"。见《长编》卷 226，第 5515 页。

算，上牒称"除绥州外，各有自来封堠濠堑更无整定"。① 之后三十多年里，宋夏战端频起，边界也有了很大的变化（图 2 - 2）；结果到了 1090 年代，双方又需要重新议界。② 因此，1090 年在延州，③ 1095 年在兰州，④ 1099 年在会州，⑤ 各处纷纷起立界堠。在这些西部边陲地区，宋人先依托堡寨勘定疆界，然后再在离城二十里处立堠掘壕。这些封堠、壕堑随视线连成一线，在缘边堡寨之间构成了一道完整的边境线。⑥ 很快，"首起鄜延，经涉环庆、泾原、熙河四路"的完整边境线全部落成。⑦

109

宋人在宋夏、宋辽边境上划界立界的同时，也在南方边陲展开了类似的工程，只是现存史料中的相关细节较少。可以确定的是，1078 年与 1084 年，宋廷曾派出专员划定与李朝（今越南北部）的边界。⑧ 此外，万志英还指出，四川南部有一些无人的荒山"标记了汉人与羁縻部落间的边界"，

---

① 《长编》卷 229，第 5578 页。
② 关于神宗朝及之后宋夏边境的变化，见杨蕤《西夏地理研究：边疆历史地理学的探索》，第 39~58 页；关于神宗、哲宗时期的宋夏战争，见史乐民《神宗朝》，第 464~478 页；李瑞（Levine）：《哲宗朝》（"Che-tsung's Reign"），第 505~509、548~551 页。
③ 《长编》卷 437，第 10546 页；卷 445，第 10717~10718 页。
④ 《宋会要·方域》二十之一九。
⑤ 《长编》卷 514，第 12221 页。
⑥ 关于塞州一线（近于绥州）划界的细节，见《长编》卷 437，第 10546 页；卷 437，第 10550 页；卷 439，第 10581 页；卷 439，第 10588 页。
⑦ 《长编》卷 446，第 10735 页。
⑧ 《长编》卷 287，第 7011 页；卷 300，第 7311 页；卷 349，第 8372~8374 页。《宋会要·方域》四之三七。《宋史》卷 16，第 312 页；J. 安德森：《侬智高之乱：宋越边陲的忠诚与认同》（Rebel Den），第 144~146 页。

只是个中细节已不得而知。① 虽然我们不知道这一中间地带
是何时设立的，但在治平年间（1064~1067），后来成为宰
相的吕大防在知青城县（成都以西）时已经在当地立封堠，
因此当时至少一些地方已经有了明确的边界。② 可以想见，
之后还会有一些新设的边界出现。毕竟，1070年代王安石开
始推行新法以后，戍兵进入这些地区，防区彼此相连，"构
成了边疆的前沿"。③ 要之，宋人在南北边疆勘界立界的时间
大体一致，都于1070年代进入全面推进阶段。

　　这些新的变化至少在三个方面值得我们注意。其一，北宋
立边界需要大量劳力，因此政府需要投入的物资远超前朝。宋
以前的王朝只在关键地段标记双方分界线，而且也只是利用已
有的地形地貌，如山脊、河流、古长城等。北宋后期则全面扩
大了工程规模，动员大量人力物力，把几乎整个北方边境与部
分南方边境完整地标记出来。

　　第二个方面更值得我们注意：是北宋中央政府而不是地方
机构主导了全国的立界工程。一些时候，为确定边界的实际位
置，开封不断派出高级官员前往各处边陲。另一些时候，朝廷
仔细研究各地奏上的地图，从而做出决定。朝廷馆阁所存的地
图、文献使得中央可以远程监督、指挥偏远地区的具体行动。
随着勘界立界的深入，地图学随之发展。朝廷开始彩绘地图，
以便布局决策。④ 之后，带着这些地图与文献，宋方代表就可

110

---

① 万志英：《溪峒之国》，第6页。
② 《宋会要·兵》二九之四一；《宋会要·方域》一二之八。
③ 万志英：《溪峒之国》，第166页。
④ 在和党项议界之前，兰州官员就"彩画地图"，将当地情况奏报朝廷。之
　　后，吕大防即"展图议分画。"见《长编》卷452，第10844页；卷462，
　　第11043页。

以在议界过程中据理力争了。[①] 这些官员继而制作新图，标明山势河流、堡寨城防，将议界结果详细奏报朝廷。[②]

这些地图和其他有关议界的文献一起，保存在中央的档案机构，正是这些图籍使中央政府得以了解最新的议界进展。在未来的外交过程中，它们也赋予宋朝政府一种“基于档案的权威”。因为宋朝的档案远比辽、夏完整，宋方时常可以援引
111 先例，提出其边境主张。例如，韩缜（1019～1097）在参与宋辽河东议界之前就前往枢密院架阁，翻检为他准备的图籍文献；这样一来，他就可以了解有关背景，并在谈判中“令北朝（即辽）稍知本末”。[③] 后来，韩缜还要求缘边州军与外界移文需在一定期限之内发往朝廷，这样后来派往边陲的官员就能预先通过文书了解“本末”。[④] 在宋夏争界谈判过程中，宋方代表赵卨（1027～1091）直接举出李德明时期的文书，以支持宋方主张。一时间，“虏使惊不能对，乃寝其请”。[⑤] 北宋

---

① 例如，1046 年，朝廷就利用之前奏上的丰州地图来规划边界；之后与西夏议界时又利用了这份地图。见《长编》卷 159，第 3847 页；《宋会要·方域》二一之一二、一三。1081 年，黄廉（1034～1092）奏代州“十二寨图”，以此标明了他的河东划界方案。之后议界时就使用这样的地图。见《长编》卷 317，第 7675～7676 页；卷 322，第 7760 页。一些情况下，议界过程中，宋方代表还会将最新的情况绘成地图。见《长编》卷 266，第 6526 页；卷 432，第 10426 页。

② 如《长编》卷 186，第 4489 页；卷 193，第 4679～4680 页；卷 282，第 6918 页。

③《长编》卷 252，第 6176 页。

④《长编》卷 302，第 7346 页。

⑤《宋史》卷 290，第 9724 页。这样的例子还有许多。比如 1056 年，为了说明农夫聂再友、苏直侵耕宋界，宋使向辽使展示了“河东地界图”，以示其本末。《长编》卷 184，第 4462 页。1074 年，宋辽双方代表因下座礼仪产生分歧，宋使则举出早先国信，说明先例。辽方代表自然“不敢”再争此事。《长编》卷 256，第 6253 页。

后期已充分意识到图籍、档案的重要性，这使宋廷可以有效指导外事工作，并在双边协商中占得上风。因此，任何文书制作、档案保存上的疏忽都被视为严重的问题。例如，神宗就曾因官员"相视地界，画图不审"而大发雷霆。① 韩琦还曾抱怨宋辽间关键的誓书竟"散落如此"以至于官员无从查找。②

其三，之前宋廷往往因事立界，不成体系；但从 1070 年代开始，宋廷就开始建立系统的划界标准。早先的边界包括各种不同的界石、已有的建筑工事或地貌特征。到十一世纪中期，朝廷开始采取更加整齐划一的立界方式。如在 1050 年代，宋人以相似的界石标记宋辽、宋夏边境。③ 终于，到了 1070 年代，封堠与壕堑的组合成为标准边境线，不仅涵盖了整个宋夏边境，也出现在河东宋辽边境线上。封堠–壕堑型边境的广泛应用，使得它成为当时世界体系下的标准"边境线语言"（language of demarcation）——不同文化背景的人们看到它都能知道这是一道政权间的国境线，就像今天人们看到红灯时都知道这表示要停下来不能通过。④

与此同时，具体划界立界的过程，也开始参照其他地区的成例。比如，1089 年与 1090 年时，延州与兰州即依"绥州体例"定界；顾名思义，他们采取了近二十年前（1072 年）绥州定界的办法，在边界两端各辟宽达十里的禁耕地带。⑤ 这一模

112

①　《长编》卷 262，第 6373 页。
②　司马光：《涑水记闻》卷 11，第 205 页。
③　《宋会要·蕃夷》二之一八；《长编》卷 185，第 4469～4471 页。
④　宋时"堠"也用来标记牧马地，防止当地人侵盗。见《长编》卷 82，第 1869 页。封堠可以有效阻止人们进入，因为它看起来像墓起的封土。
⑤　《长编》卷 434，第 10471 页；卷 437，第 10546 页；卷 445，第 10717～10718 页；卷 452，第 10844～10850 页。

式本身似乎也是从"岢岚军例"发展出来的。1040 年代中，欧阳修就采取留出十里、禁止耕牧的办法，划分宋辽边界。① 随着边界日益标准化，朝廷也培养了一批专门人才处理类似问题。1070 年代中，河东就有专门的"分画地界所"，这可能就是管理日常立界工作的专门机构。② 有着相关经验的官员也被派往其他地方分管立界工作。张穆之（活跃于 1070 年代）在 1071 年负责环庆路划界工程的次年就被调往鄜延路继续从事有关工作。③ 赵卨于 1072 年在宋夏边境负责分画地界，1078 年则南下主持宋越边境线的划定，1090 年又回到西北宋夏边陲。④

　　史家早已强调宋人对辽和夏截然不同的态度。诚然，就文书措辞而言，宋人把辽看作对等的王朝，而把西夏视为自己的藩属。宋辽间的文书称为"国书"，而西夏人致书宋朝需行表奏，宋对西夏发文时则用制敕。在这些文书往来中，西夏君主对宋天子称"臣"。⑤ 这些用语体现了不同政权在当时等级分明的东亚世界秩序中争取有利地位的角逐，但我们应谨慎地把外交辞令和政权间关系里更为实际的方面区分看待。如果我们着重考察分画地界的过程，就会发现宋人在对待辽、西夏乃至南方各政权时的做法极为相似。在第二章中，笔者已经指出，

---

① 《宋会要·食货》二之三；《宋会要·食货》六三之七三。
② 《长编》卷 266，第 6537 页；卷 267，第 6541 页；卷 269，第 6582 页；卷 269，第 6584 页；卷 278，第 6798 页；卷 283，第 6937 页。
③ 《长编》卷 233，第 5652 页。
④ 《长编》卷 237，第 5777 页；卷 300，第 7311 页；卷 437，第 10546 页。
⑤ 邓如萍：《至关重要的周边地带：宋代研究中的内亚因素》（"Significant Peripheries"），第 335～336 页；王赓武：《弱势王朝的外交辞令：宋初周边关系》（"Rhetoric of a Lesser Empire"），第 55 页；李华瑞：《宋夏关系史》，第 344～360 页。

在十一世纪上半叶，宋人在不同方向上采取了不同的边防策略，诸大区各成一体，以自己的方式应对自己的问题。但与此相对，进入 1070 年以后，宋人同时在三处边陲以同样的方式勘界立界。这告诉我们，随着王安石变法的展开，宋廷的决策者开始形成了纵观全局的战略视野，用一以贯之的方式处理不同方向上的边境问题。

宋人全局一体的视野对东亚政权间政治文化的发展产生了深远影响。因为宋人在不同边陲采取了同样的政策，这些周边政权无论其文化背景都开始接受同一套外事准则。之前，我们已经提到，宋夏和议、宋金和议中，文书制作都参照了澶渊之盟的模式。这进一步说明，当时政权间往来已有典范可循。采取统一的边境政策，树立统一的边境线，这意味着当时东亚各处边陲的人群——从南方的云南，到西侧的西藏，再到东北方的契丹——都开始以封堠、壕堑作为边境线的标志。此外，宋王朝以其图籍档案树立起了自己在这一体系中的权威。当进行边界磋商的时候，周边政权的外事官员承认档案的权威性。由此，前代和约中已被时人遗忘的细节，得以因宋朝的档案管理重新发挥举足轻重的作用。

有边界的主权

十一世纪下半叶的分画地界新在何处呢？为了更好地理解这一点，我们就需要讨论一些初看比较相似的大型工程，尤其是前代的长城，还有十一世纪上半叶的军事工事。北宋后期的勘界立界工程在三个方面是史无前例的。第一，边境线并不是军事设施，这和长城及其他边防线颇为不同。在河北，白沟河正式构成了宋辽边境。然而，正如我们在第二章中所讲的，宋 114

人并不认为这条河本身具有防御功能。在宋人看来，辽军骑兵随时可以越过界河，包抄宋军侧翼。因此宋廷开凿运河水道，构建塘泺体系，同时广植树木，形成多道迟滞骑兵的防线。在河东，虽然分割宋辽的山脉构成了一道天险，但宋辽的实际边境线大体依北齐长城展开。这些五百年前的古长城早已坍圮，并不能有效阻止敌军推进。

在西面的宋夏边境上，宋人设置了不少堑壕，它们在某些地段沿着约 1500 年前秦国的古长城遗址展开。在没有山势天险的情况下，这些堑壕可以限制敌骑往来抄掠。① 不过，这些十一世纪上半叶的防御工事和后来修建的边境线有着本质区别。用来标记边界的壕堑并没有军事价值，就像 1050 年代为阻止辽朝农夫在代州一带侵耕宋界建立的设施旨在于当地制造一种切实存在的标记，以向当地人表明宋辽边界的所在。② 同理，1071 年朝廷派官员去往陕西四路，让他们在宋夏边境上"明立封堠界壕"，也是为了让当地住民清楚地看到这里是宋夏边境——不然他们可能完全不知道宋境从哪里开始。③ 到十一世纪末，宋夏边境的一些地方就只有封堠没有壕堑了。这再一次说明这些设施只是一道边境线，用来让人们看到边界的位置，完全不具备长城等边防设施的军事功能。宋以后的王朝也使用封堠之类的土垅来标记边境线。④

---

① 谭凯：《长城与宋代的边境构想》，第 126～128 页。
② 《长编》卷 174，第 4194 页；卷 184，第 4462 页。
③ 《长编》卷 228，第 5547 页。
④ 例如，清政府就在台湾立起"土牛"，防止汉民侵入原住民地界。见麦斯基尔（Meskill）《雾峰林家：台湾拓荒之家（1729～1895）》（*Chinese Pioneer Family*），第 36、51 页。

　　第二，可能也最为重要的是，分画地界是一项双边合作的活动，而非如建造长城或其他军事设施一般源于单方面决策。双方代表在边境会面，然后共同"画界"。1071 年，神宗提出对夏"自立界至"，王安石坚持反对观点。他指出，如果不是基于共同商议，那么党项人日后便可能再叛，来争夺那些被夺取的土地。[1] 这样一来，双方共立边界似乎便成为之后几十年间的准则。1089 年与 1091 年的宋夏磋商过程中，宋廷又就"应合立界至处"下诏党项。[2] 蓝克利与蒂策都详细讨论过 1070 年代河东议界的情况。[3] 同样值得注意的是 1082 年的代州立界一事，今存史料中可以看到当时的不少细节。根据神宗的批示，一线主管官员要根据朝廷下发的地形图准备开壕立界，但他们一定要先等"北界来计会"之后才能开工。[4] 具体到工程需要的人工，河东经略司预计"用役兵五百"；总体上预计宋辽各出一半。[5] 这表明宋辽代州段的边界至少在原则上是共同决策、共同施工的产物。

　　第三，因为工程是双方协作的产物，十一世纪的这些壕堑其实是双方共同使用的边境线。这和长城或其他仅为一方服务的军事防线很不同。通常，当一个国家立起一道边境墙时，对面的国家并不一定也把这道墙看作自己的边界。和很多防御设施一样，长城不是贴着政权领地的外缘造的，而是立在领土纵

① 《长编》卷 229，第 5579 页。
② 《长编》卷 429，第 10370 页；《长编》卷 455，第 10718 页。
③ 蓝克利：《地理与政治：1074、1075 年的宋辽边境争端》；蒂策：《1074 至 1076 年间的宋辽边境冲突》。
④ 《长编》卷 322，第 7760 页。
⑤ 《长编》卷 323，第 7781 页。

116　深之内的要害地段——至少建造长城的政权是这样理解的。①
比如，战国时期的齐长城并不紧贴相邻的宋、楚、鲁国境，而
是从它们北面远远地展开；②从齐长城和宋、楚、鲁之间，大
体就是没有政权实际控制的真空地带了。后来的北齐长城与明
长城也在河东段分为内外两部分，内长城在滹沱河北，外长城
则在桑干河北。这样一来，内长城在外长城以南几十公里开
外，显然不会有人认为这内长城标记了政权的边境线。

　　不同于这些长城，十一世纪的边境线标记了相邻政权共同
拥有的边境线——而不是一个政权单方面主张的领土范围。
1099 年，哲宗就诏谕西夏国主乾顺：

> 已指挥诸路经略司，令各据巡绰所至处，明立界至，
> 并约束城寨兵将官，如西人不来侵犯，即不得出兵过界。
> 尔亦当严戒缘边首领，毋得侵犯边境。③

换而言之，这一边界的作用是限制双方边民，让他们不得擅自
越界；因此，双方政府都有责任落实这些规定。

　　两个政权共同使用的边境线反映出一种新的疆域观。在这
里，与欧洲的比较会方便我们的讨论。领土主权与边境线的定
立是欧洲近现代史中的重要主题。我们讲述欧洲史时就会说从
近代早期的某一刻开始，政治权威的结构发生了根本性的变化。
一开始，主权概念的关键在于"管辖权"（Jurisdictional）：统

---

① 关于在河北境内设置防线，见史怀梅（Standen）《10 世纪中国北部边疆
的再造》，第 64~65 页。
② 谭其骧：《中国历史地图集》第 1 册，第 34 页。
③ 《长编》卷 515，第 12240 页；《宋会要·兵》八之三五。

治者基于自己的头衔和对应的权利支配在不同意义上从属于自己的人群。主权的概念涵盖多个领域（司法、教权、军事、财政），不同领域之间的边界不尽清晰。比如在阿尔萨斯或者德意志的西南诸部，教会与世俗支配交错在一起，再加上各种自治的城市，不同形态的政治体叠床架屋，根本不可能把彼此的空间边界在地图上勾勒出来。这种建立在支配权之上的主权观念意味着中央政府不会想要建立明确的政权边界。《威斯特伐利亚条约》以后，情况开始发生变化。之后的两个世纪里，现代民族国家体系逐渐形成。在这个新的体系下，无论是国王还是共和政体，主权者在明确的空间范围内有着无上权威。换言之，基于封建支配关系的统治逐渐瓦解了，领土主权观念逐渐形成，定立边界就变得尤为重要。正是在这一意义上，后威斯特伐利亚时代的欧洲奠定了现代国际体系的基础。[1]

中国的情况就很不同了。以管辖权为中心的主权是否存在过还是个问题；即便这一概念真的存在过，它到西汉中期为止也已经消失了。在一千多年后的宋代，国家有着整齐划一的官僚制度，无论身在哪里，法定权利与特权都是一致的。而且，在整个帝制时期，王朝的疆域都是以行政区划为中心构建起来的，而不是基于对不同人、不同政治体的支配权。比如在北朝隋唐时期，均田制意味着国家直接介入土地的再分配。即使在八世纪实行两税法以后，基于土地的税收仍然是国家财政的重要来源；这样一来，要确保财政收入，国家就要定

117

---

[1] 萨林斯：《边界：比利牛斯山中形成的法兰西与西班牙》（*Boundaries*），第28~29、53~59页；诺德曼（Nordman）：《法兰西的边疆：从空间到领土，十六至十九世纪》（*Frontières de France*），尤其是第131~149、295~307页。

期丈量土地，厘清税基。有鉴于此，在中国历史上，划定边界并不是一件前所未有的事情，也不可能是所谓近世或现代性的标志。

即使如此，十一世纪的划界工程仍折射出主权观念的重要变化。这一变化不是从叠床架屋的支配到整齐划一的领土，而是从普天之下莫非王土的天下想象到边界分明的华夏国家。从公元前221年秦统一中国时起，皇帝的权威就没有空间上的限制——至少理论上是这样。也正是在这个意义上，皇帝不同于战国时期只统治自己封疆的君王。这种皇帝观念还和"天子"传统结合在一起——唐代的一些君王也使用"天可汗"的称号。皇帝作为天的代理人管理着整个天下，在许多历史时期，朝贡体系由此展开。基于这种思考方式，人们把天下设想为五个或者九个不断向外扩展的同心方域（"五服"或"九服"），皇帝在中央，其道德声教由近及远——下一章中我们还会详细讨论。长城也是这种观念体系下的一部分。具体而言，长城并非华夏的绝对尽头，而是较为开化的地带与更为野蛮的下一圈层之间的区隔。①

在这一大背景下，到北宋后期，主权形态已发生了根本性变化。十一世纪建立的边界体系意味着那些封堠界壕不再是一些当地人眼中的一堆尘土，而是两个政权之间的庄严分界线。由于这些边界是宋与辽夏共享的，这也意味着党项、契丹管理着自己的封疆，就像天水一朝统治大宋那样。这些相邻的政权有义务约束自己的人民，不得擅自越过边界。各方都应妥善保

---

① 战国时期，魏、楚的城墙也是方形构造，可能也是多重方域观念下的产物。见谭其骧《中国历史地图集》，第一册，第33~34页。

存过往的协定，并依此行事。① 换言之，宋代君主不是单方面
基于受命于天的观念主张自己的封疆，而是与相邻政权协商边
境纠纷，就像个人基于已有的合同来处理用地矛盾一样。②

大政府下的边疆

119

　　十一世纪的立界工程也以宋廷内部的政治斗争为背景。当
时，士大夫们反复争论着国家在社会中应扮演怎样的角色。很
多时候，历史上的政权会以山川之险作为自己的天然疆界，至
于边陲上的小小纷争则交给地方长官处理。然而，在北宋后
期，中央政府却投入巨大的财力人力来勘界、立界，以明确的
壕沟建立起与周边政权的边界体系。大规模的立界运动于
1040 年代及 1070 年以后展开——前者即庆历新政时期，后者
即王安石及其后继者所领导的变法时期。在这段时间里，宋朝
的中央政府积极介入各种事务。这种时间上的重合恐非偶然。

　　过去，学者提到王安石变法以及他所主张的政府主导下的
经济与社会，总是会把它和对外军事扩张联系在一起。毕竟，

---

①　王赓武：《弱势王朝的外交辞令》，第 48～49 页。王赓武指出，唐代“对
　　外”文书中，会强调彼此协商，毕竟如果一定要说是天子下达的命令，
　　多少有失友善，这更多的是“对内”的说辞。降及宋朝，即使“内部”
　　讨论的时候，也会强调与周边政权的协商。比如，胡宿基于数十年前生
　　蕃献土的文书，才主张宋廷对边陲土地的主权；苏辙也指出，不应仅仅
　　依靠军事行动兼并党项土地。见《全宋文》第 22 册，第 45 页；《长编》
　　卷 381，第 9280 页；《宋史》卷 339，第 10832～10833 页。
②　在欧洲，人们同样借用个人土地所有的关系来讨论国家领土。“先占者保
　　有之”（Uti possidetis, ita possideatis）的原则来源于罗马物权法，也常常
　　用于领土纠纷。此外，英国以“率先开发”为由提出领土主张，也可以
　　在英格兰物权法中找到渊源。见帕特里夏·希德（Seed）《欧洲征服新大
　　陆过程中的占有仪式，1492～1640 年》（Ceremonies of Possession），第 16～
　　40 页。

当初王安石说服神宗推行新法的时候，就强调只有变法图强，才能收复大唐故土。① 一方面要开疆拓土，另一方面却又勘疆立界，这似乎令人费解。不过，仔细考察当时的奏议，我们就会发现无论勘疆立界还是对领土主权日益加强的重视，最终都是为了强化国家自上而下的控制力。具体而言，十一世纪后期的边境整饬又可以分为两个阶段，其结果是令朝廷逐渐理清了边境上的灰色地带。首先，从十一世纪中期开始，宋廷开始在边陲垦荒，以期扩大税基。这样一来，宋辽之间的缓冲区逐渐缩小，于是宋廷开始修筑封堠、开挖壕沟，以管理边陲人口。

关于屯田边陲，不少存世的宋人奏议都有详细讨论，其中
120 也涉及宋辽边陲问题。尽管宋辽澶渊之盟已经确定了双方疆界，但在之后数十年里，普通农夫还是无法利用靠近边界的土地。在河北，沿边地区是军事重地，大量军队在此驻扎。即使效率极低，开阔的土地还是要用来牧马。此外，运河、塘泺组成的水网构成了一道防线。1049 年，时任三司户部副使的包拯（999~1062）指出，河北一百五十万亩良田只能养马五六千匹。同年，在其《请那移河北兵马事奏》中，包拯再次强调"沿边沃壤又尽为陂塘，租税……无所入"。在包拯看来，这些肥沃的土地不是被水淹没就是用于放马；② 因此他认为，应削减甚至废除边境的牧马事业。同时期的其他大臣则指出应广植树木以取代缘边水塘，并认为这样也可以有效迟滞契丹人

---

① 史乐民：《神宗朝》，第 464~465 页。
② 《全宋文》第 26 册，第 33~35 页。《长编》卷 166，第 3991~3994 页；卷 166，第 3997 页。

的骑兵部队。① 这两种主张实质上都旨在削减缘边驻防所占据的空间，以扩充农业用地并扩展朝廷税基。②

相比河北一带占用大量土地的防御设施，河东辽阔的"禁地"并未设防，这便成了一个棘手的问题。宋初，潘美（921～987）设置了所谓河东"禁地"。为使边民免于契丹游骑抄掠，潘美强行将河东缘边住民迁走，清理出大片无人区。③ 1045 年，欧阳修奉使河东路，在考察"缘边之地"后，提出了"重耕"禁地的建议。在推敲各种利弊的过程中，欧阳修指出，如果宋人不利用这些土地，辽朝的农民便会侵耕宋界——正如本章一开始所提到的那样。同时，欧阳修也希望从这些边境良田上征税。据他计算，河东界耕地"地可二三万顷，若尽耕之，则岁可得三五百万石"。④

在范仲淹的全力支持下，欧阳修的提案首先在岢岚军北界试点推行。边境内十里范围仍为禁地；在其余的地方，朝廷征募了 2000 户"弓箭手"展开屯田。尽管新开土地每岁输租数万斛，河东经略使明镐（1048 年殁）还是禁止在其他地区推广欧阳修的屯田法。直到十年后，韩琦才重新建议屯田。和欧阳修一样，韩琦也担心契丹农民侵耕宋界，并希望以新的方式筹措粮草，以供边境军需。1055 年，他提议朝廷在河东代州、宁化推广"岢岚军例"。在当时重臣富弼

121

---

① 《宋史》卷 95，第 2362 页；《长编》卷 235，第 5707 页。
② 之后，反对新法的吕陶、沈括都认为之前的论者夸大了塘泺占据的土地，不应废除这一防御体系。见《全宋文》第 73 册，第 180 页。沈括：《梦溪笔谈》卷 13，第 117～118 页（第 236 页）。
③ 《长编》卷 178，第 4316～4317 页。
④ 《欧阳修全集》，第 5 册，第 1762～1763 页；《长编》卷 154，第 3748～3749 页；《宋会要·兵》二七之三五、三六。

的支持下，韩琦得以推行这一方案，最终"得户四千，垦地九千六百顷"。①

十一世纪中期，在欧阳修、范仲淹、韩琦、富弼等人的推动下，朝廷开始推动边境地区的农业生产，这些举措最终旨在强化北宋对地方的控制。为了供给缘边驻军，也为了支付朝廷的各项开支，就必须开拓财源。因此，国家积极调动人户，开垦边陲土地。同时，朝廷重臣们纷纷注意到辽朝的农户随时可能越过边境，在宋界内种地营生。十一世纪中期的这些举措使宋辽间的缓冲区大大缩小了——无论是驻扎大军的重地，还是无人居住的禁地都是如此。这样一来，宋朝的边民会发现自己紧邻着辽朝农户或党项牧民。在这一背景下，宋廷开始了史无前例的立界工程。

驾驭边陲

无论在哪里，国家自上而下的管理，总是会在边陲地带遇到种种挑战。欧文·拉铁摩尔（Owen Lattimore）早就指出，"边境两侧的缘边人口"常常会形成一个"共同体，尽管在功能上易于辨识，在制度上却未被定义"；他们"双向的效忠关系"往往是一个突出问题，"在历史进程中常起到重要作用"。② 米歇尔·波德（Michiel Baud）与威廉·范·山德（Willem van Schendel）构拟了一个与之类似的模型。在他们看来，"缘边精英"维护着"边陲地带的利益"，他们有着一种"克里奥尔式的，抑或融合边界两侧的综合文化"（creole or syncretic

---

① 《长编》卷178，第4316~4317页；《宋史》卷190，第4712~4713页。
② 拉铁摩尔：《历史中的边疆》，第470页。

border culture）。① 换言之，无论是边疆地带的文化，还是当地人在意的利益，都时常与边界两侧的中央政府相抵触。事实上，在中国历史上的许多不同时期，边境的人们都崇尚"粗犷有力"，而不是内地士绅间所推崇的"精致雅量"，这形成了独特的边境文化。② 无论是万志英笔下宋代四川的"地方豪强"，还是麦斯基尔书中清代台湾的"地方酋豪"，无不洋溢着这种"粗犷"的风尚。③ 同时，对于大多数官员来说，远赴边任无益仕途。所以，边境官员往往选拔自官员队伍中的末流。④ 他们的贪婪与昏庸时常令当地居民渐渐脱离国家的管控。最为人所知的例子或许就是晚明的东北，边境的住民渐渐加入新兴的清政权。在一些学者看来，尽管他们身为汉人，但贸易（或走私）的现实利益与豪放的生活方式使他们更愿意与塞外部落合作。⑤

在北宋，我们同样能在边地住民与中央政府之间发现类似的张力。前者的利益往往与后者的需要相左。宋朝在河北北部驻扎了大量军队，迫使无数百姓离开自己的土地家园，如此造成

---

① 波德与范·山德：《比较边陲史刍议》（"Towards a Comparative History of Borderlands"）。关于走私贸易在边陲地区地方经济中扮演的角色，见萨林斯《边界：比利牛斯山中形成的法兰西与西班牙》，第 140 页。

② 曾小萍（Zelin）：《富荣盐场精英的兴衰》（"Rise and Fall of the Fu-Rong Salt-Yard Elite"），第 99 页。当然，曾小萍着意勾勒的是富荣盐场精英的工商业活动，这一地区事实上靠近万志英所讨论四川边陲，也可以看作一种边缘地带。

③ 万志英：《溪洞之国：宋代四川边陲的扩张、定居与开化》；麦斯基尔：《雾峰林家——台湾拓荒之家》。当然，麦斯基尔将林氏的粗犷看作南方的彪悍传统，但这恐怕是边陲世界的产物。

④ 麦斯基尔：《雾峰林家——台湾拓荒之家》，第 31 页。

⑤ 魏斐德（Wakeman）：《洪业：清朝开国史》（Great Enterprise）；岩井茂树：《十六、十七世纪中国的边疆社会》（"China's Frontier Society"）。

123　的混乱不在少数。① 因为国家需要靠密集的树林阻挡契丹骑兵，朝廷开始禁止当地住民伐木；对于王朝的公信力而言，这真是雪上加霜。结果，正如当时一位官员所言，"边民遽然失业"。② 更糟的是，河北用于防御的水网还会泛滥成灾，有时还会淹没当地村民的祖坟。③ 朝廷对跨境贸易的限制自然也会影响当地人的生计。和其他中原王朝一样，宋廷希望把跨境贸易限定在指定的互市场所；这样一来，朝廷在必要时就可以关闭互市，以示对游牧政权的惩戒。作为国家战略的一部分，这样的政策当然有其道理。但对于边境细民来说，做起生意来就麻烦了许多。

边民频繁违反中央政府对于跨境旅行的限制，这一点最能体现双方之间的利益分歧。边界两侧的当地居民，因为种种原因，不经允许就自行越过边境：去种地，去打水，甚至去赌钱，或是去找新娘。④ 在河北，宋朝官员要费很大的力气来禁止当地居民在充当宋辽边界的白沟河捕鱼。⑤ 在其他地方，"边人伐木境上"也引起了许多纷争。⑥ 有些时候，边境线的设置根本不考虑当地人的往来需要，截然斩断了他们平时的路

---

① 如《全宋文》第 26 册，第 33 页。

② 《长编》卷 166，第 3996 页。

③ 《宋史》卷 95，第 2360 页；《长编》卷 117，第 2761 页。既然洪水"荡溺邱墓"，有的村民索性"盗决堤防"，搞起了破坏。

④ 对于辽、夏农民侵入宋界，本章另有讨论。关于宋朝农民进入西夏境，见《长编》卷 290，第 7093 页。关于辽人进入河东界打水，见《长编》卷 513，第 12206~12207 页；《宋会要·兵》二八之四四。关于越境赌博，见《宋会要·刑法》四之五；《长编》卷 77，第 1762 页。关于越境抢夺新娘，见《长编》卷 60，第 1334~1335 页。

⑤ 《长编》卷 193，第 4671~4672 页。

⑥ 《长编》卷 205，第 4969 页。

线，这进一步加剧了非法越境问题。1081 年，由于辽方"诘
问"，宋廷下令调查宋人侵入辽界砍柴的情况；在追索人迹往
还之后，宋方发现原来是驻扎在附近的士兵贪图方便，走了穿
过辽境的"古道"。① 宋廷还试图禁止越境贸易，只是收效甚
微，偷渡经商的事情到处都有。② 虽然朝堂上的士大夫会觉得
开放通商是为了安抚辽人，生活在边境上的一些宋人却只是单
纯想做生意。无论通过合法的贸易还是违法的走私，边界两侧
的人户都可以从中获得实际的好处。

　　当缘边居民的活动直接威胁到国家稳定的时候，边民与中
央政府之间的长期矛盾终将升级为政治危机。在澶渊之盟与宋
辽定界以前，生活在中间地带的人们摇摆在两大政权之间；他
们有时依附于宋，有时效力于辽，以求能维持自身的固有地位。
同时，被一方政府认定的违法犯罪分子可以跑到边界另一边，
以此躲避追捕。明确定立的边界与疏而不漏的边警使这些往来
于境上的人失去了原有的影响力。因此，在十八、十九世纪的
北美，欧洲列强与美国议和之后，"这些民族国家开始合谋限制
边境人群的流动"。在这里，印第安不同部族与联盟曾经构成了
大国间的缓冲区。③ 同样，早期由中俄、法西就边境问题签订
的条约都要求缔约双方互相移送越境逃犯。总之，缘边部落往
来迁徙，盗贼叛匪逍遥境外，对之加以限制符合边界两侧政权

124

----

① 《长编》卷 311，第 7534 页；《长编》卷 319，第 7705～7706 页。
② 《长编》卷 341，第 8214 页；《长编》卷 364，第 8725 页；《宋会要·食
　货》八之三三；《宋会要·兵》二七之七。
③ 阿德曼（Adelman）、亚伦（Aron）：《从边陲到边境：北美历史上的帝
　国、民族国家与两者间的人群》（"From Borderlands to Borders"），第 838
　页。

的共同利益。① 宋代中国也是如此。史怀梅认为，澶渊之盟标志着中央政府最终瓦解了缘边藩帅寻求割据的空间；他们在宋辽间见风使舵，若发展壮大对宋辽都无益处。② 事实上，澶渊之盟本身就规定："或有盗贼逋逃，彼此无令停匿。"③ 早期的宋夏和议以及 1123 年的宋金盟约中也有类似条款。④

对于中央政府而言，相比有心割据的缘边酋豪，存心挑起边衅的边民构成了更严峻的威胁；他们制造事端，激化两朝矛盾，若处理不当就会引发全面战争。在十八世纪，海南、台湾都有一些游手好闲的汉民，总想着跑到本地人那里挑起事端，清政府不得不多花很大力气防止汉人擅入生番地界。⑤ 宋朝政府认为自己在南北边陲面临着同样的问题。在四川的偏远地区，汉人经常去生番地界建立家园，有时会引发械斗。在万志英看来，"1078 年开始，五年的冲突夺取了上千人的生命。这一切的导火索竟是街头就吃鱼吃笋的问题爆发的小小争吵"。⑥ 边境上的任何小事都可以是冲突的"萌芽"。⑦ 1086 年，宋廷

---

① 濮德培：《边界、地图与流动：近代欧亚大陆中部的中、俄、蒙帝国》（"Boundaries, Maps, and Movement"）；濮德培：《中国西征》，尤其是第 161~173 页；萨林斯：《边界：比利牛斯山中形成的法兰西与西班牙》，第 89~90 页。

② 史怀梅：《忠心何在：辽代中国的跨境活动》（*Unbounded Loyalty*，又译《忠贞不贰？——辽代的越境之举》），第 25 页；谭凯：《长城与宋代的边境构想》，第 134~135 页。

③ 《长编》卷 58，第 1299 页。

④ 见本书导论第 25 页注④。

⑤ 塞特（Csete）：《清初至中叶的族群性、冲突与国家：海南高地》（"Ethnicity, Conflict, and the State in the Early to Mid-Qing），尤其是第 233、249 页；麦斯基尔：《雾峰林家——台湾拓荒之家》，第 36 页。

⑥ 万志英：《溪洞之国》，第 89、106 页。

⑦ 《全宋文》第 22 册，第 47 页。

下诏陕西河东路经略司："指挥沿边城寨使臣等，约束并边人户，及所遣探事人，今后不得于界外无故侵扰。"① 早在 1074 年，边陲不断传来奏报，汉兵往往"盗杀蕃兵以为首功"。对此，朝廷也没有对策，只能任效力于宋的蕃兵在左耳刺上"蕃兵"两字，方便敌我识别。②

这些措施只是针对边陲兵民，而对于擅起边衅的缘边官员，朝廷有时也鞭长莫及。比如，雄州地处河北，紧邻辽境。1040 年代，知雄州赵滋主动"生事"，捕杀辽朝渔民，几乎引发战争。③ 半个世纪后的 1090 年代，苏辙反对新法，并希望停止对西夏开边。他认为边臣贪图小利，为了边陲寸草不生的土地，把国家拖入毫无必要的战争。用他的话说："恐大臣狃于小利，睥睨夏国便利田地，贪求不已。"在他看来，尽管在高太后的主持下，朝廷不再任用王安石的追随者，但边境的将官当中仍不乏危险之徒。"自元祐以来，朝廷不起边事，凡自前边臣欺罔，累杀熟户……掳掠财物。"这样一来，边陲本来的冲突都成了"边臣奸计"的结果。④

总体而言，为了管理边陲人户、整饬缘边官员，朝廷采取了两种措施。第一种措施是明确地划定边界。在王安石与神宗的主导下，宋廷大力贯彻这一政策。1071 年，宋军在绥德附近的啰兀城惨败。⑤ 此时，王安石就已明确向朝廷指出厘清边境线的重要性："绥德不画界，则西人自然未

126

① 《长编》卷 370，第 8956 页。
② 《长编》卷 251，第 6133 页。
③ 《全宋文》第 22 册，第 44 页。知雄州赵滋诱导辽朝渔夫进入宋辽界河捕鱼；一旦发现，又"捕其人杀之"。
④ 《长编》卷 452，第 10849～10850 页。
⑤ 关于啰兀城之战，见史乐民《神宗朝》，第 469～470 页。

肯休兵。"① 同年，王安石又进一步论述了他的主张。一些人认为，边境将领不识大体，擅起边衅，划界与否无关根本。对此，王安石指出："侵争之端，常因地界不明。欲约束边吏侵彼，亦须先明地界。"② 换言之，朝廷若要约束边境官员，就需要明确地界，后者是前者的手段与前提。有趣的是，正是在这一讨论过程中，王安石说服神宗，让他认同单方面画界绝非上策；与党项协商应是整个过程中的一个环节。显然，王安石并不完全信任宋方边吏，并注重听取西夏代表的意见。对王安石而言，划定边界既令政府得以自上而下地管理当地人口，也可以强化对边境官员的约束。

管理边陲人户、整饬缘边官员的第二种措施，就是在相邻政权间建立无人区。这样的缓冲区可以减少边民接触，从而避免双边冲突。十一世纪末，明确标记的边境线侧旁都设有"两不耕地"作为缓冲——这一在边界两侧各延伸十里的地带127 不得驻军，也不得用于耕种或放牧。起初，一些人认为设置"两不耕地"的做法更好，因此就不需要像王安石主张的那样明确立界了。1071 年十二月，朝廷派遣五位官员前往宋夏边境，监督开壕立界的工事；其中范育（约 1096 年殁）、吕大忠（约 1096 年殁）两人拒绝赴任，并交章上奏，用漫长的篇幅言辞激烈地反对朝廷的这项举措。二人的主要观点基本相似，范育的奏章更为清晰地呈现了其与王安石的分歧。

范育首先论证，用壕堑这样明确的边境线来取代"两不耕地"，一定会失败：

① 《长编》卷221，第5388页。这一说法也以当时的党争为背景。王安石希望保护自己的党羽李复圭，因此将战败的责任推给另一位一线将领种谔。
② 《长编》卷229，第5578页。

1. 臣尝至边，访所谓两不耕地，远者数十里，近者数里，指地为障，华夷异居，耕桑樵牧动不相及，而争斗息矣。今恃封沟之限，则接壤之珉趺足相冒，变安为危。

2. 臣访闻五路旧界，自兵兴以来，边人乘利侵垦，犬牙相错，或属羌占田于戎境之中。今分画，则弃之，穷边生地非中国之土。今画界其内，则当取之，弃旧所有，则吾人必启离心；取旧所无，则戎人必起争端。

3. 臣又闻戎狄尚诈无耻，贪利而不顾义。今闻纳壤有辞，及使临境，彼且伏而不出，及地有分争，且置而不校，则焉从之？单车以往则无以待其变，饰兵以临则无以崇其信。

4. 东起麟、丰，西止秦、渭，地广一千五六百里，壕堑深高才计方尺，无虑五六百工。使两边之民连岁大役，转战之苦未苏，畚锸之劳复起。①   128

范育认为，朝廷希望积极介入边陲社会的想法从一开始就错了。上文第 2 点指出，朝廷根本不理解边境地区的复杂性。政府想要画一条直线厘清边界，而事实上双方边境犬牙交错，宋夏的农民杂处其间。在第 3 点里，范育强调戎狄无信。换言之，他并不像王安石那样信任党项人并愿意与之合作。然而，对于王安石对宋朝边将可能欺上瞒下的疑虑，范育只字不提。最后，与很多后来新法的批评者一样，范育的第 4 点提醒主政者不应大兴土木，滥用劳力。

厘清这四点之后，范育进一步陈述在他看来最为关键的问

① 《长编》卷 228，第 5548 页。

题。这一点尤为重要，因为范育是基于天下"九服"而进行论证的：

> 臣又闻周官大司徒，立封沟于邦国都鄙，至于九服，则职方氏辨之而已。行人制贡，而蕃国不与焉。盖圣王之于夷狄，嘉善而矜不能，以为号令赏罚之所不加则责之意略尔。今乃推沟涂经界之法而行之夷狄之邦，非先王之意也。①

范育有意把当时的立界称为"沟封之制"——这种说法不见于当时的讨论。他这样做，显然是为了把北宋正在开展的工程与《周礼》中的制度联系起来。② 作为儒家经典，《周礼》以周初圣王的名义，勾勒了理想社会的面貌。范育虽然引经据典，却不乏牵强之处，这无疑给王安石留下了把柄。王安石顺势指出：

> 育言，周礼但立中国封沟，与夷狄接境，即无之。臣谓育，中国是腹里，却立封沟；与夷狄接境，乃不立封沟，此何理？③

无论如何，范育的最后一点是重要的，因为这反映出当时的人们还不完全接受双边协商的模式，以及主权边界的概念。

---

① 《长编》卷228，第5548~5549页。
② 关于《周礼》之中的"沟封之制"，可以参考清人重刊宋本《周礼》；见《周礼注疏附校勘记》，10.2a（第149页），10.16a（第156页）。
③ 《长编》卷228，第5551页。

范育还不愿意承认宋朝只是当时世界体系中的一个政权，宋夏间可以建立共同的行为准则；他仍然坚持华夏居于世界中央的模式。这样一来，中夏之政不同于四夷。上古圣王教化中夏，才建立了行政区划与随之而来的边界，这一制度只适用于华夏腹里。

人们往往以新旧两党的对立来理解北宋后期政局。然而，划清边境线还是设立缓冲区的分歧，并不能简单地看作新党与旧党各自的主张。元祐（1086～1094）以后，改革派重新掌握政权；他们甚至把范育看作王安石之党，因为他坚决反对元祐党人把边陲土地让与党项的做法。① 到了十一世纪后期，朝廷的边境管理政策吸纳了上述两种策略。1077 年，辽方抗议宋军进入辽界，烧毁居民"刘满儿田禾等舍屋"。宋廷旋即认识到，"若不……速定分画，即含容日久，又成争端"。② 十多年后，中书侍郎范百禄又强调"地界不定，则争斗暴犯必无休时"。③ 正如上文已经提到的，1099 年，哲宗强调夏国主乾顺也应"明立界至"；同年，会州"明立界堠"。④ 　130

尽管在十一世纪后期，宋朝的君臣都意识到明立边界的重要性，但他们同时也强调无人区的必要性。当时推广的绥州、岢岚军模式，事实上就是上述两种策略的融合：既有王安石坚持的壕堑地界，也有分隔双方军民的缓冲地带。甚至党项人也看重绥州模式，他们认为这样可以"辩汉蕃出入，绝交斗之端"；不过宋夏双方在协商以后，决定把"两不耕地"的范围

---

① 关于各种争论，见李瑞《哲宗朝》，第 506～508 页。

② 《长编》卷 228，第 6989 页。

③ 《长编》卷 479，第 11411 页。

④ 《长编》卷 514，第 12211 页；卷 515，第 12230 页。

削减到边界两侧各五里。① 在这一意义上，北宋后期中央政府主导的立界是双方共识下的产物，而不是彼此冲突后的结果。

上述两种稳定边界的策略并不反映新旧两党的政治分歧，它们反映的是时人对政府功能角色之认识的发展。不同于后来的士人，北宋的政治思想家们认为，"澄清天下或至少济世安民的目标，应该通过国家机器尤其是朝廷决策来实现"。② 王安石变法正是在这样的大背景下发生的，而同样的政府职能观也促使国家推动政府主导的边境开拓事业，厘清边界的走向，并征发成百上千的劳力，挖掘绵延成百上千里的壕堑。

边境与十一世纪的"中国"认同

设置边境线必然意味着对本国领土范围的确定。而在决定边境线位置以及宋王朝实际疆域的过程中，朝廷的决策者展现了对自身政权与文化的许多深层理解。下一章中，我们会详细讨论领土主张背后的政治原则；而在此处，我们暂时只关注划界与立界的问题。就此而言，两个因素至关重要，一是文化生态，二是族群分布。上引范育奏议中已经道出了这样的边界观，即他所说的"华夷异居，耕桑樵牧动不相及"。换句话说，边界本质上不仅分隔华夷，也分隔农耕与游牧。但是，缘边党项人其实也从事耕桑，所以真的落实起来，族群归属就是更重要的因素。事实上，宋夏议和伊始，蕃汉分居问题就提上议事日程。庆历四年即 1044 年，元昊在所上誓表中就说："蕃

---

① 《长编》卷 445，第 10717 页；《长编》卷 449，第 10786 页。关于此处的"蕃"字，见本书第二章 106 页注②。

② 谢康伦（Schirokauer）、韩明士：《世界秩序》（*Ordering the World*）的导论（"Introduction"），第 12 页。

汉所居乞画中央为界。"① 之后宋廷的决策者在讨论边界问题时，也多次强调蕃汉异居。因此，1072 年，神宗下诏环庆路经略司，如西夏来人磋商界至，即"依见今汉蕃住坐耕牧处定界"。② 十多年后的 1089 年，在另一轮边界磋商的过程中，宋廷这样要求自己的官员："立界依庆历誓表，依蕃汉见住中间为定。"③ 一年后，朝廷论及边境政策，枢密院重申了这一原则：

> 元约分画疆界……卓立封堠者，为分别汉、蕃界。至界堠内地，即汉人所守；界堠外地，即夏国自占。④

一年后，苏辙再次指出："朝廷顷与夏人商量地界，欲用庆历旧例，以汉蕃见今住坐处当中为界，此理最为简直。"⑤ 宋廷当然知道，蕃汉之间很难一刀切开——朝廷自己还需要仰仗上一章中提到的"蕃兵"的效忠。在西北、四川以及西南边陲，蕃汉混居的现象非常普遍（见表 3 - 1）。⑥ 不过需要注意的是，基于明确分隔族群的理念，蕃汉杂居常常被看作国家治理中棘手的问题。文献中常用一个"杂"字，此字其实就暗含着混乱、无序的意味。对于朝廷派出的官员而言，语言障碍无疑构

132

---

① 《长编》卷 152，第 3706 页；另见《宋大诏令集》卷 233，第 908 页。
② 《长编》卷 231，第 5610 页；关于绥州界亦有类似的诏命，见《长编》卷 226，第 5515 页。
③ 《长编》卷 432，第 10426 页。
④ 《长编》卷 437，第 10546 页。
⑤ 《长编》卷 460，第 10999 页。
⑥ 大多数情况下，文献以蕃、汉指称缘边不同族群。有时，尤其在四川与西南，这种分野体现在编户齐民的"民"，与不属于这一范畴的"夷"。

成了问题的一部分。① 而与此同时，对缘边地带的不同人群，朝廷也已经注意到，"不可一以华法治也"。② 事实上，唐宋以来，中华帝国通常在这些地区推行法律多元主义，令不同人群各依本俗。③ 这样一来，地方社会混合了不同背景的人群，自然就"号为难治"了。④

133

表 3 - 1　宋方史料中关于缘边蕃汉杂居的记载

年份	路	边陲	文本	出处
997	秦凤	西北	河湟之地，夷夏杂居。	《长编》卷 42，第 893 页；《宋史》卷 266，第 9177 页
1005	河东	西北	府州蕃汉处处，号为难治。	《长编》卷 61，第 1360 页；《宋会要·方域》二一之一五
约 1006	秦凤	西北	景德中……天水近边，蕃汉杂处。	《宋史》卷 250，第 8818 页
约 1010	秦凤	西北	华亭极塞，蕃、汉杂居。	《全宋文》第 77 册，第 143 页
约 1030	成都	四川	聚众山谷间，与夷獠杂处，非远方所宜。	《宋史》卷 301，第 10001 页
1041	永兴军	西北	诸寨侧近蕃部……在近里与汉户杂居。	《全宋文》第 18 册，第 218 ~ 219 页

---

① 如《全宋文》第 132 册，第 24 页。
② 《苏辙集》第 2 册，第 450 页。
③ 关于西南、四川各从本俗的法律多元主义政策，见《长编》卷 313，第 7593 页；卷 453，第 10872 页；安国楼《宋朝周边民族》，第 159 ~ 176 页。关于法律多元主义的比较研究（涉及佐治亚与西南威尔士），见福特（Ford）《殖民主权：美国与澳大利亚的司法与原住民，1788 ~ 1836 年》（*Settler Sovereignty*）。
④ 《长编》卷 61，第 1360 页；《苏辙集》第 2 册，第 456 页。

续表

年份	路	边陲	文本	出处
1052	广南东	西南	况蕃汉乌合,其心不一,力尽势穷,宁无疑贰?	《全宋文》第 42 册,第 9 页
1066	梓州	四川	泸为两蜀之藩……夷汉错居。	《全宋文》第 75 册,第 98 页
约 1068	广南西、东	西南	交广之地,距京师几万里,其民俗与山獠杂居。	《全宋文》第 67 册,第 283 页
1070	永兴军	西北	塞下华戎错居。	《全宋文》第 72 册,第 2 页
1078	成都	四川	蜀之郡邑类夷汉错居。	《全宋文》第 84 册,第 203 页
1079	成都	四川	威、茂、黎三州夷夏杂居。	《长编》卷 296,第 7205 页;《宋会要·食货》五三之二十;《宋史》卷 172,第 4287 页
1080	成都	四川	[蛮人]与华人杂处。	《全宋文》第 120 册,第 242 页
1082	梓州	四川	泸州地方千里,夷夏杂居。	《长编》卷 331,第 7984 页;《宋会要·蕃夷》五之三十
约 1086	成都	四川	边徼之地,夷汉杂处。	《全宋文》第 68 册,第 315 页
约 1087	荆湖北	西南	民夷杂居。	《全宋文》第 93 册,第 365 页
约 1087	广南西	西南	钦、诚为郡,虽有新旧之异;而民夷杂处,不可一以华法治也。	《全宋文》第 93 册,第 365 页
约 1087	梓州	四川	东蜀地险而民贫……而戎泸被边,民夷杂居,安之尤难。	《全宋文》第 93 册,第 373 页
约 1088	秦凤	西北	夷汉杂处。	《全宋文》第 85 册,第 218 页
1091	荆湖北	西南	本州蛮汉杂居。	《长编》卷 462,第 11031 页;《宋会要·蕃夷》五之九二
1098	广南东	西南	广州蕃汉错居。	《全宋文》第 132 册,第 24 页
约 1119	梓州	四川	先朝念此地夷汉杂居。	《宋史》卷 353,第 11154 页

宋夏之间，也许还能以蕃汉之别建立一条基于族群、文化的边境线，而宋辽边境的情况就复杂得多了。辽朝治下的河东、河北都有大量从事农业生产的汉民。下一章中我们会看到，朝廷许多官员都将这些人视作同胞，并认为一旦宋军挥师北伐，他们自然会支持大宋收复故土的事业。如吕大忠就曾在1075 年指出："（河东）山后之民"，"皆有思中国之心"，一旦宋辽开战，他们一定会为宋效力。① 出于同样的观念，知雄州赵滋一度无视"米出塞不得过三斗"的法令，赈济边界对面的饥民；对此，他表示"彼亦吾民也"。②

正是在十一世纪边界磋商的过程中，人们意识到辽朝境内汉民的身份归属存在深切的矛盾之处，正是这一矛盾进一步激发了对于"汉民"身份的新认识。一些情况下，人们将他们看作手足同胞，缘边知州甚至把他们看作"吾民"；但另一些时候，他们却变成了活生生的敌人③——比如，当辽朝的农夫侵入宋朝代州界的时候。④ 在发生此类情况时，欧阳修等大臣就会把这些汉民称为"蕃""虏"乃至"敌"。⑤

边境线使人们分属不同政权，并影响着人们的政治认同。宋人燕复来自河东边陲，一度官至知石州、文思副使。⑥ 在

---

① 《长编》卷 260，第 6335 页。
② 《宋史》卷 324，第 10497 页；《长编》卷 201，第 4883 页。
③ 如《长编》卷 205，第 4969~4970 页。
④ 显然，这些辽朝的农民本是汉人；他们的名字，他们从事的农桑，以及这一地区少有草原的物质文化影响（见第五章），都可以证实这一点。
⑤ 《长编》卷 154，第 3749 页；《宋会要·兵》二七之三六；《欧阳修全集》第 5 册，第 1762 页。在《宋会要》及其文集中，欧阳修称侵耕宋界的农民为"虏"；四库本的《长编》大量删去了这样的说法，称为"敌"。包拯把这些人称为"蕃户"。见《全宋文》第 26 册，第 45 页。
⑥ 《长编》卷 349，第 8367 页。

1070 年代河东议界的过程中，燕复与韩缜密切合作。苏辙抓住这一点，攻击韩缜、蔡确（1037～1093）及其他王安石的支持者。在苏辙看来： 135

> 臣近三上章，乞罢免右仆射韩缜，至今未蒙施行。窃谓缜奸邪无状……河东定地界一事，独擅其责。臣闻缜定界时，多与边人燕复者商议，复劝成其事，举祖宗七百里之地以资寇雠，复有力焉。复本河东两界首人，亲戚多在北境，其心不可知。①

燕复是宋人，显然也是汉民。然而，因为家属河东北边，在宋辽两国都有亲属的情况并不罕见，尤其考虑到对面辽境的居民也大都是汉人。对于苏辙来说，因为燕复在辽朝也有一定的社会关系，其举措不可理喻，忠心尤为可疑。换言之，苏辙预设了辽朝治下之汉人的政治动机会与宋朝治下之汉人不同——他们不是宋朝的同胞子民。如果说宋夏边境上，蕃汉之分决定了人们的政治归属，在苏辙的宋辽视域下，在边境的哪边生活才是关键因素。

　　过往史家早已在不同的时空下发现了边境线国族认同（nationhood）带来的影响。彼得·萨林斯在其对 17～19 世纪法西边界史的研究中阐述了边境线如何塑造了人们的政治认同。他的书中着重讨论了比利牛斯山的塞尔达尼（Cerdagne）山谷。本来这里的人们有着共同的信仰，讲同一种加泰罗尼亚语方言，还有共同的社会文化网络。然而，巴黎与马德里决定

---

① 《长编》卷 369，第 8901～8902 页。

平分这一山谷，法西边境便从这里穿过；于是，这里的人们渐渐开始视自己为法国人或西班牙人。不少法国史学家认为是中央政府自上而下灌输国家认同的做法造成了这一状况，但萨林斯认为其实不然，这一变化背后的真正原因是当地的各种民事财产官司：当地人故意把自己的案情升格为国际事件，以此让有关国家介入，从而伸张自己的主权。一开始，当地人希望强大的中央政府可以站在自己这一边，以争取自己的利益。但在两个世纪的过程中，强烈的国家认同感也油然而生。换言之，国族认同的观念并不一定来自现代国家推行的现代国族主义。只要有一个强大且愿意积极介入地方事务、伸张领土主权的中央政府，就会催生出新的政治认同。①

不难想象，在十一世纪的中国也有类似的情形。也许，辽朝农民侵耕宋界的背后是当地农民间的用地矛盾，只不过当事农民刚好分属宋辽；而这件事一路上达宋廷，正是因为宋方的农民想要把中央政府牵扯进来，以争取涉事土地。苏辙绘声绘色地为我们讲述了当时的另一个细节：1076 年，宋廷放弃了河东的部分领土，数千户宋民就不得不离开自己的房屋、田土、宗庙、祖坟，一路南迁。有个叫高政的人本是当地权势人物，他对这场搬迁尤为愤慨。每见人谈到韩缜、燕复时，高政气就不打一处来；他不光要杀了这些人，还说要"食其肉"。②

遗憾的是，今存的史料都来自当时的中央政府。至于那些生活在边界旁的村夫村妇，他们的声息往往淹没在历史长河之

---

① 萨林斯：《边界：比利牛斯山中形成的法兰西与西班牙》。
② 《长编》卷 371，第 8988～8999 页。

中。我们之所以知道燕复或是高政，是因为苏辙的文集中刚好写到了他们。① 如果我们相信苏辙的文字，即燕复、高政本是代州北界的豪强，我们甚至可以进一步推测，他们或许在当地就有着某种利益冲突，而这些地方上的冲突最后影响了中央政府的决策——就如萨林斯的理论所揭示的那样。无论如何，可以确定的是，苏辙自己的立场也深受边境线现状的影响。宋辽边境线穿过华北平原，将河北、河东北部切成两半。在许多人看来，这边境线毫无道理，而这种看法本身就改变了许多朝廷官员对于北方人民的看法。这些普通的汉人农夫或许从来都不关心宋辽间的大国博弈。然而，像吕大忠这样的官员会把那些人想象成大宋的同胞；另一些官员则会觉得这些人反复无常，甚至只因他们自己或家人刚好生活在边境线的另一侧，就以他们为朝廷的敌人。

137

小　结

本章旨在说明，宋辽澶渊之盟建立起的边界背后，还有着一个更为深刻的历史现象。尤其是到北宋后期，政府积极在其北线、西线边陲推进立界工程，甚至一定程度上也将部分南方边陲纳入计划。此外，从 1070 年代的神宗时期开始，关于边境的磋商就超越了单纯的分画地界，即以某条河流、某座山脊作为两个政权间的自然边界。这一意义上的划界不需要政府投入大量人力财力。然而，宋廷却投入大量资源，派出专员仔细考察当地实际情况并制作地图，然后以此为基础大规模挖掘壕

---

① 李焘将一些有关二人的信息编入了《长编》，为苏辙后来的讨论张本；李焘显然支持苏辙的立场。

堑、设置封堠，在地表上标明边界。正是基于这种边境之事无
小事的观念，宋廷才积极介入聂再友、苏直、杜思荣等普通农
户的耕地归属问题。

显然，北宋直接管理边境的政策，尤其是建设边境线的工
程，让我们想起现代国家的一些做法。因此人们也许会说，本
章为宋朝"近世"说提供了一种佐证——近一个世纪前，日
本记者与学者内藤虎次郎即倡导这一视角。然而，本章并不是
要把中国纳入近代化的历史叙事。更有意义的问题是：为什么
恰恰在这一时期，国家开始整饬边疆、廓清边界？在此基础
上，我们可以进一步探讨设立边界在中国政治文化史上的
意义。

138　　　明确树立的边境线标志着一种新的主权观念。对于中国在
世界中的位置，一种传统的观念认为天子居中，其影响力层层
向外辐射。这一理论在宋代依然有广泛的影响力，我们在第四
章还将加以讨论。以长城为代表的线性防御工程也符合这一天
下四夷的模型：长城标志着华夏政权直接管理、控制的范围，
但这并不是说长城之外就是邻国领土了。与之相对明确建立的
边境线标志着一种双向对等的关系。边界两边的政权都可以在
自己境内发展农业或畜牧业，也都有责任防止自己的人民通过
非法渠道跨越边界，进入对方领土。进入宋代，东亚迎来了新
的政治格局。笔者之前着重讨论的政权间往来的措辞与礼仪，
事实上只是东亚政治文化发展中的一个环节。尤其但也不仅仅
是在宋的影响下，不同政权都认识到疆域领土对应的责任与义
务，政权间来往的尊卑秩序，甚至还有壕堑、封堠所代表的政
治意义，即上文笔者所说的"边境线语言"。

这些边境线同时也催生出了新的"中国"认同，即边境

线之内，是为华夏。这种观念区别于传统的基于种族与文化的华夏观。下一章中我们会重点讨论这一观念，即从历史、种族、文化、山川走势等角度构建的华夏认同。尽管在很多场合，这样的华夏观对朝廷有着重要意义，但当宋廷介入宋辽边境上普通边民的冲突时，这种思维方式就捉襟见肘了。为了处理边民间的争讼，一些决策者开始把辽朝治下的汉人想象为"敌人"，认为他们本质上和契丹统治者没有区别。这样一来，这些边境对面的汉人一方面是手足同胞，另一方面却是异邦仇敌。这样的矛盾提醒着我们，一个特定社会对于周遭世界以及自身所处的位置的理解有多么复杂——在这种认识里充满矛盾、难以自洽的状况才是常态。

是什么造成了十一世纪的这些变化呢？在笔者看来，两个因素对于边境线的发展尤为重要。一是地缘政治现实。澶渊之盟以来的宋辽边界横穿广阔的华北农田，边界两侧都有大量农业人口。因此，边民进入对方领土，实在是难以避免的事情。 139
事实上，侵耕邻界的事情不仅发生在河东的宋辽边境上，宋夏边境也有类似的情形，尤其是在今天陕西北部的屈野河一带。① 在中国南方，从中原南下的农业人口会频繁与当地人群接触，② 这时就有了澄清地界的必要。这不同于其他历史时期，如唐代的许多时候，当时中原王朝的边陲深入的是不毛之地，因此当然没有必要把边境线清楚地勾勒出来。十一世纪的现实决定了廓清边界的必要性。

---

① 《长编》卷185，第4476～4478页；卷185，第4476～4478页；卷193，第4679～4680页；《宋会要·兵》二七之四一至四五。

② 关于中国南北边陲的差异，见拉铁摩尔《历史中的边疆》，第475～477页；关于西南当地人的农业生产，见万志英《溪洞之国》，尤其是第26～33页。

但地缘政治的现实只是原因的一部分。宋朝的中央政府也可以无视边境的争讼，让当地的农民自己来处理边境上的矛盾和问题。或者，当地的官员也可以自己想办法，大事化小小事化了，不必惊动开封的官员。十一世纪后期，朝廷开展空前的边境工程的时期正值王安石及其后继者主政，这绝非巧合。北宋后期，国家在不同层面上介入了地方事务。如果说南宋以降，地方精英积极建立义仓、推动乡学，那么新政下的北宋国家则力图以政府力量提供这些公共服务。① 与新政支持者的立界工作展开同时，国家也在大力介入民间信仰的世界。韩森（Valerie Hansen）指出，正是在十一世纪后期，国家颁布了大量诏命，为地方神祇授予正式封号。② 正是在这样的政治氛围中，国家才会投入异常琐碎的分画地界事业。虽然宋廷的积极干预主义与扩张领土的动机颇有关联，它也开创了一种更为明晰的边境观，这样国家就可以扩大税收基础，并更有效地管理边境人口。

---

① 史乐民：《变法时期的国家权力与经济政策（1068～1085）：以茶马贸易与青苗法为中心》（"State Power and Economic Activism"）；另见史乐民《取税天府：马匹、官僚与四川茶业的崩溃，1074～1224 年》。
② 韩森：《变迁之神：南宋时期的民间信仰》，第80～81 页。

第二部分
文化空间

第四章 作为国族的"中国"

1190 年，女真统治中原已经六十多年了。南宋官员黄裳（1146~1194）正在为后来的太子赵扩讲学。为此，他准备了一份细致的历朝疆域图，并雕版刊刻。[①] 地图不仅详细标出了府、州等行政机构的位置，还标出了一系列河流、山峰、山脉；此外，从海南到辽东的海岸线在地图上一目了然，在今天看来依然称得上准确。地图附有跋文一篇，详细阐述了制图的用意：观者凝视地图，"可以感，可以愤，然亦可以作兴也"。换言之，这幅地图旨在让人们反思中原沦陷的沉痛历史。黄裳进一步解释道：

> 中原土壤北属幽燕，以长城为境，旧矣。至五代时石敬瑭弃十六州之地也赂契丹，而幽蓟朔易之境不复为吾有者三百余年……乃今自关以东，河以南，绵亘万里，尽为贼区……可不为之流涕太息哉？此可以愤也！

黄裳地图中的很多地方值得我们留意，尤其是他制图的主要目的，即激发收复河山的愤慨情结。学者们常常将领土情结与十九、二十世纪的世界联系在一起，但对十二世纪的收复故土

---

① 关于黄裳的地图，见曹婉如等编《中国古代地图集》，插图第 70~72；关于碑文，见钱正、姚世英《地理图碑》。

观念还未予以充分的注意。至少，黄裳自己或许会想象，未来

144　的天子会看到这幅地图。数十年后的 1247 年，苏州的一位官
员将地图及其跋文刻石，"以永其传"——石碑至今尚存。一
旦铭诸石碑，地图及其中的信息会和拓本一起广为流传。跋文
中还有一个关于幽云"十六州"的重要细节。不同于女真人
占据的河南之地，契丹人在宋兴以前就获得了华北平原北缘幽
云十六州。因此，文中说"幽蓟朔易之境不复为吾有"，其中
的"吾"不仅指宋王朝，因为宋廷从未实际控制这一地区。
相反，它指的是一个超越王朝更替的"我们"。

　　黄裳的地图当然是特定文化下的产物。十二、十三世纪的
士大夫大多持收复故土的主张。从道学领袖朱熹（1130 ~
1200）到崇尚事功的陈亮（1143 ~ 1194）、叶适（1150 ~
1223），当时最重要的经学家、理学家都曾主张挥师北伐，收
复被女真人占据的中原。[①] 陆游、杨万里（1127 ~ 1206）、辛
弃疾（1140 ~ 1207）等许多南宋文人都在诗中倡导收复故
土。[②] 这些人至今仍作为伟大的爱国诗人为人所知。一直以来
史学家都以为，既然金人南下中原，南宋自然要收复故地。然
而，这一结论忽略了一个重要问题：宋以前，四世纪的拓跋和
十世纪的沙陀都曾称霸中原，而当时的南方士人却没有产生类
似的强烈回应。事实上，本章旨在证明，南宋收复河山的呼声
正以北宋时期一些重要观念的发展为大背景。在女真人登上历

---

①　田浩：《儒家功利主义：陈亮对朱熹的挑战》（*Utilitarian Confucianism*），第
　　169 ~ 180 页；魏希德：《义旨之争：南宋科举规范之折冲》（*Competition
　　over Content*），第 97 ~ 102 页。

②　戴仁柱（Davis）：《山下有风：十三世纪中国政治与文化危机》（*Wind
　　against the Mountain*），第 152 ~ 157 页。

史舞台前的十一世纪，宋朝的精英间开始形成一种国族意识（national consciousness），并认为政权有其固定的疆域。

在之前的三章里，我们着重讨论了"政治空间"。从宋辽边境的特殊地理环境，到王安石及其后继者领导下积极进取的中央政府，这些地理与政治因素无不影响着宋朝与周边政权的关系。由此，我们考察了当时东亚政局的演进，宋朝防御策略的变化，以及边境与边境线管理的发展。本章及之后的两章将讨论"文化空间"，我们将关注宋朝精英是如何以新的方式理解其所属的政治体的。早先，包弼德讨论了宋代士人眼中的自身王朝的空间范围，他着重强调了地理与传统两个因素。[①] 在他看来，天子设官分职直接管理的地区，也即诗书声教所及的疆域范围。在这之外，就是远方部落控制下的化外之地。而在地理疆域与文化传统之外，还有另一个因素，即族群认同（ethnicity）。下文中，我们会看到这一观念源自欧亚草原。十一世纪，当宋朝的决策者力求把握十一世纪政权间复杂的关系，他们也开始运用族群范畴，将自己的同胞视为族群意义上的"汉人"。这三个因素合在一起，共同界定了一种宋型的"国族"观念（a Song form of the Chinese nation）。

宋以前的观念

表4-1构建了一个模型，来理解不同时期的知识精英对于其政治-文化共同体的构想。为方便对国族主义（nationalism）的比较研究，表中着重勾勒了构成近代民族国家（nation-state）的重要因素。这样一来，表中并没有给出宋人"中国"

[①] 包弼德：《地理与文化：中期历史中的"中国"话语》。

认同中与二十世纪观念截然不同的维度——因此就没有包括本章后面会介绍的畿服制度。该表的目的并不在于要表示历史向着特定目的不断进步，最终发展出了现代民族国家的观念；相反，这是为了说明现代国族主义的一些构成要素，在合适的条件下也会在其他历史时空中形成。同样需要强调的是，表4-1中的要素仅限于观念世界。比如要素5说的是，宋代的知识精英相信他们所理解的族群意义上的"汉人"应忠于特定的政治体——这一政治范畴超越个别王朝的更替。当然，我们不知道当时的普通民众是否有这样的认同感，是不是会用代表族群的"汉"来指称自己。另外，人们从未将表中的不同观念系统化为一种具有逻辑连贯性的理论。它们从

146　　　　　**表4-1　国族观念在中国的发展（九个不同的构成要素在不同时期开始为精英接受）**

时期	构成要素	对于政治体的理解
宋以前	1. 因为有自己独特的文化而不同于世界其他地方	文明世界（Civilized World）
宋以前	2. 必将统一于一个王朝	
宋以前	3. 超越王朝兴废，不会因为某个王朝的衰亡而瓦解	
北宋	4. 这里的人们属于同一个族群，有共同的祖先，共同的语言与文化	基于国族认同的国家（Nation-State）
北宋	5. 这一族群的人们应该向自己所属的、超越王朝更替的政治实体效忠（而不仅仅是某个特定统治者或某个特定王朝）	
北宋	6. 地理上有明确的空间范围；这一范围由历代王朝统治的区域和主体族群的生活空间决定	
北宋	7. 应该收复"故土"，即使是前朝时就已经失去的土地；不惜使用武力，如果必要的话	
北宋	8. 构成了一个同质的空间（"华夏空间"）	
南宋	9. 通过特定的文化符号，引起强烈的情绪	

特定时期开始流传，之后则间或出现在不同的政治语言中。在这里，笔者希望首先勾勒宋以前的面貌；本章余下的部分则重点阐述宋代的情形。

宋以前的精英们是如何理解其国家、其文化在世界中的位置的呢？三个方面的发展尤为重要。第一，他们强调自己独特的文化（表4-1，要素1）；他们发展出的政治语言注重华夷间文明与野蛮的差异。① 公元前十一世纪中期，随着周王朝的兴起，立足于黄河与渭水流域的周天子封建诸侯，将其宗亲、盟友分封在北至华北平原、南及长江流域的广阔地区。之后，周天子渐渐失去了对地方诸侯的控制力；情势每况愈下，到了春秋战国时期，诸侯各自为政。尽管如此，周天子在名义上仍是这一礼法秩序的中心。周礼的统治地位或许起源于自上而下推广的观念，这些观念广泛地见诸青铜器的铭文。② 而周游列国的士人干谒诸侯，又进一步增强了这种信念。随着时间的流逝，一些过去的"夷狄"渐渐融入了周的秩序——无论是出

147

---

① 下文的讨论基于，李峰：《西周的灭亡：中国早期国家的地理和政治危机》；罗泰（Falkenhausen）：《孔子时代的中国社会》（Chinese Society），第163~288页；狄宇宙（Di Cosmo）：《古代中国与其强邻：东亚历史上游牧力量的兴起》（Ancient China and its Enemies），第44~126页。

② 不少青铜铭文收录册命及其他政治文书，以此强化持有这些器物的家族与周天子的关系。其中一些铭文（如史墙盘、虞逨盘）甚至更进一步，将家族历代人物的地位权力与周朝历代天子的煊赫功业放在一起。在祭祀祖先的仪式中人们或许会唱诵这些文本；因之，这些文字不断向子孙讲述家族与周天子的渊源，同时不断美化文武周公的时代（而这些周初的传说，在二十世纪仍为人传颂）。关于史墙盘、虞逨盘（及其译文），见夏含夷（Shaughnessy）《西周史料：铜器铭文》（Sources of Western Zhou History），第104页；夏含夷：《西周一青铜器铭文的研究》（"Writing of a Late Western Zhou Bronze Inscription"），第852~854页。

于自愿还是迫于武力。[1] 出土墓葬表明，在精英阶层的文化融合之后，社会中下层的文化融合也开始推进。正是在这一时期，即公元前 700 年至公元前 300 年，一种新的话语体系出现，把尊奉周礼的中夏与王教不宣的蛮夷对立起来。然而，这一对立并不是华夏国家与境外势力的差异，而是文明世界的中心与未开化的边缘世界的区别。那么，华夏与野蛮的差别是文化造成的吗？——或者说，蛮夷可以通过教化成为中夏的一部分吗？还是说，这种差异主要来自不同人群的生理构造？当时的人并没有解决这一问题。事实上，由唐宋至于明清，教化蛮夷是否可能始终是一个困扰政治决策者的问题。[2]

另一个重要的观念也形成于秦统一前，即所谓"大一统"（或"一统"）的理念。具体而言，这一观念认为整个文明世界应该由同一个王朝来统治（表 4 - 1，要素 2）。[3] 秦汉至于明清，这一政治理念得到了广泛认同；王朝建立者们总是力图统一中国，也以此为理论立足点。[4] 进入二十世纪，这一观念被转换成了民族国家的话语。国族主义影响下的历史学家们认为，统一是中国历史上的常态，分裂则源于执政者的过失。至少在公元前三世纪，追求统一的政治理念就已经出现了。当

---

① 狄宇宙：《古代中国与其强邻：东亚历史上游牧力量的兴起》，第 85~87 页。

② 十八世纪，在清帝国介入西南边疆的过程中，一些人就主张建立"族群缓冲区"，因为他们认为要教化这些异族是不可能的；另一些人则主张同化他们。见苏堂栋（Sutton）《十八世纪的族群与苗疆》（"Ethnicity and the Miao Frontier"）。

③ 下面的讨论基于戴梅可（Nylan）《中国经典时期的王朝话语》（"Rhetoric of 'Empire'"）；尤锐（Pines）《展望永恒帝国：战国时代的中国政治思想》（*Everlasting Empire*），第 16~25 页。

④ 尤锐：《展望永恒帝国》，第 11~12 页。

时，随着周朝秩序瓦解，地方诸侯连年征战。统一意味着结束
战乱，政治哲学家们以近乎乌托邦的方式勾勒"大一统"的
理念："王政"会给天下带来和平与稳定；同时，国家会有统
一的度量衡，车同轨，书同文。这一理念影响广泛。公元前
221年秦始皇统一中国，以自上而下的强势中央政府取代了周
朝松散的分封体系；他有意识地践行王政，统一权衡与文
字。① 尽管在此之后，统一成为中国政治思想的基石，但统一
的帝国也带来了新的问题，于是另一种话语在秦统一以后快速
发展。与大一统相对，这种观念倡导"封建"——英文中经
常粗略地将其翻译为 feudalism。在这种模式下，地方诸侯世守
自己的封疆，同时效忠天子。中国历史上，这种回归周制的呼
声反复出现；甚至在二十世纪初期，中国的联邦论者仍然以
"封建"话语为自己张本。②

149

　　宋以前中国知识精英发展出的第三个重要观念认为，自己
从属于某个超越王朝更替的传统（表4-1，要素3）。③ 诚然，
在当时的人们看来，一朝的臣子应该效忠本朝天子，但这并不
意味着他们就不能在王朝兴衰之外有更深层的认同感。秦始皇
显然不认为他的王朝有一天会寿终正寝。统一中国以后，他高

---

① 各种考古发现进一步证实了秦统一中国后采取的措施。统一轻重的铜权
在中国各地均有出土；出土简帛中，秦推行的文字得到广泛的应用。秦
始皇有意识地推行"王政"，统一文字是其中的一个环节。这一点在当时
石刻及汉初记述中都有体现。秦始皇诏命的措辞与战国后期政治思想家
的说法如出一辙。见陈昭容《秦书同文字新探》；谭凯：《秦时期的"书
同文"》（"Qin Script Reform"）。

② 杜赞奇：《从民族国家拯救历史》，第147~204页。

③ 在包弼德看来，人们渐渐将中国看作一个"超越王朝更替的空间文化实
体"。见包弼德《地理与文化：中期历史中的"中国"话语》。

傲地宣称自己开启了新的时代，他的王朝会传诸万世。[①] 但后来的天子就没有那样目空一切了。到隋唐时人们已经意识到，所有的王朝有勃兴就有衰亡，天命终究会眷顾另一个家族。隋唐王朝认为自己继承大汉，宋王朝则被视为汉唐的继承者。[②] 唐宋时期编纂的许多文献都具有超越王朝更替的意识，旨在整理有史以来的一切记载。[③] 知识精英在其谱牒学作品中，还会追索家族祖先在之前王朝的仕宦经历。[④] 无论精英家族、国家制度还是王朝本身，都不会因为个别政权的灭亡而终结。

不同的天下观

至此我们梳理了"中国"认同的一些构成元素，但我们的讨论局限于那些在二十世纪民族国家构建过程中仍被人们关注的要素。现在，笔者将讨论"中国"观念的另一些重要维度。

150　尽管到了二十世纪的时候它们已经作古，但这对我们理解中国家国认同的发展脉络至关重要。这些"天下"模型大都是汉唐之间发展起来的，它们对宋人的思想世界有着深远的影响。其中许多内容本于五经。《尚书·尧典》中有"肇十有二州"，即上古的圣君舜将华夏分为十二个大区。之后的《禹贡》又将天下分为九州。[⑤] 因为上古时最重要的君主（舜、禹）建立了这

---

① 卜德（Bodde）；《秦国与秦朝》（"State and Empire of Ch'in"），第53～54页。
② 隋朝就认为自己是汉的继承者，见芮沃涛（A. F. Wright）《隋朝》（*Sui Dynasty*），第8页。宋朝认为自己继承汉唐，见该书第一章。
③ 包弼德：《地理与文化：中期历史中的"中国"话语》，第5页。
④ 谭凯：《中古中国门阀大族的消亡》，第27～44页。
⑤ 高本汉（Karlgren）：《书经》（"Book of Documents"），第12～17页。

样的分划，九州或十二州成为后人理解帝国分野的基本方式。①

战国至于两汉的思想家进一步将这一空间、文化上的分划纳入种种齐整的天下模型。当时人们对九宫格产生了浓厚的兴趣，认为这一构图自有其神秘的意义。这一三乘三的图形出现在上古传说中的井田制、王畿的堪舆风水、京师明堂的设计图，以及汉代铜镜的纹样之中。事实上，在一些人看来，整个天下都由这上下九格构成，九州对应了天下的九个构成部分。② 十二州则被纳入另一种天下模型，即所谓"分野"体系；这里地上十二州与二十八宿、十二地支、岁星十二辰对应。③ 唐宋的文献经常诉诸这些对应关系。例如 986 年一位官员就提出，岁星走势利于宋军平定燕地。④

九州或十二州理论可以帮助人们理解文明世界，但它们并 151
没有明确说明边陲或化外的情况。《尚书》中还有另一个模

---

① 唐以降，几乎所有的地理著作都会提到九州或十二州。关于有关地图，见《宋本历代地理指掌图》，第 12 ~ 15 页；唐仲友：《帝王经世图谱》，卷 5，第 1 页上 ~ 第 2 页下。用这些地图来支持收复故土的主张，见《全宋文》第 123 册，第 87 ~ 89 页。需要强调的是，《尧典》与《禹贡》都是至少公元三世纪以后才形成并成为《尚书》篇章的。见戴梅可《"儒家"五经》(*Five "Confucian" Classics*)，第 134 页。

② 梅杰 (Major)：《五行、奇方与系统天下图》("Five Phases")；汉德森 (Henderson)：《中国的天下图》("Chinese Cosmographical Thought")。陆威仪 (Lewis)：《早期中国的空间构造》(*Construction of Space*)，第 245 ~ 284 页。

③ 房玄龄等：《晋书》卷 11，第 307 ~ 309 页。

④ 在他（胡旦）看来，"今年春末至来年，岁在宋分，今年初秋至六年，镇在燕分。"见《宋史》卷 432，第 12828 页。关于唐宋人对分野的应用，见薛爱华 (Shafer)《步虚：唐代奔赴星辰之路》(*Pacing the Void*)，第 75 ~ 84 页；石介：《徂徕石先生文集》卷 10，第 116 页；唐仲友：《帝王经世图谱》卷 6，第 8、11 页上 ~ 15 页下；《宋本历代地理指掌图》，第 80 ~ 83 页。

型，即所谓"五服"或"畿服"，基于这一理解，大地从中心向外围可以分为五个有共同中心的方域：王畿所在的"甸服"，诸侯所在的"侯服"，文教所宣的"绥服"，羁縻控制的"要服"，以及荒蛮化外的"荒服"。① 至少在汉代人看来，这一由同心方域构成的畿服体系有着浓厚的道德意味，天子的文教由近至远，逐渐减弱。对于"五服"开化程度的递减，后人还把它和一种"气"的理论结合起来，来解释地理与文化间的关系。因此，许多唐人的文章——如岑文本（595～645）、杜佑（735～812）等著名学者的论述——都认为王朝中心气清而正，使这里的人们仁爱而有道德操守；偏远地区的气污浊"梗"塞，因此那里的人更为野蛮。②

关于边疆还有一种理论，即王朝四周都有相应的天然屏障。这种观念至少可追溯至汉代，在唐宋时得到了更广泛的接受。③ 这一对边疆的认识符合早先人们对王朝、天下的认识：大地是方的，王朝也有着自己的方域。因此，当狄仁杰（629～700）反对武则天发动战争对外扩张的时候，他指出王朝自有其天然的封疆：

> 臣闻天生四夷，皆在先王封域之外。故东距沧海，西隔

---

① 高本汉：《书经》，第18页；余英时：《汉代对外关系》，第379～381页；李约瑟（Needham）、王铃：《数学与天文、地理学》（*Mathematics*），第501～502页；包弼德：《为中国史建立 GIS》（"Creating a GIS"），第33页。

② 杨劭允：《重新发明蛮夷：唐宋时期哲学与修辞中的夷狄》（"Reinventing the Barbarian"），第20～23、103页。南宋时，随着女真占领了中原，不少人又开始以基于"气"的环境决定论讨论有关问题。见田浩《十二世纪中国的原始国族主义》；杨劭允：《重新发明蛮夷》，第330～332页。

③ 关于汉代的情况，见杨劭允《重新发明蛮夷》，第15～16页。

　　流沙，北横大漠，南阻五岭，此天所以限夷狄而隔中外也。① 　152

一个世纪后，名相李德裕（787～849）同样指出："天地以沙漠山河限隔南北……岂敢上违天地之限？"② 北宋官员也常常强调这些天然边疆；如果唐人是为了劝阻军事扩张的野心，宋人则更多是表达对王朝无险可守的担忧。例如，李如篪（活跃于1120年年代）便认为沙漠大河是"天之所以区分内外，隔限南北者"。③ 更早以前，宋朝学者、官员石介（1005～1045）对契丹人控制燕北边关深表忧虑，赋诗《感事》，表达了类似看法：

> 吾尝观中夏，地平如砥石。
> 幅员数万里，车马通辙迹。
> 帝宅居土中，紫垣当辰极。
> 长江断其南，绝塞经其北。
> 东海西流沙，天为限夷狄。④

在之前的讨论中，我们考察了失去燕山"边关"对北宋军事决策的影响。在这里我们发现，对于当时的人们来说，自然地形地貌的分界有着更深层的文化意义。

　　虽然这些天下模型在后世仍有广泛的意义，但在唐宋时期却出现了一种新的知识兴趣，旨在调和想象中的天下宇宙与观

---

① 《旧唐书》卷89，第2889页。
② 《全唐文》卷699，第7182页；参见张国平《唐代中国与回鹘帝国的瓦解》，第230页。
③ 李如篪：《东园丛说》，第62页。
④ 石介：《徂徕石先生文集》卷3，第24页。

测到的地形地貌。① 在种种新的模型中，最为系统的大概是佛
教僧人一行（682～727）发展出的"两戒"说。一行重点关
153 注长江、黄河，以及他称为南北两戒的两条东西走向的山脉。
北戒西起甘肃走廊南缘的祁连山脉，连接分隔四川湖北的秦
岭，在华山、渭水河口处越过黄河，沿着山西南部的群山延
伸，最后北上太行，向东接续燕山山脉。在一行看来，整个山
脉体系的意义，即"所以限戎狄也"。一行的南戒起于四川盆
地，沿着华南的山脉进入福建沿海。对一行来说，这起到
"限蛮夷"的作用。②

　　一行去世时距离宋兴还有两个半世纪。然而，只有在宋代
文献中，我们才能找到被归于一行名下的地文学说。十世纪时
关于他的史传与笔记只说他长于天文、地图。③ 关于两戒说，
今存最早的文献是十一世纪的《新唐书》。④ 之后，从王朝地
图到类书经注等一系列不同的文献开始频繁提到这一理论。⑤

---

① 李约瑟、王铃：《数学与天文、地理学》，第 544～545 页；汉德森：《中国
　　宇宙论的发展与没落》（*Development and Decline*），第 70 页。
② 《新唐书》卷 31，第 817 页。
③ 如《旧唐书》卷 191，第 5111～5113 页；李昉等：《太平广记》卷
　　92，第 608～610 页；卷 136，第 974～975 页；卷 140，第 1009 页；
　　卷 149，第 1072 页；卷 215，第 1647～1648 页；卷 228，第 1749 页；
　　卷 396，第 3164 页。敦煌文书中也提到了一行的天文星占，见穆瑞明
　　（Mollier）《佛教道教面对面：中世经典、仪式与肖像的相互交流》
　　（*Buddhism and Taoism*）。笔者未能在宋以前的文献中找到任何有关
　　"两戒"的记载。
④ 《新唐书》卷 31，第 817 页。
⑤ 见唐仲友《帝王经世图谱》卷 6，第 4 页上～第 7 页上；《宋本地理指掌
　　图》，第 84～85 页；王应麟：《玉海》卷 20，第 26 页上～第 28 页下；章
　　如愚：《群书考索》卷 59，第 6 页上～第 7 页下；林之奇：《尚书全解》
　　卷 10，第 4 页上～第 4 页下。此外，方岳（1199～1262）三次提到他见
　　到一行两戒图时的强烈愤慨，因为当时中原已在蒙古人治下。

宋人更关注其国家无险可守的地缘政治困境。可能是出于这个
原因,人们开始关注一行提出的两戒——尤其是其中的北戒。
同样值得注意的是,一行的学说在一个特定的时期得到了广泛
的注意。当时有不少精英人物因南北两朝的使节往来得以亲赴
辽朝,并亲身感受东亚、东北亚的地势。宋人绘制的一行两戒
图在山脉走势上和今天的地形图高度重合(图4-1)。这或许 154
正是因为宋人从实践中获了新的地理知识。

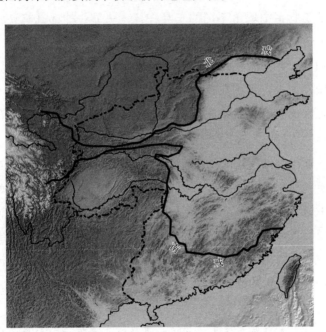

图4-1 一行的"两戒"模型

上图基于1201年的一行两戒图,将一行南北两戒标于中国地
形图上。见唐仲友《帝王经世图谱》,第80页。

我们要如何理解这些不同的天下观呢?首先,需要指出
的是,尽管精英们在诗、文、政论等不同的场合提到这些知

识观念，但人们并没有将其整合为一种自洽的理论。从实际地形观察中得出的理论，以一种奇怪的方式与"畿服"等观念共存。九州的模型强调天下由三乘三的九个方格构成；可是"畿服"理论却强调由内而外、文明至于野蛮的同心方域。这两种理论本就很难调和。① 事实上，宋代流行的不同天下观很好地表明了不同的话语是如何产生效力的。在特定

155 社会环境与政治场合之下，时人可以运用不同的观念——就像从工具箱中取出不同的工具一样——每一种都具有一定的效力，即使它们不能构成一个自洽的整体。同样，表4-1中的构成元素在宋代社会有着广泛影响力，当人们需要在朝堂上阐述主张，或是在诗文中兴发感怀的时候，这些元素不时出现在他们的脑海中。但是，并没有人将它们整合成一种关于国族的理论。

其次，世界其他地方的人也和中国人一样，提出了各种理论来解释自己在世界中的位置。有关"气"的哲学理论或许是中国或东亚文化特有的产物，但基于对周遭自然与人文世界的经验观察总结而成的理论，也曾见于很多看似与宋代相去甚远的社会当中。1785年，法国的一名王室地理学家就这样描述比利牛斯山的法西边界：

> 大自然在这里设置了一道屏障，要把法兰西与西班牙永远分开……创世之初，造物主已经设置了天然的封疆：那些汇入法兰西的河流所过之处，必须属于法兰西；那些

---

① 关于这两个模型间的矛盾，见包弼德《地理与文化：中期历史中的"中国"话语》，第32页。

汇入西班牙的河流所过之处也属于西班牙。[1]

就像一行认为山脉分隔华夷,而李如篪、石介等认为"天"用屏障分隔了大地一样,法国人也提出了同样的说法,即神圣的力量创造了自然的封疆。当然,在这里划分世界的不是中国经典中的"天",而是启蒙运动时人们所理解的"神",这"不变的推动者"设置了世界的分野,人类无法干涉。我们不难发现,中法的观念之间有许多相似之处;耸立于地平线上的巍峨山峰震撼人心,人们因此将之看作上天的旨意。中国与西欧历史上的自然封疆理论还有个共同点:进入二十世纪后,随着现代国族思想体系的全球化,人们便将它们抛诸脑后。[2]

作为族群的"汉人"

156

至此,我们讨论了宋以前士人间流行的许多观念,这些观念对后世有着深远的影响。知识精英们认为,他们从属于一个超越个别王朝的实体;理想情况下,这一实体应由同一个皇帝、同一个朝廷统治。他们还发展出许多不同的天下观,来解释其在世界中的位置。然而,在宋以前,这一实体更多的是指"文明"本身,而不是"华夏"国家。天子统治着整个文明世界,这一观念甚至延续到二十世纪初。进入宋代以后,人们形成了一种新的"中国"认同:它有自己的族群文化,还有固定的地理范围;这种观念与过往的种种天下观并存。宋代形成

---

[1] 诺德曼:《法兰西的边疆:从空间到领土,十六至十九世纪》,第65页。

[2] 萨林斯:《重新考察自然封疆理论》("Natural Frontiers Revisited"),第1450~1451页。

的新的说法将国家（state）、作为族群－文化概念的国族
（nation，i. e. the ethnoculture）及其应有疆域熔于一炉；在这
个意义上，我们可以说这一时期出现了一种新的观念，即基于
国族认同的国家（nation-state）。下文中，笔者将依次讨论北
宋的政治精英所理解的汉族群、汉族群的内部团结，以及汉族
群的封疆（见表 4－1，要素 4 至要素 8）。

　　虽然一些历史学家已经注意到，在前现代研究中运用
"族群"（ethnicity）这一概念或许存在一些问题，但我们没有
理由把自己束缚在经典人类学研究的框架里，把"族群"看
作现代社会特有的产物。人们根据一些显而易见的族群特征来
构建族群范畴。这些范畴是在互动中形成的（transactional），
亦即在不同人群交流的过程中，这些范畴逐渐形成并得到强
化，并发挥特定的社会与政治作用。这些范畴随着时间而变
化——今天我们说的某族人，不一定是历史上被称为这一族人
的直系后裔。[1] 用格尔茨（Geertz）的话来说，族群内部成员
之间有一种原初的联结（primordial attachments）。这不是说他
们客观上就是一种人，从来就有共同的文化（或基因）。相
反，这是说当事人想象他们自己有着共同的根基，相信自己有
共同的祖先——无论实际上是不是这样。[2] 在接下来的讨论
157　中，笔者将着重考察中国历史上的精英，尤其是朝堂上的决策

---

[1]　如郝瑞（Harrell）《彝族中的历史》（"History of the History of the Yi"）。
[2]　巴斯（Barth）：《族群与边界——文化差异下的社会组织》的导论
　　（"Introduction"）；格尔茨：《整合革命：新兴国家的原始情感和公民政治》
　　（"Integrative Revolution"）；基耶斯（Keyes）：《族群变迁辩证法》
　　（"Dialectics of Ethnic Change"）。格尔茨所说的"原初联结"（primordial
　　attachments），又译为"根基性情感"，有时会为人所误解，仿佛他相信
　　族群范畴是客观存在的，而不是社会构建的。

者是如何构建族群范畴的。① 在宋以前，知识精英当然也强调胡汉之别——这种差别也可以看作一种族群分野。② 然而，这一观念在宋代有了两个重要的演变。一是族群与国家联系在一起，成为一个政治范畴（politicalization）——换言之，宋朝把自己视为汉族群的政权。二是时人对文化差异有了新的理解；在讨论个人文化特质的时候，人们更多地将祖先家系视为决定因素，而不是地理或环境。

我们知道，与宋朝相比，唐朝的官僚体系吸收了大量蕃人。因此，人们经常把唐朝（而不是宋朝）称为"多元帝国"。其中最为人们所注意的是唐军中的蕃将。除了武将，许多唐朝的文官家族也出自塞外。不少宰相的家族就有来自欧亚草原的渊源。一些新罗人与日本人也来到大唐，出任职官。③ 许多史料详细记载了唐廷如何将化外之人迁到帝国的控制下。

---

① 边境上的普通人经常与游牧民族接触，他们或许也发展出了自己的族群观。只是我们很难确定他们使用的范畴是否和都城的决策者一致（比如是否基于同样的族群特征）。

② 班茂桑（Abramson）：《唐代中国的族群认同》（Ethnic Identity）。下文中我们会看到，唐人觉得文化差异更多的是环境而不是血缘造成的。唐代精英的观念世界中，是否存在族群意识（ethnicity）呢？这部分取决于我们对族群的理解是否要求当事人想象共同的祖先。

③ 何天爵（Holcombe）：《移民与异族：从多元主义到儒家普世主义的唐代中国》。关于有内亚血统的宰相，见《新唐书》卷71上，第2273页；卷71下，第2289页；卷71下，第2403页；卷72上，第2409页；卷72下，第2818页；卷75下，第3379页；卷75下，第3401页；卷75下，第3437页。九世纪墓志中，志主家族有出自波斯、粟特、鲜卑、突厥、回鹘、奚、吐蕃、高句丽或新罗。见《全唐文》卷505，第5140～5142页；卷543，第5510～5512页；卷566，第5725页。陈尚君编《全唐文补编》，第890～892页；郭茂育、赵振华：《唐史孝章墓志研究》；毛阳光：《新见四方唐代洛阳粟特人墓志考》；荣新江：《中古中国与外来文明》，第238～257页；谭凯：《中古中国精英的转型》（"Transformation of Medieval Chinese Elites"），第60～61页；吴钢编《全唐文 （转下页注）

158　唐初，有超过十万突厥部民被安置在北部边陲鄂尔多斯地区，另有超过一万户突厥人被迁往长安。① 此外，西北的吐鲁番出土文书表明，均田制也为粟特人户安排土地，因此他们也需要为唐朝服劳役、兵役。②

　　所有这些现象在进入宋代以后都发生了很大的变化。除了西北蕃兵以外（见第二章），史料中很少见到蕃将、蕃兵为宋效力，也很少见到有域外血统的文臣。事实上，在许多宋人看来，唐朝重用蕃人造成了许多问题。理学家黄震（1213～1280）就认为，任用蕃将直接导致了唐朝的衰落——"终唐世用蕃将，后有禄山之祸"。③ 在许多南宋人眼中，文臣拥有胡族血统是一件不幸的事情，他们将此归因于拓跋鲜卑对中原的长期占据，这一部族发源于中国东北，建立了以北魏（386～534）为首的一系列政权。在十三世纪的史学家胡三省（1230～1302）看来，隋唐的许多门阀大族都兼具鲜卑与汉的血统，因此其所谓门第也不太有意义：

　　　　拓跋珪兴而南、北之形定矣。南、北之形既定，卒之南为北所并。呜呼！自隋以后，名称扬于时者，代北之子孙十居六七矣，氏族之辨，果何益哉！④

（接上页注③）补遗》第1册，第282～286页；第2册，第583页；第3册，第143页；第3册，第254～255页；第5册，第36～38页；第6册，第493页；第7册，第414～415页；吴磬军、刘德彪：《唐代元云墓志浅说》；周绍良、赵超编《唐代墓志汇编》下册，第2110页。
① 杨劭允：《重新发明蛮夷》，第57～64页；斯加夫：《隋唐王朝及其突厥－蒙古邻居》，第55～58页。
② 斯加夫：《七至八世纪粟特商人在新疆的扩散》。
③ 黄震：《古今纪要》卷9，第5页上。
④ 《资治通鉴》卷108，第3429页。

事实上，宋代论者夸大了唐宋间的差别。第二章中我们已经提到，宋代的开国之君以及许多追随他们的将领本身也兼有胡汉血统。宋朝史料对此当然只字不提，因为写下这些文字的史学家们坚信本朝治下之人都是汉人。[①] 换言之，唐朝认为自己无所不包，统治着许多不同的民族，宋朝则认为自己是某个族群的国家；为此，他们甚至需要重新书写自己的史料，以此来打造自己的形象。宋王朝的这一自我认识可以帮助我们解释很多现象，比如宋廷会明确边境线的位置（见第三章），迁空新获土地上的蕃人（详见下文），也会担心西北边陲的蕃兵不能融入西北的边防体系，更坚信宋朝这样的汉人政权根本无法建立有战斗力的骑兵部队（见第二章）。[②]

随着族群与国家联系在一起，宋代又出现了第二个重要变化，即作为族群名称的"汉"得到了广泛使用——这个词至今仍然被用于指称占中国人口多数的汉族。"汉"这个词在用法上的变化，反映出人们对于人群间的差异有了新的认识。[③] 一开始，"汉"指的是汉朝；一直到北魏，"汉"才开始指称特定的族群，用以区别鲜卑统治者与中原本来的人群。在唐代，"汉"很少专指某一族群，这种用法一直到宋代才重新出现。通过对相关词语进行系统的词频分析，我们可以进一步深化上述认识（见表4－2与表4－3）。要进行这样的分析，首先需要注意到同一个词可以

---

① 邓小南：《论五代宋初"胡/汉"语境的消解》。

② 最后，我们甚至可以认为，正是因为族群与国家结合在一起，宋廷才拒绝效法唐，与草原部落联姻和亲。

③ 关于"汉"这个族群名称漫长而复杂的历史，见杨劭允《重新发明蛮夷》；欧立德：《胡说：北方少数民族与汉族的命名》（"Hushuo"）；杨劭允：《蕃与汉：论中期中国这组概念的起源与使用》（"Fan and Han"），第18～21页。

有不同的意义。比如，除了可以指称某个族群，汉还可以指称汉朝；或者，正如杨劼允已经指出的那样，在特定语境下，任何一个以华北平原为根据地的政权都可以称"汉"。①

160

表 4 - 2　唐宋指称中国地理空间、人口与文化的用词ᵃ

A. 以"华"或"中国"指称中国（Chinese）的地理空间				
	唐与五代		北宋	
"华"ᵇ	407	（53%）	325	（14%）
"中国"	363	（47%）	2042	（86%）
总　计	770	（100%）	2367	（100%）
B. 指称中国（Chinese）人的词ᶜ				
	唐与五代		北宋	
"华"人	20	（38%）	34	（19%）
王朝＋人	10	（19%）	0	
"中国"人	19	（37%）	51	（28%）
"汉"ᵉ人	3	（6%）	94	（53%）
总　计	52	（100%）	179	（100%）
C. 指称中国（Chinese）语言文化的词ᶠ				
	唐与五代		北宋	
"华"语言文化	58	（71%）	30	（38%）
王朝ᵈ＋语言文化	17	（21%）	0	
"中国"语言文化	3	（4%）	27	（35%）
"汉"语言文化	4	（5%）	21	（27%）
总　计	82	（100%）	78	（100%）

　　说明：a. 这里的统计基于《全唐文》卷 1 至 998（唐五代的部分），及《全宋文》第 1 至第 140 册（北宋的部分）。表 B 与表 C 考虑了语境中词语的含义，并删去了无关项；表 a 没有经过这样的处理。

　　b. "华" = 华夷、华夏、诸华或中华。

　　c. "人" = 人、民或户；例如，"'华'人"包括：华人、华民、华户。

　　d. "王朝"指的是唐人使用"唐"来指称中国的语言文化，或宋人以"宋"指称中国的语言文化。

　　e. 只计算作为族群称呼的"汉"，汉朝的汉则不计在内。

　　f. 语言、文化 = 语、言、文、音、字、风、俗、衣、服、裳、装、礼、教；"'华'语言文化"包括：华语、华言、华文、华音、华字、华风、华俗、华衣、华服、华裳、华装、华礼或华教。

---

　　① 杨劼允：《蕃与汉》，第 18 ~ 21 页。

表 4 - 3 全唐宋文中蕃、汉两词的使用ᵃ

161

	唐与五代		北宋	
地缘政治(而非族群意义上的)	14	(26%)	6	(2%)
缘边军事单位	35	(65%)	147	(49%)
缘边平民(商人、农民等)	2	(4%)	128	(43%)
管理缘边人群的职官	0		13	(4%)
其他	3	(6%)	6	(2%)
总　计	54	(100%)	300	(100%)

说明：a. 该表整理了两种断代总集中的"蕃汉""汉蕃"《全唐文》卷 1 至 998（唐五代的部分），及《全宋文》第 1 至第 140 册（北宋的部分）。每次计数都经过人工筛选。关于第一列事项的含义（如"地缘政治"），见正文。

　　简单而言，从表 4 - 2 中我们可以发现，许多今天仍然被用来指称"中国"与"汉"族的词语，在宋代得到了更为广泛的使用。人们越来越多地以"中国"来表示华夏的地理空间——葛兆光曾指出，宋时出现了一种"中国意识"①，这在词汇层面也有所反映。同时，一些字词的重要性似乎在下降，尤其是含有"华"字的复合词（表 4 -2A）。在这个语境下，"华"特指中原，而不是整个帝国版图。因为"华""夷"经常并称，"华"也有文明中心的意味。因此，正如导论中已经提到的，这里的"华"英文可以译作 illustrious 或 illustriousness（华者，荣也）。这一"华"的观念完全符合以下天下观，即华夏处于文明的中心，四周为蛮夷环绕，其开化程度依与中心的距离变大而递减，而身为天子的君主，主宰着"天下"。包弼德已经指出，相对而言，"中国"的观念较难与这一天下帝国的观念调和。② "中国"指的是天子直

① 葛兆光：《"中国"意识在宋代的凸显》。
② 关于"中国"一词在宋代的使用，见包弼德《地理与文化：中期历史中的"中国"话语》。

接治理下文化繁荣的地区。不同于以王朝控制力由内向外递减的多重同心方域，"中国"为统一的疆界所框定；这一理念进而反映出第三章所讨论的那种不同政权共同议界、共享边界的新秩序。

更值得注意的是，当人们需要区分不同人群时，北宋人倾向于用"汉"来指称本政权统治下的人群（Chinese populations）——这在讨论边陲情势的时候最为常见（表 4 -2B）。唐代经常使用"华""中国"来指称族群意义上的汉人，因此"华人""华民""华户"这样的表达很常见。"华"与"中国"都是超越朝代更替的概念，但《全唐文》中也常常以朝代名"唐"为限定词，以"唐人"表示本国人群。有唐一代，"汉人"这个词主要用于区分汉朝人和其他朝代的人，很少用来区别蕃汉。《全宋文》中北宋的部分则呈现出另一种面貌：在指称本国人群时，"汉人"是最常用的表达，然后才是"中国人""华人"；这一数据进一步证实了欧立德早先的观察。[1] 北宋人几乎不用"宋人"来特指本国人。当他们用"宋人"之类的词时，只是为了区分本朝与前朝。有趣的是，如果仔细考察宋代政治中的说法，我们还会发现纵贯有宋一代，用"汉"作为族群名称的频率也在显著上升。[2]

---

[1] 欧立德：《胡说：北方少数民族与汉族的命名》；欧立德的结论基于对正史的分析。

[2] 笔者计算了《长编》中族群意义上的"汉"的出现频次，结果如下（每100 页出现的次数）：太祖朝（960 ~ 976）：0.51；太宗朝（976 ~ 997）：1.94；真宗朝（997 ~ 1022）：1.92；仁宗朝（1022 ~ 1063）：3.79；英宗朝（1063 ~ 1067）：0.40；神宗朝（1067 ~ 1085）：4.02；哲宗朝（1085 ~ 1100）：4.31。除了特别短暂的英宗朝以外，族群意义上的"汉"在十一世纪中的出现频次逐渐升高。

当我们比较唐宋关于语言与文化的词汇时，也会发现类似的趋势（表4-2C）。当时的知识精英通过语言、服装、饮食、礼仪等习俗来区分不同人群。例如，937年张砺试图从契丹的土地上逃回中原，途中不幸被捕。他在被审问时说："臣华人，衣服饮食言语皆不与此同，生不如死！"[1] 一个世纪后，苏颂在为收集北界国信文字的《华戎鲁卫信录》撰写的总序中也说："辽与中国言语不通，饮食不同。"[2] 事实上，在唐朝，指称中华语言或文化时最常用的词语是"华"，继而是"唐"。到了宋代，"中国"与"汉"成为最常用的词，同时用朝代名称指称中华文化的用法彻底消失了。

163

表4-2中我们可以发现，"汉"在唐五代时很少指称族群，但是在一个特殊词组中"汉"具有族群的意味，即"蕃汉"。英文的研究常常将这里的"蕃"译为foreign（外来的、外国的）；事实上在宋代的文献中，"蕃"常常特指吐蕃、党项。如果考察《全唐》《全宋文》中"蕃汉"一词的使用（表4-3），我们会发现唐与五代的大多数时候，这个词都在指蕃汉混编的军事单位，很可能这些军队融合了中原的步兵与缘边游牧人群编成的骑兵。这个词组也可以用来指称一种地缘政治情境，比如唐蕃边陲"蕃汉二国所守见管本界"。唐与五代几乎不用"蕃汉"指称缘边的民户，仅有的两个例子见于

---

[1] 《资治通鉴》卷281，第9170页；《新五代史》卷72，第898页。关于张砺的仕宦，以及对这一事件的不同解读，见史怀梅《忠贞不贰？——辽代的越境之举》，第116~120、124~148页。

[2] 苏颂：《苏魏公文集》卷2，第1005页。同样，1074年的《开元寺重塑佛像记》在讲述佛土的时候也有类似说法："其语言、衣服、器用、饮食，大率与中夏不相侔。"见《全宋文》第82册，第107页。

五代末期的制书，这时候北宋已经快要建立了。① 到了北宋，在各种不同的语境下，"蕃汉"都在讨论有关族群的现象。这个词依然可以用来称混编的军事单位，但更多的时候，它被用来指称缘边混居的人户、商人或村庄。最后，在宋代，管理缘边人户的职官名中也有"蕃汉"两字。

　　从"华"到"汉"，这种语言上的变化意味着什么呢？经典人类学对族群的研究指出，共同祖先的说法会加强人们对群体的归属感。在前现代世界的很多地方，比如古代地中海东部，族群归属似乎主要体现在共同祖先的认同。② 对宋以前的人来说，决定文化的关键因素更多的是地理与环境，或者更准确地说，是当事人（或是其父母）成长环境中的"气"，而不是他的祖先或血统。③ 作为一个地域名词，"华"指文明的中心；因此，"华人"指的是在文明之气熏陶下成长起来的人。"汉人"的意味就非常不同了。就本义而言，它指的是汉朝人的后裔。决定"汉人"文化的不是地理环境，而是共同的祖先。要之，"汉人"更接近经典人类学所说的拥有共同祖先的族群。

　　关于这一从地理决定的文化到血统决定的文化的转变，有一个有趣的解释。杨劼允与欧立德都曾论证，作为族群名称的"汉"有一定的内亚渊源。正是在鲜卑建立的北魏时期，它才首次在史料中出现；契丹人也经常使用这种说法。④

---

① 《全唐文》卷122，第1231页。
② 关于古代希腊，见霍尔（Hall）《古代希腊的族群认同》（*Ethnic Identity*）。
③ 班茂燊：《唐代中国的族群认同》，第95~99页。
④ 杨劼允：《成为"中国"，成为"汉"：北方中国对族群性的追溯与再建构，公元前770至公元581年》（"Becoming Zhongguo"），第79~99页；欧立德：《胡说：北方少数民族与汉族的命名》，第180~187页。

显然，正是在这一意义上，北宋朱彧就已经注意到"西北呼中国为汉"（见导论）；到了十三世纪，胡三省注《通鉴》时也说，"夷人"率先"谓中国人为汉人"。① 事实上，草原社会催生了作为政治范畴的族群属性，这不难理解。游牧民族最基本的单位就是基于共同祖先的部落；对华夏国家来说，最基本的单位则是作为地理范畴的州县。此外，草原帝国或联盟通常会保留部落组织，把不同族群分隔开，以此来管理部落间的关系——对此，下一章还会加以讨论。②

中原的知识精英为什么会在不同场合接受草原上的族群观念呢？宋辽官员之间通过宴会与外交往来有了密切的接触，这为观念的传播提供了土壤。我们在第一章中已经提到，族群特点在宴会上得到了公开表现。与此同时，相邻政权的外交官员也在对话的过程中，分享本朝的族群理念与范畴。比如辽朝的汉官刘六符，曾于 1040 年代两度来到开封。据说他曾这样告诉富弼："六符燕人，与南朝之臣本是一家，今所事者乃是非类。"③ 说两朝臣子本是"一家"，这其实也是在说，大家有着共同的祖先。事实上，在辽朝的官方分类下，刘六符就是"汉人"，区别于他所服务的"契丹"统治阶层。

那么"蕃汉"这个词组的用法变化（表 4-3）又说明了什么呢？这个词组最早见诸外交文书，或许就可以进一步说明"汉"本身就是中外交流、民族融合过程中的产物。可是，为什么宋人会广泛使用这个词组呢？如果考虑到正如邓小南已经指出的那样，当时人们已经不再用蕃汉指称文武高官，这一问 165

① 朱彧：《萍洲可谈》，第 35 页；《资治通鉴》卷 202，第 6391 页。
② 巴菲尔德：《危险的边疆》，第 5～8 页。
③ 《全宋文》第 71 册，第 315 页。

题更加引人好奇。理解这个问题的关键在于把握这个词组在新语境中的新用法，即它开始指称缘边地带的普通人户。宋朝要把自己打造成一个汉族群的政权，就需要对政权内之人的族群色彩加以同化，官方为此掩盖了开国重臣的胡族背景。也正是出于这个目的，一些宋朝官员主张分隔蕃汉，还有一些人甚至建议限制蕃汉通婚。①

至此，我们要结束关于汉族群概念的讨论了。需要指出的是，宋人认为他们用"汉"来指称的特定人群拥有独特且同质化文化和语言，这一看法当然忽略了地方文化的多样性。今天，普通话、粤语、闽语、沪语彼此之间难以沟通，和欧洲罗曼语族下的语言一样各不相同。毫无疑问，在宋代说着不同的汉语的人彼此交流起来也会有一定的语言障碍（当然，知识精英们说朝廷的官话，也以书面语言为媒介）。今天，中国各地也都有自己的饮食文化，和欧洲各地的料理一样各不相同。显然，一千年前人们就已有了不同的饮食习惯。考古学家已经发现，宋代中国南北墓葬文化差别很大，这进一步说明不同地区有着自己的礼制传统。② 既然汉与吐蕃因为不同的语言、饮食和礼仪被识别为两个族群，那么为什么不同地区的汉人要被归在一起呢？回答当然是，"汉"和所有族群一样，是社会建构的产物。人们想象"汉"人有着共同的文化、共同的语言；

166　对于十一世纪中央政府的官员来说，他们与契丹、党项打交道

---

① 如《长编》卷 338，第 8141～8142 页；卷 375，第 9090～9091 页；卷 476，第 11343 页；《宋史》卷 191，第 4761 页；《全宋文》第 74 册，第 67～68 页；第 108 册，第 326 页；第 108 册，第 339～340 页。

② 迪特·库恩（Dieter Kuhn）：《逝者所在：去宋代墓葬的考古学考察》（*Place for the Dead*），第 65～84 页。

的实际经历让他们认为这种想象很有道理。把"汉"看作一个天然族群的观念有着深远的影响。当然,"汉"的概念在元代有了新的发展,而明代精英又以宋人的方式重新界定"汉"的身份。[①] 这一概念一直流传,到了晚清,一些旨在驱除鞑虏、恢复中华的人还会说,自己要建立一个新的汉人国家。而在今天,占中国人口大多数的民族被称为"汉族"。当代"汉族"内部仍然有显著的语言与文化差异——如果把英格兰人、瑞典人、日耳曼人混在一起编成一个民族,或许差可比拟。

汉族群的内部团结

在语言词汇开始注重族群差异的同时,人们也开始认为,"汉人",尤其是生活在宋境外的"汉人",也应该忠于"汉"政权(表4-1,要素5)。史怀梅指出,十世纪及以前,很少有人认为"汉人"就会团结一致——换言之,人们不会觉得"汉人"就一定要为"汉人"统治的政权出力,或与之结成同盟。[②] 尽管几个世纪以后,人们会批评后晋与契丹间的联盟,但纵观整个十世纪,许多政权都曾与契丹结盟。它们当中既有汉人建立的后梁、南唐,也有系出沙陀的后唐、后汉。在不同政权并立的格局下,它们为谋求自身的生存与发展,并不认为联合契丹有何问题。[③] 与此同时,五代时期许多缘边藩镇摇摆于契丹与中原政权之间,它们也根本不在乎统治者的族群身份,十世纪的历史书写并不会因为这些地方统治者曾为多个

---

① 欧立德:《胡说:北方少数民族与汉族的命名》,第188～189页。
② 史怀梅:《忠贞不贰?——辽代的越境之举》,第25页。
③ 王吉林:《契丹与南唐外交关系之探讨》。

政权效力就谴责他们。直到十一世纪，新一代的史学家重新书写五代历史时，他们的反复无常才受到批判。史怀梅着重追索了这个过程中社会态度的转变：过去，人们强调对个别统治者的忠义（personal loyalty）；现在，人们开始注重对王朝的绝对忠诚（absolute loyalty）。与此同时，我们也会发现，十一世纪的政治语言不断强调，"汉人"应该忠于"汉人"政权。①

对于政治层面的忠诚——无论是实际的忠心还是一种居于主宰地位的意识形态提出的道德要求，我们在进行讨论时可以根据其对象的差异将其分为不同的形式，比如有对个人的忠诚，也有对特定理念的忠诚，无论该理念指的是一种道德准则还是一种政府形态。因此，我们可以想象：一些人忠于另一些人，比如忠于某个武将、某方诸侯，或是某位君主；一些人忠于先帝的子孙，这种忠诚基于一种对天命眷顾某个家族的信念；一些人忠于某一片特定的土地与生活在那里的人，正如现代国族主义与国家内部的地方情怀一般；一些人忠于超越国界的共同体，因为他们有共同的教育背景、宗教信仰、性别认同或社会阶级；一些人忠于帝国；一些人忠于某种文明秩序，无论是后启蒙时代的一些道德普世主义（moral cosmopolitanism）

① 关于十至十一世纪的忠诚观，见史怀梅《忠贞不贰？——辽代的越境之举》，工赓武，《冯道：论儒家的忠诚观》（"Feng Tao"）。十一世纪以前并没有忠于自身族群（ethnic loyalty）的观念，见史怀梅《异族统治与心理状态》（"Alien Regimes and Mental States"），第 79 ~ 80 页；见斯加夫《边陲生存指南：比较视角下隋唐更替时期中国内亚边疆上的认同与政治归属》（"Survival in the Frontier Zone"），第 140 ~ 143 页；萧婷（Schottenhammer）：《往事已被掩埋：王处直的墓志与史传》（"Buried Past"）。

者还是列文森（Joseph Levenson）笔下的晚清儒家都是如此；①
人们还会忠于特定的族群与文化。凡此种种，我们都可以在中
国历史的不同时期找到对应。因为人们强调忠君的观念，要区
分对特定族群与对特定王朝的忠诚并不容易。不过也有例外：
那些生活在境外的汉人就为我们提供了观察的契机，他们生活
在宋朝从未实际控制过的地方。

　　事实上，北宋人经常论及生活在宋境之外的汉人。他们也
经常想象那些汉人希望被汉人统治。宋人最常提到的地方就是
"燕"地，人们觉得那里在文化上与宋朝相近。② 十一世纪中
期，范仲淹认为："幽燕数州，人本汉俗，思汉之意，子孙不
忘。"③ 关于党项人控制下的西北，宋人也有类似的看法：
"兴、灵州等处多旧汉人，皆元昊所掳致者，常有思汉之
心。"④ 在这两个例子里，"思汉"说的就是希望生活在宋朝君
主的统治下（在其教化范围之内）。1075 年，吕大忠就河东边
陲事务上言朝廷，其中更明确地指出"山后之民，久苦虐政，
皆有思中国之心"。⑤ 最后，关于西南边陲的汉人，时人也有
类似的说法。⑥ 我们知道，兴州、灵州直到 1001 年还是宋朝

168

---

① 关于列文森所说的"文化主义"（culturalism）与"国族主义"（nationalism），
　　见其《儒教中国及其现代命运》第 1 部，第 95 ~ 108 页。
② 比如陈师道《后山谈丛》中就说："燕人衣服饮食以中国为法"（卷 6，
　　第 81 页）。
③ 《全宋文》第 18 册，第 159 页。十一世纪中后期还有不少类似的例子，
　　见《全宋文》第 17 册，第 55 页；《全宋文》，第 78、266 页；丁传靖
　　《宋人轶事汇编》卷 20，第 1103 页。
④ 《长编》卷 316，第 7637 页。
⑤ 《长编》卷 260，第 6335 页。
⑥ 例如，在宋廷放弃一处堡寨之后，当时官员担心"尚有遗民在溪洞，未
　　能归汉"。见《长编》卷 458，第 10960 页。

疆土。可以想见，宋朝人相信那里的人民更愿意效忠他们祖先所隶属的王朝。但是，宋朝从未实际控制过燕地、辽治下的河东，以及汉人定居的青藏高原部分地区。说宋廷之所以相信他们会向自己效忠，正是因为他们相信族群意义上的汉人天然地就会向往汉人统治的政权。

认为汉人都有"思汉"之心的这种信念，对当时宋廷的政治决策产生了重要影响。这使决策者们把那些生活在境外的汉人视为潜在的军事资源。早在宋初的 986 年，宋太宗下诏，主张收复燕地：

> 眷彼北燕，本为内地，陷于丑虏，垂五十年，家怀愤心，人失生计，倏望汉土，厥路无繇……北边民庶，本号雄豪，有能应接王师，纠合徒旅，凭兹天讨，雪此世雠。[1]

169　换言之，在太宗看来，燕人"愤"于契丹统治。因此，他们随时准备接应宋军，一起赶走契丹压迫者。对于当时宋廷的许多人来说，这一说法或许能产生共鸣，因为他们本来就生活在河北（或是辽控制下的燕地，或是南面由宋廷控制的地区）。事实上，太宗自己的祖父、曾祖、高祖都在唐代幽州为官，死后葬在燕地。[2]甚至，当太宗提及"家怀愤心"的时候，他可能想到了自己的宗亲。不幸的是，燕人并不这么想。他们最终决定帮助契丹抵抗太宗的进攻，而不是像太宗想的那样接应宋

---

① 《宋会要·兵》八之四。
② 王赓武：《五代时期北方中国的权力结构》（*Structure of Power*），第 208~215 页；谭凯：《晚唐河北人对宋初文化的影响：以丧葬文化、语音以及新兴精英风貌为例》，第 256~258、261 页。

军。979 年、986 年，太宗两次北伐幽燕皆遭惨败，当时的朝臣王禹偁（954～1001）坦率地指出了失败的原因："边民蚩蚩，不知圣意，皆谓贪其土地，致北戎南牧。"①

尽管太宗一败再败，后来的政治精英仍然愿意相信，宋廷可以依赖境外汉人的思汉之心——当然，和太宗朝君臣不同的是，他们已经没有家乡故土的牵挂了。1044 年，富弼出使辽朝，回到开封后指出：

> 燕地割属契丹，虽逾百年，而俗皆华人，不分为戎人所制，终有向化之心，常恨中国不能与我为主，往往感愤，形于恸哭。

富弼在辽境的时候，一些燕人向他保证，可以组织数千人的义军，为宋朝死战。他们对富弼说："吾等却为华人，死亦幸矣!"② 虽然富弼并不支持对辽开战，但他认为一旦战争爆发，燕人会是朝廷的重要盟友。1060 年代初，在其科举答卷中，苏轼也提出了同样的主张。他首先认为宋廷应与辽朝"中国士大夫"联合，继而详细论述燕人的情况：

170

> 幽燕之地，自古号多雄杰，名于图史者，往往而是。自宋之兴，所在贤俊，云合响应，无有远迩，皆欲洗濯磨淬以观上国之光，而此一方，独陷于非类。昔太宗皇帝亲

① 《长编》卷30，第672页。王禹偁继而指出，再度北伐以前，朝廷应以攻心为先，发动政治攻势，向当地人说明圣意；对于起兵响应宋军的，应许以赏赐。
② 《全宋文》第28册，第317～318页；《长编》卷150，第3650页。

> 征幽州，未克而班师，闻之谍者曰：幽州士民，谋欲执其
> 帅以城降者，闻乘舆之还，无不泣下。①

太宗朝的重臣如王禹偁等，尚且担心燕人未必肯为汉人政权效
力，而苏轼却信心满满地断言燕人盼望王师。这一信念奠定了
其论述的基调。苏轼进而提出，辽朝内不同族群间的矛盾最终
会为北伐提供新的契机。② 而在苏轼之后，李清臣也提出了类
似的主张。他认为，在将来的某一天，一定会"有豪杰举上
以属于我，而请为藩臣者"。③ 十一世纪中后期，无论是主战
派还是主和派，都认为燕人民心可用，这样的例子不胜枚
举。④

到了 1110 年代，宋廷的主战派提出联合女真对抗辽朝，
他们就利用人们对燕民的期待来支持自己的主张。例如，燕人
赵良嗣从辽朝投奔宋廷，主战派将其带至阙下，让他明确告诉
宋朝君臣，如果宋廷出兵，燕人"必壶浆来迎"。⑤ 主战派不
断强调燕民一定会支持宋朝的北伐。在一份可能于 1115 年前
后递交的上言中，官员赵鼎臣（生于 1070 年）推断，下燕地
的"思汉之民"一定会举全燕之地归顺大宋。⑥ 1122 年夏，宋
军全面进军燕地前夕，主战派们散布传言称燕地"汉人朝暮，

---

① 《苏轼文集》第 1 册，第 288 页。
② 十一世纪后期，人们才开始断言燕人拥护太宗北伐；尽管已经隔了几代
　人的光景，人们还是为当时的失败扼腕叹息。如王辟之《渑水燕谈录》
　卷 9，第 111 页。
③ 《全宋文》第 78 册，第 396 页。
④ 如 1070 年代，主和的强至与主战的晁补之都认为燕人会揭竿而起，响应
　宋军。见《全宋文》第 66 册，第 29 页；第 125 册，第 333 页。
⑤ 《三朝北盟会编》政宣上帙一，第 3 页。
⑥ 《全宋文》第 138 册，第 156 页。

延颈鹤望，日俟天兵，欲归王化"。① 后来宋军攻入幽州城，虽然一天后就被迫撤到城外，但在此期间，宋军系统地清除了城中所有非汉人口。据当时的记载，"诛戮万计，通衢流血"。② 这本身就非常能说明宋人的观念。因为觉得汉人会向宋效忠，进入幽州城的宋军不认为这些汉人会构成威胁。到了1123 年，女真人攻破幽州，将之转交给宋朝；蔡京进贺表说自此燕地"遗民戴白垂髫，欢呼而解衽"。③

事实上，就如 986 年太宗惨败时一样，根本没有证据表明燕人站在宋朝一边。据记载，当地人在读到宋廷要求他们效力的榜文时尤为震惊（"惊愕"）。④ 后来，宋军在 1122 年两次兵败幽州。其中一次，宋军抵达幽州城下，主事的辽朝汉官拒绝打开城门。而在几个月后，面对女真军队，这些辽朝的汉人没有任何抵抗就开城门投降。⑤ 事实上，头脑相对清醒的官员已经发现了问题。官员洪中孚（1049～1131）在大战前曾上言指出，燕地"汉人……当以香花楼子，界首迎接"，云云，根本就是"不根之语"。洪中孚追问道：既然辽朝高官厚禄，延请汉人出仕，为什么这些汉人要放弃一切，投奔宋朝？此外，辽朝认识到幽云十六州是帝国的粮仓，早已轻徭薄赋，取得了当地汉人的支持。因此洪中孚最后反问道："香花楼子之语，

172

---

① 《三朝北盟会编》政宣上帙九，第 83 页。
② 《三朝北盟会编》政宣上帙十一。后来 1123 年宋与女真缔盟时，宋廷同意将燕地的非汉人口迁到女真的领土（《三朝北盟会编》政宣上帙十四，第 125 页）。
③ 《三朝北盟会编》政宣上帙十七，第 158 页。
④ 《三朝北盟会编》政宣上帙六，第 92 页。
⑤ 陶晋生：《南北两天子》，第 92 页。

果可凭乎?"① 果然，宋军惨败。数年后，有论者在回顾当年失败的原因时总结道："初，燕人本无思汉心。"②

女真大举进军中原后的十数年里，许多人接受了这样的观念：沦陷区有大量忠义之人，"日望王师之至"。③ 当时一首构想故都开封现状的诗作中还描绘了"遗民相对向天泣"的场景。④ 在大多数时候，人们觉得中原之人本是宋的子民。女真南下以后，他们自然希望中兴宋室。⑤ 不过，这也不限于宋的遗民。在女真占据中原以后，南宋人还是认为燕人会站在自己这边。当时的一种文献中说，燕人恨女真人入骨，"欲食其肉"。⑥ 此外，到1180年代和1190年代，人们依然认为汉人会基于族群身份团结一致（ethnic solidarity），但此时距离靖康之变已经有两代人的时间，当年忠于宋朝的人们应已不在世。1190年代初，"爱国诗人"陆游写了不少作品，描写了他所想象的生活在女真治下人们的心情："遗民泪尽胡尘里，南望王师又一年!"⑦ 南宋政治精英们错误地相信汉人会团结一致，

---

① 《全宋文》第119册，第127~128页；《三朝北盟会编》政宣上帙十九，第179~181页。

② 《三朝北盟会编》政宣上帙二十四，第231页。

③ 关于1130年代、1140年代间这样的言论，见《全宋文》第253册，第9页；《宋史》卷475，第13801页；李心传：《建炎以来系年要录》卷20，第400页；《宋会要·职官》四一之九；李瑞：《做客敌占区：南宋使金文献中的集体记忆、背井怀伤与错位知识》（"Welcome to the Occupation"）。

④ 《全宋诗》第35册，第22395页；魏希德：《地图与记忆：在十二、十三世纪的宋代中国阅读地图》（"Maps and Memory"），第161页。

⑤ 事实上，当时还有多支"忠义军"武装活跃在华北，他们自发地为宋坚守，抵抗金军。见陶德文《作为中国国族主义第一步的宋代爱国主义》。

⑥ 《全宋文》第144册，第313页。

⑦ 陆游：《剑南诗稿校注》第4册，第1774页；同一时期类似的作品至少还有两例，见第2册，第552、623页。

这又造成了新的军事灾难。1206 年，平章军国事韩侂胄 173
（1152～1207）兴师北伐中原，他的总体战略有着以下前提：
即使女真统治中原已达八十余载，中原人依旧忠于宋室，并会
加入北伐的队伍。他错了。中原人并没有这样做，结果宋军惨
遭全歼，韩侂胄身首异处（作为议和条件的一部分，他的首
级被送给金国）。①

　　上述关于汉人会忠于汉人政权的讨论都来自精英阶层，我
们不能确知普通民众是怎么想的。而在下一章中，我们会看
到，辽帝国也有自己的族群管理政策，这一制度会进一步让燕
民意识到自己在族群和文化上都与契丹统治阶层不同。不过，
宋军始终无法争取到敌后汉民的支持，这至少说明宋廷的决策
者高估了汉人内部的团结性。② 本尼迪克特·安德森"想象的
共同体"的论述，针对的是现代民族国家下的普通民众，他
们在大众传媒、全民教育、政治宣传的影响下，渐渐将自己视
为一个共同体中的成员。这个共同体是"想象的"，因为人们
并不会真的见到共同体的大多数成员，但他们还是认为所有人
都是自己的同胞，愿意为共同体中的陌生人投身沙场，捐躯国
难。宋代的情况尤其值得注意。在这里，普通的汉人并不愿意
为了其他的汉人而牺牲自己，只有宋代的政治精英一厢情愿地
这样认为。这是一个由士大夫想象出来的"想象的共同体"
（an imagined "imagined community"）。就像汉人这个概念一样，

---

① 福赫伯：《金朝》，第 247～249 页。
② 在中国近现代历史上，很多反对外来侵略者的武装斗争（如 19 世纪的抗
　英），未能充分动员起普通民众的国族情绪——尽管，在一些当代史学家
　看来，这些关乎国族存亡的运动应该是全民族的战争。见魏斐德《大门
　口的陌生人：1839—1861 年间华南的社会动乱》（*Strangers at the Gate*），
　第 56～58 页；魏斐德：《汉奸：战时上海的通敌与报复》（"Hanjian"）。

觉得汉人就该忠于汉人政权的观念在宋亡之后依然延续着。二十世纪初的国民革命者及后来的共产主义者同样号召海外华人投身中国的建设，希望他们投资捐款，甚至回国到"华侨农场"工作。①

174 汉族群的封疆

北宋时期，不仅族群观念以及人民应当忠于本族群的理念发展起来了，同样兴起的还有这样一种意识：基于历史背景与族群文化（在一些情况下还有生态环境），可以勾勒出王朝的空间范围（表4-1，要素6）。在之前章节中讨论宋夏之间如何以生态环境及蕃汉分布态势协商边界时，我们已经探讨过这一意识。时人常常把这种超越王朝更替的政治实体称为"中国"，而"中国"有着自己固有的疆域。因此，1035年的《后梁宣帝祠记》说："蛮夷戎狄，皆天下之有，独我汉壤，谓之中国。"② 从这个角度来看，如果非汉人政权占据了一部分"汉壤"，这就违背了世间的常理。而在下一章中我们会看到，宋人因此对"征服"王朝有了新的知识兴趣。更为关键的是，这一观念使宋人发动了一系列北伐战争，以期收复自己固有的领土（表4-1，要素7）。出兵远征当然不是宋代才有的事情，然而宋代却在意识形态层面为这些战争提供了新的合理化论述。

宋初的二十年中，收复固有领土的观念还不是很强烈。那

---

① 杜赞奇：《跨国的国人：海外华人与中国观念，1900~1911年》（"Nationalists among Transnationals"）；富海亮（Caleb Ford）：《归侨的认同意识》（"Guiqiao"）。

② 《全宋文》第20册，第98页。

时宋廷正积极征伐中国内地的其他政权，以建立自身的合法性，因此还无暇顾及偏远地区的"失"地。说到底，宋之前的五个王朝国祚都很短，南方还有不少并立的政权。宋要建立自己的正统，就要实现自唐以来其他政权无法做到的事情：统一华夏。因此，975 年打败南唐以后，有人提议给宋太祖加上"一统"的尊号。宋太祖拒绝了，他表示："今汾晋未平，燕蓟未复，谓之'一统'，无乃过谈？"①

　　到了 980 年代，宋太宗统治时期，宋政权的统治地位渐渐　175
稳固下来。那时，宋廷已迫使吴越国（907～978）归顺，又灭亡北汉（951～979），兼并河东南部。因为已没有其他汉人政权存在，宋廷可以在这一意义上宣布自己统一了天下。974年的一方石碑这样庆祝当时的成就："恢禹迹之遐理，复中州之故封。"② 在之后的数十年里，没有人质疑宋廷是否统一了天下（或者说没有人敢这样讲）。在刘敞看来，宋的统一和前代的统一没有什么本质区别：

　　　　自唐历五代，天下分裂百余岁矣。吴蜀交益荆晋闽
　　越，大者称帝，小者称王，其财赋自入，不统天子有
　　司。及太祖受禅，十余年间，吴蜀交益诸国稍诛降。太

---

① 《宋大诏令集》卷 3，第 11 页。宋人经常重提这则旧事。见《宋会要·帝系》一之三；《宋会要·礼》四九之五；司马光：《涑水记闻》卷 1，第 6 页。司马光的版本只提燕地，不及河东，这可能反映了北宋后期的认识。

② 《全宋文》第 3 册，第 238 页。其他人也以类似的方式庆祝宋的统一。如1085 年司马光说，太宗收复河东以后，"大禹之迹，悉为宋有"。见《长编》卷 363，第 8689 页。

宗即位，闽越请吏入朝，又定并州，则天下始一统
矣。①

到了太宗的时候，他已经不需要通过收复幽燕来证明自己才是
华夏之主了。他提出了一系列不同的主张，来合理化自己的北
伐。979 年北伐失败以后，一些大臣开始质疑继续进行战争是
否明智，太宗的这些主张就变得更加重要了。为了回应这些质
疑，太宗先是强调 979 年的进攻本质上是对契丹犯塞的惩罚性
反击。② 进入 980 年代以后，他屡次诉诸另一主张，强调燕地
百姓在文化上属于华夏；这对我们来说尤为重要。986 年北伐
前，太宗下诏：

> 眷此北燕之地。本为中国之民，晋汉以来，戎夷窃
176　据，迨今不复，垂五十年。国家化被华夷，恩覃动植，岂
> 可使幽燕奥壤，犹为被发之乡，冠带遗民，尚杂茹毛之
> 俗。③

同年，太宗再次下诏，表示要"扫边民之积耻"。④

上文中我们已经提到，对宋初的许多大臣（以及赵姓宗

---

① 《全宋文》第 59 册，第 379 页。
② 《宋会要·刑罚》二之二、三。
③ 《宋会要·兵》七之十。另一种文献将这一诏命归于太祖，但其余均系于
　太宗。关于太宗在 986 年提出的这一主张，另见《长编》卷 27，第 617
　页。据记载，太祖最早提出燕人是宋人的同胞；为此他别置封桩库，储
　蓄金帛，打算用这笔钱赎回或收复幽燕。见《长编》卷 19，第 436 页。
　这则故事中的许多细节恐怕是后人杜撰的。
④ 《宋会要·兵》八之四。三年前，太宗也表示要"为世宗、太祖刷耻"。
　见《长编》卷 24，第 556 页。

室）来说，燕民与宋人本是同胞的说法有着特殊的意义，因为他们自己的父祖就来自燕地及附近地区。事实上，986 年及之后，许多积极鼓动太宗收复幽燕的大臣本身就是河北人，其中包括宋琪（917～996）、胡旦（978 年进士）、韩国华（957～1011），还有据说吃过人的柳开（948～1001）。① 不过从存世文献来看，是太宗主导了基于族群与文化的理由认为必须攻取燕地的计划。在 986 年的北伐再次失败后，太宗虽然放弃了武力夺取这一地区的打算，但仍然关心那里的生民，并将他们视为宋民之属。②

　　宋初的情况在很多意义上与后来不同。宋初北伐的重心集中在燕蓟，也即幽云十六州东面的八州，对西北则没有特别的兴趣。③ 此外，对于燕蓟究竟是不是宋王朝不可分割的一部分，朝臣间也有激烈的争论。反对开战的大臣们对此颇怀疑虑。他们中的许多人把燕地看作半蛮夷地区。在畿服制度下，燕地离王朝的中心太远了，因此开化程度很低。而在唐王朝的后半期，这里已经是王化之外的藩镇。999 年谢泌上疏论事，在谈及燕人的时候就用了专门描述蛮夷的用语，说他们“所嗜者禽兽，所贪者财利，此外无他智计”。④

　　其他反对对辽开战的大臣则强调，一个正统王朝根本没有

177

---

① 关于他们主张恢复幽燕的上言，见《宋史》卷 264，第 9123～9128 页；卷 432，第 12828～12829 页；《全宋文》第 6 册，第 273 页；第 29 册，第 48 页。

② 《宋会要·帝系》九之二。

③ 997 年孙何《上真宗乞参用儒将》是当时极少数主张收复燕地与西北河湟的文献。见《全宋文》第 9 册，第 177 页。几年后杨亿（974～1020）将燕地与河湟并称“失地”，不过他这样做是为了反对朝廷只因当地曾属于汉人政权而继续经营河湟。见《全宋文》第 14 册，第 257 页。

④ 《长编》卷 44，第 943 页。

必要对外扩张。毕竟，古来尧舜这样的君主只统治很小一片土地，就可以使天下归服。① 所谓统一天下只是为了铲除其他皇位争夺者，并不为占据一片具体的土地。986 年，重臣赵普（922~992）上言：

> 至于平收浙右，力取河东，垂后代之英奇，雪前朝之愤气，四海咸归于掌握，十年时致于雍熙，唯彼蕃戎，岂为敌对？迁徙鸟举，自古难得制之。②

在赵普看来，既然大宋最后的对手是一个草原政权，那么能否占领燕蓟也就无关紧要了。毕竟，游牧民族是世间自然之理的一部分，自古圣王就接受了他们的存在。980 年，赵普在开封的同僚张齐贤（942~1014）上疏，以更直接的方式提出了同样的看法："契丹不足吞，燕蓟不足取。"③ 然而在北宋一朝的晚些时候，这样的看法就渐渐过时了。十二世纪中期，史家如李焘批评张齐贤"徒知契丹未可伐，而不知燕蓟在所当取"。④李焘继而列了一个名单，说赵普、田锡、王禹偁这些人并不理解收复燕蓟的重要性。

178   司马光则归纳了三百多年来的边疆形势，梳理了北宋向外开拓的历史脉络。他的讨论很是精彩：

> 自有唐中叶，藩镇跋扈，降及五代，群雄角逐，四

---

① 《长编》卷50，第1096页。
② 邵伯温：《邵氏闻见录》卷6，第48页。
③ 《长编》卷21，第484页。
④ 《长编》卷21，第485页。

海九州，瓜分麇溃，兵相吞噬，生民涂炭，二百余年。太祖受天明命，四征弗庭，光启景祚。太宗继之，克成厥勋，然后大禹之迹，悉为宋有。于是载戢干戈，与民休息，或自生至死，年至期颐，不见兵革。吏守法度，民安生业。鸡鸣狗吠。烟火相望，可谓太平之极致，自古所罕侔矣。及神宗继统，材雄气英，以幽、蓟、云、朔沦于契丹，灵武、河西专于拓跋，交趾、日南制于李氏，不得悉张置官吏，收籍赋役，比于汉、唐之境，犹有未全，深用为耻，遂慨然有征伐、开拓之志。于是边鄙武夫，窥伺小利，敢肆大言，只知邀功，不顾国患，争贾余勇……白面书生，披文按图，玩习陈迹，不知合变，竞献奇策。①

我们知道，司马光是十一世纪后期反对"开拓"的代表人物。他强调澶渊之盟以来的和平局面十分难得（"自古所罕侔矣"）。同时，他也嘲笑那些军事投机分子，说他们只是些业余的好战冒险论者。事实上，在第一章中我们已经看到，朝廷鹰派主要关心的是拓边西北，对党项、吐蕃用兵（一定程度上也对南方用兵），并不是要在东北方向与契丹决一雌雄。司马光则略过这一区别，把三个方向上的"开拓"混为一谈。不过，对我们来说最重要的是，司马光注意到在他的同僚间兴起了一种新的认识：汉唐帝国的旧疆，就是宋王朝应该统一的中国"全"境。司马光认为，这种新的认识从神宗时才出现——此说法直指王安石及自己在朝堂上的其他政治对手。然

179

---

① 《长编》卷363，第8689页。

而，这种观念早在 1040 年代就已出现了；这种看法认为，凡是"汉唐之旧疆"，宋王朝都可以提出领土主张。① 在下文中，我们会考察这类说法的发展过程。不过需要强调的是，区分西北党项、吐蕃地界与辽朝占据的幽云十六州尤为重要。

第一次宋夏战争以后，宋廷的主战派力图论证拓边西北的合理性，他们的观点融合了对历史的认识以及对蕃汉文化的判断。从历史出发，他们主张这些宋境之外的土地自古以来就是中国的领土。因此，1067 年宋军在未得到朝廷允许的情况就夺取了绥州；时人称之为复"我故地"。② 同样，在 1100 年前后，宋军从吐蕃手中夺取青藏高原东北部时也是如此。③ 宋朝其实从未实际统治过这里，所谓"故地"是说这里曾属于之前的华夏王朝（Chinese dynasties）。同样的例子还有很多。1040 年初，杨偕（980～1049）就把灵州与夏州称为"唐、汉古郡"；范仲淹也把陕西路边陲称为"汉唐之旧疆"；数十年后，宋军取得河湟之地，时人上疏庆贺时也用了几乎相同的说法。④ 在所有这些例子中，宋朝官员都站在一个超越王朝更替的政治体的立场上，提出领土主张。

对汉唐故地的领土主张与另一强调族群文化的观念密切联系在一起。主张拓边西北的人执着于那里的"遗民"，即党项

---

① 当时的人们试图证明宋的成就已经"跨唐越汉"；收复汉唐故地的呼声也在这一时期兴起。
② 《全宋文》第 110 册，第 103 页。
③ 《全宋文》第 38、330 页；第 83 册，第 284 页。
④ 《长编》卷 134，第 3189 页；《全宋文》第 18 册，第 157 页；《长编》卷 506，第 12265 页。王安石也有类似说法，见史乐民《神宗朝》，第 465 页。除了称河湟为汉唐旧疆，当时有人还提出自大禹以来，那里就是华夏领土，见《全宋文》第 123 册，第 88～89 页。

或吐蕃治下的汉人；随着唐廷在八世纪下半叶失去了对这些地区的控制，这些人就被留在了那里。收复吐蕃控制的"河湟故地"以后，当时便有人上疏说，这样一来"汉唐遗民"就又回到了大宋的治下。① 积极主战的决策者也以类似的言语讨论河湟以北党项治下的土地。1041 年，张方平在其《平戎十策》中指出：

> 且彼州父老，我之遗人，饮湩荷旃，犹怀华土。王师奋至，可以恩信招徕，则朔方之地庶复归国。②

在张方平看来，汉人的后裔，也即之前王朝的遗人，不仅为战争提供了正当的理由，还可被构想为宋军的坚实盟友。

主战的鹰派人物通过历史背景与族群文化来合理化自己的领土主张；而他们的政敌往往会强调，这未必可行。后者会强调自然环境的限制，这也是一个历代王朝都会遇到的问题。1039 年宋夏开战以后，参与主持西北防务的大将刘平提出了自己的战略构想。他首先强调，党项的"灵、夏、绥、银"四州"不产五谷……千里黄沙，本非华土"。③ 和这四州接壤的宋境也有同样的问题；这样一来，要为驻扎在那里的官兵与行政人员提供补给就非常困难了。因此，刘平建议联合当地酋豪，分化党项势力。数十年后，反对拓边西北的人通常会说，

① 《全宋文》第 144 册，第 351 页。类似的例子还见于《全宋文》第 77 册，第 239 页；《全宋文》第 82 册，第 359 页；《全宋文》第 138 册，第 123～124 页。

② 《全宋文》第 37 册，第 44 页。

③ 《长编》卷 125，第 2957 页。

181　这些地方不会带来任何税收，劳师动众得不偿失。1081 年宋军夺取兰州以后，苏辙就主张放弃这一地区，认为这里属于"本界外无用之地"。① 1110 年，晁说之试图说服朝廷放弃继续西进的打算，他反问道："奈何……弃金帛粟米之巨万而争不毛之尺寸哉？"② 秦观在讨论兰州附近的四个州郡时，就已经注意到时人有两种截然不同的说法，对应两种不同的策略。在秦观看来，同样是这片区域，一些人把它看作"中国故地"，另一些人则视其为"吐蕃诸夷之巢穴"；前者认为要收复这里，后者则主张扶持当地酋豪，可以为朝廷节省数额以百万计的开支。③ 基于生态环境的原因，中原王朝能否直接控制这些不毛之地，不是一个很有意义的问题。用毕仲游的话说："虽常为中国之郡县而本属外地者，则亦无所用之。"④

　　除了经济原因，反对开边的人提出了第二个理由，即汉唐归汉唐，我们宋朝有自己的疆域。比如，1092 年，范百禄反对在兰州附近新设两处堡寨。他向朝廷指出，这些地方毕竟"元非吾土"。⑤ 然而，兰州分明是汉唐疆域的一部分。他说这里本来就不是我们的地方（"吾土"），其实说的是宋朝从来没有统治过这里。王存（1023 ~ 1101）与韩维（1016 ~ 1098）

---

① 《长编》卷 381，第 9281 页。
② 《全宋文》第 129 册，第 406 页。
③ 《全宋文》第 120 册，第 64 ~ 65 页。冯山指出，用兵西北与岭南，能获得的土地不过汉唐百分之一，成本却相当惊人。《全宋文》第 78 册，第 265 页。
④ 《全宋文》第 111 册，第 78 页。
⑤ 《长编》卷 479，第 11412 页。

都把这片土地称为"其（党项）故地"，即一直以来就属于西
夏。① 苏辙早先曾主张严惩把河东一处土地让与契丹的官员，
现在他却主张放弃在西北新得到的土地。他给出的理由很
有趣：

> 臣谓兰州等处与河东地界不可同日而语。河东地界，
> 国之要地，祖宗相传，谁敢失坠？……至于兰州等处，本
> 西戎旧地，得之有费无益。②

182

宋辽澶渊之盟是一个对等的条约，这在上一章已有讨论。捍卫
祖宗领土，本系义不容辞之事——何况这领土还是当年盟约所
规定的。在主张退地党项的时候，韩维就强调"中国之所以
为可贵者，以其有礼恩信也；远方之所以可贱者，以其贪婪暴
虐也"。苏辙也坚持这一观点。凡事有是非曲直，如果宋朝倚
仗军力强行兼并西夏的领土，那么"曲"就在宋方。③ 在讨论
宋夏冲突所造成的平民伤亡时，苏辙非常重视谁应对此负责：
"此非西人之罪，皆朝廷不直之故。"④ 要之，开边使得宋朝失
去了道德制高点。

　　同样的情况某种程度上也见于对经略幽燕的讨论。宋人有
时的确会把西北与契丹治下的燕地、河东北部放在一起讨论。
十一世纪中期就有官员上言：

---

① 《全宋文》第93册，第208页。宋方认为自己夺取这片土地，是为了惩
　罚西夏太后囚禁了自己的儿子（惠宗）。
② 《长编》卷381，第9283页。
③ 《长编》卷381，第9280页；《宋史》卷339，第10832～10833页。
④ 《长编》卷460，第11001页。除了苏辙，司马光、苏轼也有类似的观点。
　见史乐民《神宗朝》，第478页。

> 今北戎据幽、燕山后诸镇，元昊盗灵武、银、夏，皆
> 我之州郡，其衣冠、车服、子女、玉帛与汉同。①

据秦观说，他年轻的时候总是幻想自己能建节沙场：

> 愿效至计，以行天诛，回幽、夏之故墟，吊唐、晋之
> 遗人，流声无穷，为计不朽，岂不伟哉！②

在这两个例子里，当事人基于历史背景与族群文化两个理由，
主张挥师北伐。

正如反对开边西北一样，一些官员以得不偿失及失信于人
等理由，反对北上伐辽。富弼 1042 年使辽时的观察常为后人
征引。当时一些辽朝官员提出要收复关南——周世宗北伐时从
契丹手中夺取了这两郡，辽兴宗则认为：

> 晋高祖以卢龙一道赂契丹，周世宗复伐取关南，皆异
> 代事。宋兴已九十年，若各欲求异代故地，岂北朝之
> 利乎？

第二天在与辽兴宗一起打猎的过程中，富弼又提到了关南的问
题："南朝……岂肯失祖宗故地耶？"③ 也就是说，本朝祖宗留
下的土地，坚决不能让渡。在女真南下的前夜，王庶（1143

---

① 《全宋文》第 20 册，第 25 页。
② 《全宋文》第 123 册，第 333 页。
③ 《长编》卷 137，第 3284~3285 页。富弼的机警发言后来在其墓的神道碑
　文中得到纪念。见《苏氏文集》卷 2，第 526~527 页。

年殁）等官员重新提出了祖宗之地的问题：

> 国家与辽人百年之好，今坐视其败亡不能救，乃利其
> 土地，无乃基女直之祸乎？[①]

所谓"其土地"，就是将幽燕之地视为辽朝的土地。在上述例
子中值得注意的是，宋人会在两种特定的情况下强调前朝疆域
无关本朝的原则。一是在外交协商的过程中，此时尊重既成事
实就很重要；二是当反战人士做最后的努力时，他们希望即将
北伐燕地的宋军可以悬崖勒马。

宋朝对辽境州郡的领土主张在一些地方与拓边西北相似，
不过和对党项、吐蕃地界的领土诉求相比，也有两处不同。其
一，西北贫瘠的生态环境是人们反对在那里扩张的重要理由。
但是，燕蓟本是膏腴之地，没有人会怀疑朝廷能否在那里施行
中原式的管理。晁补之在上书论事时，便尤为鲜明地强调了燕   184
地的不同之处：

> 陛下以河湟六城之富，孰与全燕？河湟辽远，城中素
> 空匮，中国且能保而实之，则全燕之富，其易守可知也。
> 惟其城郭邑居、耕田作业、文书约束、营阵行伍，无一不
> 出中国之旧，今以中国之法守之，其民宜易安。燕城既
> 守，则凡石氏之故地犹不尽举者，未之有也。[②]

---

① 《宋史》卷 372，第 11545 页。
② 《全宋文》第 125 册，第 329 页。

其二，澶渊之盟后的一个世纪里，宋朝政治精英间形成了一种共识，即燕人本是汉人，燕地也属于"中国"——就连那些坚决反对对辽开战的人也这么认为。因此很多人觉得，宋辽和平虽是必然，背后却有许多无奈。例如余靖虽坚决反对用武力收复燕地，但他也坦言："痛燕蓟之地陷入契丹。"[1] 张耒（1054~1114）痛心于汉唐故地之甘肃与燕地不为宋有，但是他也强调朝廷在处理这些问题时必须"留神熟计"——这也是时人反对开战时常用的措辞：

> 夫以盖天地四方之威，而两隅之地乃不能如其故，是岂理之所当然？此臣之所以深愤痛惜，而又谓天将以资陛下立英伟不世之大功也，惟留神熟计之。[2]

1078年，官员黄庭坚（1045~1105）在诗中盛赞真宗、仁宗缔造的和平，但字里行间仍藏有不甘之意：

> 真皇多庙胜，仁祖用功深。
> 卜宅迁九鼎，破胡藏万金。
> 百年休战士，当日纵前禽。
> 欲断匈奴臂，不如留此心。[3]

185

显然，尽管十一世纪人们重视来之不易的和平，燕地本属华夏的情绪仍在这一时期日益高涨；从长期来看，这无益于后澶渊

---

① 《宋史》卷162，第4428页。
② 《全宋文》第128册，第35页。
③ 《黄庭坚诗集注》第3册，第868页。

体系的维持。

到了北宋末期，收复故土的观念发展到了极致，朝廷开始谋划与女真联合，瓜分辽朝的土地。1120 年二月，在宋与女真第一次实质性接洽的过程中，宋方代表提出所有"旧汉州"都应归宋朝所有。① 这里只是说"汉"，而不讲"汉唐"。所以"汉州"中的"汉"并不是汉朝的意思，而是指汉人一直以来生活的地方（或者之前汉人统治的地方）。在和女真的对话中，自然要以女真人可以理解的方式表达自己的主张；因此，强调作为族群的汉人有自己的土地并不让人感到意外。同样的说法不断出现在之后的宋金和议中。当年晚些时候，女真大破契丹，阿骨打就让译者传话给宋朝说，"契丹州域全是我家田地"，不过"为感南朝皇帝好意，及燕京本是汉地，特许燕云与南朝"。② 当年七月，金使携带国书抵达开封，并再次强调："燕京并所管州城元是汉地。"③ 两个月后，大宋皇帝致书大金皇帝，重申以下共识："所有五代以后所陷幽蓟等州，旧汉地及汉民并居庸、古北、松亭、榆关，已议收服。"④

至此，我们发现到了北宋中后期，宋廷基于历史背景与族群

① 《三朝北盟会编》政宣上帙四，第 32 页。
② 同上。
③ 同上书，第 35 页。
④ 同上书，第 36 页。最终，到了 1123 年春，女真终于将燕地转交给宋朝；不少宋朝的大臣上书祝贺。当时常见的说法即"举全燕之故地，吊陷敌之遗民"。见上引书帙一七，第 158 页（基于《四库全书》本）。关于当时其他文书中类似的说法，见《宋会要·蕃夷》二之三五、三六；《全宋文》第 134 册，第 60 页；第 142 册，第 241 页；第 144 册，第 285～286 页；第 149 册，第 140～141 页；第 155 册，第 137 页；第 157 册，第 107 页。

文化，对境外的土地提出了领土主张。那么，北宋的这种政治文化与宋以前的情况有什么不同呢？要回答这个问题，我们可以考察宋以前关于收复故土的说法。唐及之前，"故土"这样的词几乎总是指个人、家族曾经拥有的土地。在一些情况下，也会用于某个部落或某些人群曾经生活的地方。① 即使用于国家的领土，也是指本朝失去的土地，而不是讲之前王朝统治过的区域。这些说法也很少被用于合理化对外扩张的政策。② 同理，"汉地"一词在宋以前也不指汉人生活的土地。在唐蕃会盟等外交文书中，"汉地"说的就是唐朝实际统治的地理范围，或者它也可以指历史上汉朝的疆域。如果说宋以前偶有例外的话，辽的建立者阿保机在面对中原来使时，也曾以"汉地"来指汉人的土地，③ 这一事例值得我们注意。下文中我们还会看到，宋使在辽朝境内的经历，对新的领土观的形成至关重要。

187　　要比较宋与之前王朝的不同之处，我们还可以考察隋唐如何合理化其对朝鲜半岛、中亚与欧亚草原的军事行动。④ 当时

---

① 这里的"故土"指以下这些词："旧土""旧地""故地""故土"。

② 例如，在收复吐鲁番盆地的四镇之后，武后称赞王孝杰说："贞观中，西境在四镇，其后不善守，弃之吐蕃。今故土尽复。"后来，唐宪宗也表示："有意复陇右故地。"见《旧唐书》卷133，第3681页；《新唐书》卷111，第4148页。在这两个例子中，统治者说的"故地"（"故土"）原先都是本朝疆域（当然对武后来说，这是其死去丈夫的王朝），而无关超越王朝更替的"中国"观念。此外，他们也并不是要用"故土"的说法来合理化军事行动。

③ 见《旧五代史》卷88，第1148页；《册府元龟》卷14，第7901～7902页；卷20，第11519页。将十六州称为"故汉地"，见胡峤出使契丹的见闻，见《新五代史》卷73，第907页。

④ 马骋（Victoria Ma）写了本科毕业论文《唐宋时期对王朝疆域的界定》（"Defining Imperial Territory during the Tang and Song Dynasties"），2015年5月），其间她整理了后文中的部分史料；特此感谢。

反对远征的人，也强调地理与自然环境对军事行动与行政管理的限制；很多年后，宋人也会援引这些主张。① 不过，在隋唐时期的政治话语中，我们看不到恢复前朝旧疆的说法。② 隋炀帝、唐太宗、唐高宗时期对高句丽开战并进军朝鲜半岛，是当时政权间复杂政治关系下的结果。当时朝鲜半岛多国并立，唐王朝在介入诸国关系时冀望扶植自己的盟友，以巩固在国际舞台上的威望。③ 此外，唐太宗希望把朝鲜半岛纳入自己的版图，这样自己就可以比肩甚至超越古代的帝王。④ 尽管裴矩（547~627）、温大临（573~637）等太宗的谋臣注意到，高句丽的部分领土曾是汉帝国的一部分，但他们在这么说的时候，并不是要恢复对这些地区的直接统治。相反，他们是希望迫使高句丽接受作为唐之藩臣的地位，以为周边政权做出表率。用温大临的话来说，"不可许以不臣"。⑤

唐朝在太宗、高宗及武后时期进军今天新疆的塔里木盆地，并远征欧亚草原腹地，背后的原因大体也是如此。过往

---

① 杨劭允：《重新发明蛮夷》，第5页。
② 杜希德在《剑桥中国隋唐史》的导论中提到，隋唐帝国开拓疆域，是为了"恢复之前汉人统治的地区"（第32页）；不过之后的章节再没有提到这一点。芮沃涛在其《隋朝》的章节中指出，隋炀帝希望在地缘政治的意义上制霸朝鲜半岛，他还幻想自己注定会取得伟大的胜利（第138、146页）。王贞平在其《多极化亚洲中的唐朝：外交与战争史》中提到，唐人有可能视朝鲜为"故地"；不过他之后又指出，现实政治才是唐朝进军朝鲜半岛的原因（第55页）。
③ 魏侯玮：《巩固政权的唐太宗》，第231~235页；王贞平：《多极化亚洲中的唐朝》，第266~272页。
④ 魏侯玮：《巩固政权的唐太宗》，第232页；杨劭允：《重新发明蛮夷》，第5~10页。
⑤ 《旧唐书》卷199上，第5321页；杨劭允：《重新发明蛮夷》，第30~32页。

188　　史家提出了各种解释，认为这些远征或是旨在控制丝绸之路的商道，或是希望将大片土地纳入版图。但总体而言，政治、军事上的原因最为关键。[①] 唐初，突厥帝国控制着蒙古高原，其骑兵部队对唐王朝构成了很大的威胁。为了应对这一挑战，唐太宗才出兵草原；为了瓦解突厥帝国，他继而沿用了汉帝国的策略，兼并西域绿洲，从而截断对游牧民族至关重要的农业物资补给渠道。[②] 一个世纪之后，突厥衰落，吐蕃兴起，塔里木盆地对于唐帝国遏制吐蕃的大战略来说也尤为重要。控制了这里与甘肃走廊，唐帝国就截断了吐蕃进入渭水流域也即京畿腹地的要道，同时也避免了吐蕃与北方游牧部落合兵一处。[③]

　　总之，隋唐王朝在构想自己版图的时候，很少将前朝的历史脉络与当地的族群文化考虑在内。宋朝的情况则很不一样。隋唐时期，王朝的决策者更关心的是维持自己的权威，而不是恢复前朝的版图。我们很难想象，隋唐时期的人会像下引晁补之上言那样分析当时的情势：

　　　　兵既定，石氏之故地已复，臣请谨封疆，严斥候，戒边吏，无得以非中国之地而利丝毫以为功……虏虽失燕，

---

① 斯加夫：《跨越草原与耕地》，第 62 ~ 89 页。

② 王贞平：《多极化亚洲中的唐朝》，第 39 ~ 45 页。虽然太宗后来提到高昌有汉人定居，这只是在事后合理化他的军事行动；最初出兵的时候，太宗并没有想到那里的汉人。见杨劭允《重新发明蛮夷》，第 35 ~ 36 页。一个半世纪之后，唐廷在失去西域后下诏将那里的兵民迁回内地，见《全唐文》卷 464，第 4738 ~ 4739 页。

③ 杜希德：《唐帝国大战略下的吐蕃》；王贞平：《多极化亚洲中的唐朝》，第 150、277 ~ 279 页。

知其本中国之旧而不以为客，中国亦与之讲好修聘。[①]

晁补之坚信，收复燕地是宋廷的基本权利，因此他甚至不能想
象契丹人在失去燕地以后会心怀愤懑。不过，我们即将看到，
契丹人可不把他们的政权看作一个契丹国家，而是一个多民族
的帝国。这是对晁补之的莫大讽刺。

　　最后，宋代以前也曾有不同的部族在中原建立政权；关于
这些政权形成了许多不同的说法，从中我们也可以发现宋人对
自己的领土有了新的认识。316 年，匈奴兴兵，晋室南渡；由
此，北方部族第一次长时间控制了中原。之后，不少来自草原
或东北地区的族群在北方建立了自己的政权，其中最成功的是
拓跋氏建立的北魏，这一政权对中原建立起有效的统治，开后
世辽、金、元、清等朝之先河。然而，相比南宋痛心于中原陷
于胡虏，与北魏同时期的南朝基本无心北伐。他们更倾向于坚
守自己的州郡，同时强调衣冠南渡以来礼乐文教尽在江左。对
他们来说，北人刚猛而粗鄙，不仅鲜卑人如此，即便宋人眼中
的"遗民"汉人也是如此。因此，我们可以注意到，南朝即
使北上用兵，其出发点也不是要克复汉人的土地；军中将官为
了巩固自己的地位、控制建康的朝廷，才会兴师动众。[②] 南朝
本无意恢复中原，以至于他们只是侨置郡县，让北方流民把新

189

---

①　《全宋文》第 125 册，第 335 页。

②　田晓菲：《烽火与流星：萧梁王朝的文学与文化》（*Beacon Fire and
　　Shooting Star*），第 310～366 页；田晓菲：《从东晋到初唐》（"From the
　　Eastern Jin through the Early Tang"），第 266～268、277 页；葛德威
　　（David A. Graff）：《中古中国的战争》（*Medieval Chinese Warfare*），
　　第 127～128 页。

的土地称作家园。①

随着唐帝国瓦解，中国迎来了第二个非汉人政权兴起的时期。
921 年，立足河东的沙陀人推翻了后梁（907～923），自此以后，
三个沙陀王朝统治中原近三十年，即后唐（923～936）、后晋
（936～947）、后汉（947～950）。没有任何证据表明当时南方
的政权在意这些王朝的沙陀背景。杨吴（902～937）、南唐
（937～975）、吴越（902～978）以及四川的前后蜀，这些南
方的主要政权彼此交兵，较少留意北方的政局；只要对自己有
利，它们能毫不犹豫地与沙陀乃至契丹政权联合。②不会有人因
为后唐、后晋、后汉的沙陀渊源而质疑它们的合法地位。③

然而，无论是对沙陀还是对之前的鲜卑王朝，宋人的态度
都截然不同。由于赵匡胤的家族在沙陀统治时期崛起，宋人起
初将后唐、后晋、后汉视为唐王朝的继承者，而南方诸政权则

① 戚安道（Andrew Chittick）：《中古中国的依附关系与共同体：以襄阳镇为
中心》（*Patronage and Community*）。就南方认同的演变而言，长江有时代
表了中原也即文化世界的尽头。见田晓菲《从东晋到初唐》中对郭璞
《江赋》的讨论（第 204 页）。

② 王吉林：《契丹与南唐外交关系之探讨》；卫文熙（Worthy）：《以和求
存：吴越的内政外交，907～978 年》（"Diplomacy for Survival"）；约翰内
斯·库尔兹（Kurz）：《南唐与北方政权外交关系中的扬子》（"The
Yangzi"）；王宏杰：《十世纪中国的权力与政治》（*Power and Politics*），
第 228～241 页。

③ 南方政权的合法性更多来自地域传统，而不是继承唐室正统。虽然四川
的前蜀（907～925）声称自己继承唐祚，但还是大规模纪念四川本地的
人物，并认为自己继承了之前蜀汉等蜀地政权。见王宏杰《十世纪中国
的权力与政治》，第 185～193 页。宋统一以后，许多南方的士人即使出
仕宋廷，依然怀念故国故土。例如南唐官员徐铉（917～992）在国亡后
从江南来到开封，他主要还是为江南的寺庙撰写碑志，与江南士人往来，
并接济江南寒士。谭凯：《徐铉：十世纪中国南方精英的生存与转型》
（"Story of Xu Xuan"）；吴南森（Woolley）：《从王朝中兴到天下一统：徐
铉文集中的合法性与忠诚问题》（"From Restoration to Unification"）。

不具有这样的正统地位。然而到十一世纪中期，许多文臣开始感到这三个沙陀王朝是个问题。要追索这种观念上的变化，我们可以比较十世纪后期完成的《旧五代史》与十一世纪中期的《新五代史》。前者在讨论沙陀政权时并不认为它们在族群意义上和汉人政权有什么区别。后者出自思想家、政治家以及“杰出的”史学家欧阳修，他重修《五代史》的目的就是要纠正前史的谬误，而他对沙陀的汉化表示怀疑。① 欧阳修尤其厌恶第二个沙陀王朝后晋，这一政权于 947 年亡于契丹。欧阳修写道：“晋氏始出夷狄（沙陀）而微，终为夷狄（契丹）所灭。”② 欧阳修从没有认为南唐或其他南方政权继承了唐朝正统，但若要将这些南方政权视作沙陀的藩臣，他又感到于义未安。在其《十国世家年谱》中，他以问答的方式明确指出：“以中国而视夷狄，夷狄之可也。以五代之君而视十国，夷狄之则未可也。”③

191

对于更久以前的鲜卑政权，宋人的态度则更为复杂。隋唐时期人们一般认为天命正统只在北魏，而不在南朝。④ 只有宋人提出，拓跋北魏不是汉人政权，因此不应被视为正统。《新

---

① 戴仁柱：《英译欧阳修〈五代史〉》(*Historical Records of the Five Dynasties*)，第 lxi 页；苏基朗（So）：《五代史传中的中国认同：从〈旧五代史〉到〈新五代史〉》("Negotiating Chinese Identity")，第 223～232 页。

② 《新五代史》卷 17，第 181 页。另见《新五代史》卷 17，第 188 页。欧阳修对唐明宗（926～933）的刻画很有趣："出夷狄……夷狄性果……屡以非辜诛杀臣下。"见《新五代史》卷 6，第 66 页。

③ 《新五代史》卷 71，第 881 页；苏基朗：《五代史传中的中国认同》，第 232 页。

④ 田晓菲：《烽火与流星：萧梁王朝的文学与文化》，第 318 页；霍姆格伦（Holmgren）：《作为征服王朝的北魏：学术史与研究现状》("Northern Wei as a Conquest Dynasty")，第 2～4 页。

唐书·礼乐志》在论及北朝的时候，就以"夷狄"视之："自汉、魏之乱，晋迁江南，中国遂没于夷狄"。[①] 1043 年政治家范仲淹上言提醒朝廷，党项有称帝僭号的野心。为此，他比较了党项与之前的非汉人政权，并强调不仅他这么认为，他的同僚们也已经注意到这一点：

> 议者皆谓元昊胡人也，无居中国之心，欲自尊于诸蕃尔。臣等谓拓跋珪、石勒、刘聪、苻坚、赫连勃勃之徒皆胡人也，并居中原。近则李克用父子，沙陀人也，进据太原，后都西洛……盖汉家之叛人不乐处夷狄中，心谋侵据汉地，所得城垒必使汉人守之，如契丹得山后诸州，皆令汉人为之官守。[②]

与范仲淹同时代的张方平在谈及晋室南迁时，也以类似的方式描述了当时的时局：

> 天下倾裂，永嘉之乱，彝伦咸斁，羌、胡杂处于诸夏，衣冠流布于荆、吴。[③]

在唐人看来，北魏至少在形式上以华夏的方式建立了王朝的礼仪秩序，并沿用了华夏的职官制度，这些足以说明拓跋统治者继承了汉晋的正统。但到了十一世纪，欧阳修、范仲淹、张方平对此提出了疑问。在他们看来，北魏毕竟

---

① 《新唐书》卷 21，第 460 页。
② 《全宋文》第 18 册，第 225 页。
③ 《全宋文》第 38 册，第 117 页。

是外族建立的王朝。宋末元初的郑思肖（1241～1318）有《古今正统大论》，可以说是把拓跋蛮夷说推到了极致：[1]

> 臣行君事、夷狄行中国事，古今天下之不祥，莫大于是。夷狄行中国事，非夷狄之福，实夷狄之妖孽，譬如牛马，一旦忽解人语，衣其毛尾，裳其四蹄，三尺之童见之，但曰"牛马之妖"，不敢称之曰"人"，实大怪也……拓跋珪、十六夷国，不素行夷狄之事，纵如拓跋珪之礼乐文物，僭行中国之事以乱大伦，是衣裳牛马而称曰人也，实为夷狄之大妖……君臣华夷，古今天下之大分也，宁可紊哉！……或曰，"拓跋氏及今极北部落，皆黄帝后……"曰，譬如公卿、大夫之子孙，弃堕诗礼，或悦为皂隶，或流为盗贼，岂可复语先世之事，而列于君子等耶！况四裔之外，素有一种孽气，生为夷狄，如毛人国、猩猩国、狗国、女人国等，其类极异，决非中国人之种类，开辟以后即有之，谓黄帝之后、夏后氏之后则非也。[2]

郑思肖从尖锐的沙文主义立场出发，对"夷狄"恶言相向，他也以这样的言论为人所知。就基本立场而言，他拒绝承认拓跋氏与华夏有共同的祖先。此外，郑思肖也不认为蛮夷"异类"的子孙有资格统治中国。

---

[1] 不过，郑思肖并不是典型意义上的南宋遗民。见谢慧贤《改朝换代：十三世纪中国的忠于故国思想》（*Change in Dynasties*），第186～190、195页；关于下引文本是否为明人伪作，见上引书第74～76页。

[2] 《全宋文》第360册，第56～57页。关于拓跋氏出于黄帝，见《资治通鉴》卷140，第4393页。

　　总之，到这里为止，我们追索了十一世纪形成的一种新观念：基于历代王朝版图以及汉人族群的生活区域，可以勾勒出本朝应有的疆域范围（表4-1，要素6）。这一观念继而使人们热衷于收复本朝实际控制区以外的"故"土。在宋初太宗诏令中，我们已经能发现其端倪。不过，太宗仅仅执着于燕地，因为他的祖籍在那里，他可能也是要收复自己的家乡。到北宋中期，无论谈论燕地还是其他边陲，持有不同政见的决策者们都开始认同上述领土观，就连反对用兵的人也是如此。上文的讨论着重梳理了东北与西北方向上的情况，事实上十一世纪后期的《元丰九域志》也把南方与西南方的"化外州"与幽云十六州并列，都视为大唐故土。① 数十年间，人们一方面认同这些领土主张，另一方面还是以宋辽和平为大局。然而，随着时间的推进，收复故土的情结渐渐启动了王朝的战争机器，先是在西北与岭南，到了北宋末期，则开始向东北方向的幽州进军（表4-1，要素7）。最终，人们开始想象，无论宋境内外，所有汉唐的郡县、汉人的家园都有着共同的族群与文化景观（表4-1，要素8），尽管实际上，即使在宋境之内，地方文化也千差万别。下一章我们会着重讨论这一想象的空间——笔者称之为"华夏空间"。这不是宋朝的版图，而是历代华夏或者"中央之国"（"Middle Kingdom"）的空间范围，因此也包括宋朝从未控制过的地区。

　　基于这些讨论，我们显然会感到，宋人构想的华夏版图与后来欧洲人所理解的国家领土有许多相似之处。不过，如果真

---

① 王存：《元丰九域志》卷10，第478~485页。在主和派人物看来，这书其实是号召对西北与南方扩张，用心可谓险恶。

要比较二者间的异同，又必须格外小心谨慎。即使在欧洲历史上，领土主张背后的逻辑在不同时期与不同地域也有着很大的差异。比如欧洲人就以千奇百怪的方式，在美洲或其他地方主张所谓"空白"地，或真的没有人居住的土地。1612 年，法国试图把马拉昂的圣路易斯（São Luís do Maranhão，今属巴西）据为己有，他们让当地人站成一圈，效仿欧洲君王的加冕礼进行了一场仪式，以上帝的名义表示这块地是自己的。与此同时，在美洲的英国殖民者建造房屋、设置园林、开发土地，以主张土地所有权。① 后来，到了十九世纪及二十世纪初，欧洲国家继而提出，首先发现、占有一块土地，就可以提出领土主张；因此他们开始给当地山川命名，或者出版关于当地地理、动物、花卉的专著。② 还有一种宣示首先发现的方式，即把自己的国旗插到那个地方去。现在还是有国家诉诸这样的方式，其表现有时显得颇为滑稽。纳粹德国曾主张南极的一部分是自己的领土，就用飞机把自己的旗帜空投到那里。后来，俄罗斯人还会派出潜艇，在水下把国旗插在北极点上。③

　　即便宋代中国与近代欧洲之间有着巨大的文化差异，我们也不能忽视二者间尤为显著的共同点。之前我们已经注意到，宋

195

---

① 帕特里夏·希德：《欧洲征服新大陆过程中的占有仪式，1492～1640年》，第 16～68 页。1765 年，针对西班牙对福克兰群岛（阿根廷称马尔维纳斯群岛）的领土主张，英国提出之前自己的探险家们多次到达过该岛，还在那里建立一个蔬菜园，因此这片群岛属于英国。见戴维·德依（Day）《征服：人们是如何击败其他社会的》（*Conquest*），第 160 页。

② 戴维·德依：《征服：人们是如何击败其他社会的》，第 11～12、49～68页。

③ 普雷斯科特（Prescott）：《政治边疆与边界》，第 300～301 页；奇弗斯（Chivers）：《俄国人把国旗插在北极海床上》（"Russians Plant Flag"）。

人和近代法国人一样，都把山脉天险看作政权的天然边界。在上一章中，宋人和欧洲人一样都以类似的方式讨论国家领土主权与个人土地所有。事实上，我们还会发现，在通过历史渊源或族群文化来提出领土主张这一点上，宋代与欧洲之间也有可比性值得挖掘。近代以来，欧洲的外交官在处理争议领土的时候，也会诉诸之前的法律文书与历史先例。[①] 在十九、二十世纪，基于族群文化的原则提出领土主张的例子很多。比如，德国就提出了大德意志（große Deutschland）的理念，意大利则对"尚未收复"的领土（terra irredenta）提出主张。当然，这些形式上的共同点可能是非常不同的思想观念的产物。在欧洲，一个有着自己文化的族群应该有自己的领土，这一原则最终根植于民族自决这一极为理想化的理念；在宋代中国，同样的认识则源于大一统的观念。即使如此，宋代中国与近代欧洲以相似的方式，通过历史渊源与想象中的共同祖先来提出领土主张。这告诉我们，在合适的条件下，不同的社会也会催生出相似的观念。我们知道，国族主义主导下的政治是危险的。近年来，欧美外交政策基本倾向于维持现状，如认为乌克兰应继续控制克里米亚，他们认为只有这样才能避免人们因一时鲁莽而酿成世界大战。也正是出于相似的考虑，苏辙主张放弃前朝的故土，以守成为基本国策。

国族的象征与收复故地的情结

至此，本章重点追索了南宋以前"中国"观念的发展脉络。通过追问人们如何想象作为族群的"汉人"共同体及其

---

① 萨林斯：《边界：比利牛斯山中形成的法兰西与西班牙》，第32~39页。

领土范围，以及这些观念如何进入朝廷的政治世界，我们考察
了作为国族的"中国"如何第一次进入政治精英的思想世界。
现代国族意识中还有一个重要的组成部分，即情感。许多关于
国族主义的研究都忽略了这一点，目前为止我们的讨论也还未
涉及。① 在情感上，人们对共同体会有强烈的忠诚感，他们
愿意为国效力甚至为之牺牲。也正因为此，国族主义才有非
常强的政治动员力。在北宋政治决策者的言谈中，我们已经
能够感受到收复故土的情结。在南宋，这些情结进一步在精
英阶层之中发酵。新的媒介将超越王朝更替的"国族"浓
缩在一些文化符号之中，这些文化表征不断点燃人们心中的
激情。正如诺贝特·埃利亚斯（Norbert Elias）所说的，在
国族主义中，"超越个人的符号"（impersonal symbol）代表
了崇高的集体性，而"情感的羁绊"总是围绕这些符号而
展开。②

　　宋人的地图为这一现象提供了一个很好的例子，在本章开
篇中我们已经能感受些许。黄裳的地图最终以拓本的形式传
播，其他许多地图则付梓刊刻，广为流传。例如，初刻于十二

196

---

① 尽管情感是历史现实的重要组成部分，对理解与解释历史变迁也尤为重
　要，但历史学家常常忽略这些因素。见芭芭拉·罗森威恩（Rosenwein）
　《关于历史中的情感的担忧》（"Worrying about Emotions in History"），尤
　其是第 821 页。在《想象的共同体》中，虽然本尼迪克特·安德森讨论
　了人们为什么会为了国家牺牲自己，但他实际上关注的是人们对国族意
　识的理性认识，而不是情感回应。即使在法国大革命史这样两个世纪来
　学界深耕熟耘的领域，最近的学者才开始关注当事人情感的维度。见谭
　旋（T. Tackett）《暴力与反暴力：法国大革命中的恐怖政治》（*Coming of
　the Terror*），第 5~7 页。

② 参见诺贝特·埃利亚斯（Elias）《日耳曼人：十九、二十世纪的权力斗争
　与惯习发展》（*Germans*），第 148 页。

世纪初的《历代地理指掌图》在南宋不断重刻，在举子间可谓家喻户晓。① 地图与地理书直观地呈现了帝国的版图，对普及王朝应有的疆域的信息起到了尤为重要的作用。当然，很多时候地图旁还有注释题跋，譬如黄裳地图的跋文，可以进一步与读者交流，但我们不能低估图像本身的力量。很多地图彼此相近，人们一看到它们，就会联想到帝国的面貌：东南的大海，西侧的江河，还有北方的长城。所有这些像图标一样镌刻在精英群体的心中，就像现代民族国家，通过地图在人们脑海中勾勒出自己的"地缘机体"（geo-body）。②

197   为了更直接地体会这些地图如何影响人们对家国的情感，我们可以考察当时文人翻阅地图时有感而发写下的诗文。③ 魏希德考察了不少这样的文本。她指出，地图将中原沦陷的现实直观地呈现了出来，由此使人们产生了强烈的情感回应。④ 在看到历代王朝版图之后，僧人文珦（1211 年殁）胸中顿感义愤，有"拊吾膺"之语。大约同时期的刘克庄（1187～1269）在看到地图后，同样申发了心中的"孤愤意"。⑤ 被称为"爱

① 魏希德：《地图阅读的文化逻辑：宋刊地图中的文本、时间与空间》（"Cultural Logics of Map Reading"），第 242～245、263～267 页。

② 关于类似的地图，见曹婉如等编《中国古代地图集》，第 61～62、92、94～101、152、174、196 页。关于"国族的地缘机体"的构成，见通猜《图绘暹罗》，第 137～139 页。

③ 虽然笔者认为南宋时，志在收复河山的人们以新的方式构想自己的政治体，但我们还应考虑到，当时新的诗歌体裁也许提供了新的表达情感的方式。孙康宜在其《晚明诗人陈子龙》（Late-Ming Poet Ch'en Tzu-lung）中指出，晚明人崇尚以诗的形式歌颂男女间的爱情；正因为此，大量表达爱国之情的语言突然涌现出来（第 83～101 页）。

④ 魏希德：《地图与记忆》，第 159～160 页。

⑤ 同上。

国诗人"的陆游,也写了许多这样的诗词。① 1173 年,他在看
到一张描绘女真治下秦都咸阳附近的大散关的地图时,写下了
《观大散关图有感》:

> 上马击狂胡,下马草军书。
>
> 二十抱此志,五十犹癯儒。
>
> 大散陈仓间,山川郁盘纡。
>
> 劲气钟义士,可与共壮图。
>
> 坡陁咸阳城,秦汉之故都。
>
> 王气浮夕霭,宫室生春芜。
>
> 安得从王师,汛扫迎皇舆?②

这里我们又看到了基于"气"的环境观。陆游还相信,留在
中原的汉人(即他所说的"义士")尽管生长在女真统治下已
经有两代人了,还是会站在宋朝这边。对我们当下的讨论来
说,陆游以一介"癯儒"而有克复中原的壮志。而正是观大
散关图的契机,使他兴发这样的感怀。

　　除了描绘中原故土的图像资料,其他的符号也会激起人们
强烈的感情。在其跋文中,黄裳突出了两个关键意象,一是自
燕山北麓绵延向西、遗迹犹存的古长城,二是幽云十六州。在
他看来,"中原土壤北属幽燕,以长城为境,旧矣"。直到
"五代时石敬瑭弃十六州之地",这一地区才属于契丹。古长
城与十六州这两个符号,代表了宋人心目中超越王朝更替的华

198

---

① 陆游:《剑南诗稿校注》第 1 册,第 449 页;第 3 册,第 1124 页;第 3
　　册,第 1440~1441 页;第 5 册,第 2282 页;第 8 册,第 4464 页。

② 陆游:《剑南诗稿校注》,第 1 册,第 357~358 页。

夏版图。这些领土主张不断激起宋人收复故土的情结，洋溢在其他地图之上与各种文字之间。在之后的许多个世纪里，尤其是对二十世纪的国族主义者而言，这些符号还会拥有相当的生命力，因此其文化史值得我们稍费笔墨。①

今天，我们都知道长城象征着中华民族；无论是人民币还是旅行签证上，我们都能看到它。事实上，作为符号的长城有着悠久的历史。对宋人来说，虽然几百年来都没有人在边境修墙，但长城依然具有深远的意味。第二章中我们已经看到，长城可以象征秦始皇的暴政。与前朝相比，宋人常从正面刻画长城。首先我们可以注意到，因为失去了燕山天险，宋人始终对长城的军事功能念念不忘。宋祁在提到长城的时候，就称之为"长城之防"。② 秦观曾这样写道：

> 昔秦既称帝，以为六国已亡，海内无足复虑，为秦患者，独胡人耳，于是使蒙恬北筑长城，却匈奴七百余里。③

199 秦观当然提到了秦之暴政引发的大起义，但他只是为了说明防住了蛮夷不等于能防止内乱。④ 进入南宋以后，重新认识长城的积极作用就更加无可厚非了。叶适是当时强调事功的永嘉学派的代表人物。在他看来，秦时游牧部族第一次"合为一

---

① 对宋人而言，界定华夏版图的另一个重要符号是唐代边陲的"受降城"。
② 《全宋文》第 23 册，第 268 页。
③ 《全宋文》第 120 册，第 58 页。
④ 夏竦就认为长城是"先代之劳，后代之利"。见《全宋文》第 17 册，第 55 页。

国",长城有效地应对了这一新的挑战。和秦观一样,叶适也不认为修建长城造成了秦的灭亡。① 十三世纪初,叶适的同僚楼钥(1137~1213)上言:

> 臣尝以假吏至燕,亲见旧边所谓白沟河者,真一衣带水。而安肃等处水柜、榆柳、塘泊之遗迹,亦皆人力设险,而非天险也……秦之长城,千古以为无策,然犹有以限制之。自周德威失榆关之要,石晋献十六州之地,而后中国不复可为。此如编氓之家与盗为邻,所恃以御之,惟垣墙耳。一旦盗入垣墙之内,而画平地以守。②

作者从自己出使燕地的实际经验出发,这一点尤其值得注意。之后我们会看到,宋代使臣在旅途中的经历,对其世界观的形成尤为重要。更重要的是,楼钥为长城平反,认为这是非常重要的防御设施——他洋洋洒洒的论述其实就是在强调,有结实的城墙,才能有可靠的邻邦。

到了宋代,人们说起长城时会以为它不限于某个朝代,而是天地分割华夷的边界。③ 在看了当时宋夏边陲的陕西图以后,刘敞写下了如下诗句,将长城描写作分割中夏与荒服的

200

---

① 《全宋文》第 285 册,第 263 页。
② 《全宋文》第 263 册,第 237 页。
③ 当然,长城分隔华夷的说法宋以前就有了,只是宋人推广了这些说法。《新唐书》(卷 215 上,第 6023 页)与王应麟《玉海》(卷 25,第 22 页上~23 页下)引用了刘贶长城"限中外"的说法。《汉书》卷 96 上(第 3872 页)"(秦始皇)筑长城,界中国"的说法,也出现在《武经总要》(前集卷 19,第 16 页下)、《玉海》(卷 152,第 9 页下)中。

屏障：

> 青海通西域，
> 长城起朔方。
> 分明见地里，
> 怅望隔要荒。①

刘敞所见到的地图并未存世。不过，许多存世的宋代地图都非常明确地将长城标记出来，甚至还用"凸"字形的图案来表示长城上的女墙。长城从渤海一路向西，到黄河大拐弯处转向西南，接续甘肃走廊。② 传世宋图上长城的走向大体相仿，"凸"字形的记号也成为当时表示长城的典型方式——正如长城是中国的典型象征一样。两幅地图上的说明文字介绍了"古长城"的简明历史，告诉读者战国时的燕、赵，以及后来的秦、汉、北魏、隋等都曾兴修长城。③ 这样一来，这些地图其实是在告诉我们，长城长久地矗立在北方的地平线上。在《历代地理指掌图》中，我们会发现每张地图上都有"凸"字连成的长城。即使是描绘长城建造以前不同时期的地图，依然有同样的长城标记。这样一来，这些地图的问题，不仅仅是搞错了长城的建造时间，而且还错误地假设了不同时期的长城都有共同的走向。其实，不同朝代在北方修的长城，

① 《全宋诗》第 9 册，第 5822 页。
② 关于宋代地图上的长城，见曹婉如等编《中国古代地图集》，第 60～62、70、94～101、103、152 页。我们不知道宋以前的地图上是否标记长城，因为它们已经亡佚。
③ 曹婉如：《有关华夷图问题的探讨》，第 42 页。

其走向各不相同。宋人地图上"凸"字连成的长城，其位置
与后来的明长城相仿，而秦汉修的长城其实在更偏北的地
方。① 宋人地图上呈现出的长城更像是一个大杂烩：陕西一侧
是公元前三世纪秦国在陕西的旧长城，向东是北齐所修的长
城。一些宋代官员在出使境外或执行其他公务的时候，见到过
这些长城的遗迹；它们出现在宋人的地图上恐怕不是单纯的
巧合。②

　　南宋长城意象涵盖很广，陆游的作品提供了许多有趣的
个案。我们知道，陆游积极主张讨伐女真，收复失地，并因
此名成当时，声留后世。在一些作品中，他沿用了宋以前的
观点，认为是杰出的将领而非边境的城墙保障了边境的安
宁。因此，在一首关于唐代边塞的诗中，他写道："秦人万
里筑长城，不如壮士守北平。"③ 在其他作品中，他会说良将
本身就可以"作长城"。④ 他还拓展了长城的比喻，说诗本身
就可以是一道长城，捍卫着诗人的文坛地位。在读到某位程
秀才的诗以后，他称赞此人"五字有长城……新诗欲飞动，
病眼为开明"。⑤

　　不过在另一些时候，陆游和许多宋人一样也肯定长城的作
用。陆游的《十二月十一日视筑堤》写于西南的四川，其中
说："我登高原相其冲，一盾可受百箭攻，蜿蜒其长高隆隆，

201

---

① 徐苹芳：《秦汉长城考古》（"Archaeology of the Great Wall"）。
② 谭凯：《长城与宋代的边境构想》，第107、109～120页。
③ 陆游：《剑南诗稿校注》第3册，第1158页。
④ 陆游：《剑南诗稿校注》第6册，第3001页。
⑤ 陆游：《剑南诗稿校注》第2册，第956页。关于陆游作品中的长城意
　象，另见上书第1册，第433页；第5册，第2717页；第6册，第3119
　页。关于范成大作品中的长城，见《范石湖集》卷1，第114页。

截如长城限羌戎。"① 不难想象，之前的诗人或许会以长城为
喻，表现筑墙工程给当地人带来的劳苦，不过陆游并没有这么
做。这里，长城象征着切实有效的屏障。在另一些作品中，陆
202 游又更进一步将长城看作秦汉王朝的重要军事成就。其《古
意》梦回秦汉，诉说对强盛的渴望：

> 千金募战士，
> 万里筑长城；
> 何时青冢月，
> 却照汉家营？②

在其《送霍监丞出守盱眙》中，陆游批评宋廷缺乏对女真开
战的意愿，同时自嘲无法将豪言付诸实际行动：

> 亭障久安无檄到，
> 盃觞频举有诗传。
> 长城万里英雄事，
> 应笑穷儒饱昼眠。③

正因为长城象征了往昔王朝的恢宏，它才可以激发人们志存匡
复。或许陆游自己只能在一觞一咏之间幻想金戈铁马，但也许
有一天，一位真正的英雄会和他一样感于长城往事，从此开始
北伐大业。

---

① 陆游：《剑南诗稿校注》第 1 册，第 387 页。
② 同上书，第 8 册，第 4306 页。
③ 同上书，第 3 册，第 1582 页。

除了长城之外,燕云十六州也象征着收复故土的事业,这在黄裳及其他宋人的地图上亦有体现。宋以后,十六州之地明确代表那些失去的土地。它在明代仍然重要,部分原因在于明王朝是近五百年来第一个统治这里的汉人政权。用明代学者、《图书编》著者章潢(1527～1608)的话说:

> 自晋天福元年以赂契丹,此地为虏所得者首尾四百五十余年。我太祖始逐出元人而复为中国盖拔之泥涂之中也。①

同样,明代散文家归有光(1507～1571)每至北京"未尝不叹",因为"自石晋以十六州畀契丹"以来,这里不复为宋人所有。② 燕云十六州深深地嵌入了人们的集体意识,甚至出现在白话小说中。凌濛初(1580～1644)虚构了一个十一世纪围棋高手的故事,他在宋境内找不到棋逢对手的好伙伴,只好只身前往辽国的燕地。③ 到了清初,心存明祚的人们对契丹治下的燕云有了新的情结;他们以"燕云"比喻清朝统治下的中国——这不会带来不必要的麻烦。④ 二十世纪初的国族主义者依然使用"燕云"意象。1905 年黄节(1873～1935)在为

203

---

① 章潢:《图书编》卷 44,第 26 页。类似的观察也见于《明实录》第 103 册,第 7601～7602 页(《世宗》卷 446,第 2 页)。

② 归有光:《震川先生集》,第 853 页;归有光在 1562 年赴北京的纪行中提到了这一点。

③ 凌濛初:《二刻拍案惊奇》,第 25～26 页。

④ 关于"燕云",见《后水浒传·序》;关于这一匿名作品与明遗民间的关系,见李惠仪《白话章回小说》("Full-Length Vernacular Fiction"),第 628 页。

《国粹学报》创刊号写的"叙"文中，将"十六州之割"作为历史上少数民族统治的一个时期；彼时"国于吾中国者，外族专制之国，而非吾民族之国也"。①

相比后世的燕云意象，宋人眼中的十六州要复杂许多。北宋人总体上珍视澶渊之盟以来的和平，因此收复幽燕的言辞还不算过于激烈。② 到了南宋，许多人觉得十六州东部的燕地就是那个有毒的苹果，诱惑宋人违背了自己的誓言，最终造成了整个中原的沦陷。永嘉学派的叶适直言："致靖康之祸，在于取燕；追论靖康之失者，亦必曰取燕。"③ 人们谴责贸然进兵造成家国沦丧，其恳切不亚于恢复河山的呼声。王应麟（1223～1296）有《通鉴地理通释》十四卷，在卷十四《石晋十六州考》的最后，他讲了自己读司马光《资治通鉴》时的感受：

> 艺祖出幽燕图示赵普，普以为其难在守。宣和奸臣与女真夹攻得燕山云中空城，而故都禾黍中夏涂炭矣。易师之上六曰："小人勿用必乱邦也。"余为之感慨而通释终焉。④

尽管失去了中原，许多南宋的政治精英依然坚信，燕地就应

---

① 黄节；《国粹学报叙》，第 1 页下。关于该叙的历史背景，见韩子奇（Hon）《作为中兴的革命：〈国粹学报〉与中国的现代化之路，1905～1911 年》（*Revolution as Restoration*），第 71 页。
② 十一世纪间或也有言辞激烈的倡导收复幽燕的诗作，见《全宋诗》第 6 册，第 3874～3875 页。
③ 《全宋文》第 285 册，第 214 页。
④ 王应麟：《通鉴地理通释》卷 14，第 225 页。

该属于汉人的政权管辖。很多时候，他们以天险说立论。燕山北麓的关隘为华北平原提供了天然的屏障（"屏蔽"）；由于契丹人控制了这些地区，草原游牧军团就有了空前的军事优势。① 在陆游看来，这些地理上的屏障进一步反映出天下的基本结构：

> 伏闻今昔有不移之形势，华夷有一定之土疆。故彼不可越燕、蓟而南侵，犹我不能跨辽、碣而北守。尧舜尚无冠带百蛮之理，天地岂忍膻腥诸夏之区？②

官员王信（1194 年殁）来到宋金界河的时候曾赋诗《第一山》，他在诗中也认为燕山山脉分隔华夷：

> 禹迹茫茫万里天，望中皆我旧山川。
> 谁将淮水分南北，直到幽燕始是边。③

205

在这一背景下，燕地以及整个幽云十六州成为匡复诗关注的焦点。陆游的《忆昔》这样收尾："何时闻诏下，遣将入幽燕？"④ 他的《冬夜读书有感》和上引《送霍监丞出守盱眙》一样，感慨壮志未酬：

> 胸中十万宿貔貅，

---

① 罗璧：《识遗》卷3，第15页。
② 《全宋文》第222册，第284页。
③ 《全宋诗》第47册，第29562页。
④ 陆游：《剑南诗稿校注》第4册，第1894页。

阜矗黄旗志未酬。

莫笑蓬窗白头客，

时来谈笑取幽州。①

在另一首诗中，他感慨高宗皇帝驾崩后无法北归入葬祖陵：

忆遇高皇识隆准，岂意孤臣空白首！

即今埋骨丈五坟，骨会作尘心不朽。

胡不为长星万丈扫幽州？

胡不如昔人图复九世雠？

封侯庙食丈夫事，龊龊生死真吾羞！②

诗人对先帝的追忆提醒我们，尽管时人以国族为辞，但他们同
时也视自己为王朝臣子。值得注意的是，陆游继而将目光转向
宋兴以前就已经陷于契丹的"幽州"。

　　陆游以外，以十六州而言匡复的诗人还有很多。比他稍早
206 的曹勋（1098~1174）就是如此。其《春风引》以宋室南渡
发端，以燕蓟之地为华夏北缘：

阴虹当天变白昼，中原化作羊犬区。

黄旗悠悠渡江汉，百僚窜伏天一隅。

南极三吴北燕蓟，西秦东鲁残羌胡。

至今申历遍三四，生民散尽悲巢乌。

---

① 陆游：《剑南诗稿校注》第4册，第1969页。同主题的作品，另见第2
册，第615~616页；第7册，第3952页。

② 同上书，第4册，第2197页。

我每思家限淮水，摇摇心与飞云孤。①

曹勋的诗没有陆游那样的直白。他寄意浮云，飞往自己无法亲赴的燕地。他的《哀孤鸿》同样表达了对燕云故地的怅惘，其中孤鸿南迁，就如避地江左的宋朝官员：

至今燕代满胡儿，每欲归飞畏弓弩。
畏弓弩：谁能为我驱胡虏？
胡虏驱除汉道昌，一身虽困忘辛苦。②

曹勋及其祖上与十六州并无联系。孤鸿意象指的并不是他自己。驱逐女真、收复燕代的呼声，来自所有身居"中央之国"的人。

这些豪言匡复的作品当然出自当时的知识精英之手。那么，我们是否有理由认为当时的普通人也有同样的感受呢？对当时不识字的农民来说，地图或长城可能不会具有太多意义。但我们可以想象，那些心怀抱负的亲民官想方设法，希望能教化民众，激发他们报效国家的情感。1120 年，四川东部夔州的知州阎苑修了述贤亭，以纪念蜀汉著名军事统帅诸葛亮。在其序文《述贤亭赋》中，阎苑解释道，诸葛亮志在恢复中原，其精神正能激发"遗民"收复"汉唐故地"的决心。如果此赋能在夔州流传，"不无感慨"的当地人或可以有所作为。③不过，我们并不知道这样的教化能否产生作用，当地的农民阶

207

---

① 《全宋诗》第 33 册，第 21049 页。
② 《全宋诗》第 33 册，第 21078 页。
③ 《全宋文》第 135 册，第 278 页。

层中是否会形成一定的国族意识。十二世纪南宋官员廖行之（1137～1189）有《和游子叹》一首。当时他似乎正往乡间，访问某位友人；诗中他说当地的农人只关心温饱，而像他这样游宦的士人则志在报效国家：

> 前年春种方萌蘗，我喜君来展几折。
> 今年湖田农正忙，君从伯氏听渔榔。
> 平生四海饶足力，到处哦诗不虚日。
> 高怀一笑无心云，暮秣燕冀朝吴餐。
> 从渠小知但莽苍，羁靮维络游龙颢。
> 男儿遇合自有秋，此志宁为温饱休？①

其中自嘲的况味，我们在陆游诗中已经有所体会——士人们在夜里喝酒，然后写下感慨；他们幻想自己一马当先收复中原，最后也揶揄自己的空谈。曹勋诗中的浮云意象也出现在这里。不过，廖行之很清楚，普通的农民迫于每日的生计，并不在意谁统治着中原。

208 ## 小　结

本章介绍了北宋时期一系列观念的发展，笔者将其界定为一种国族主义的萌芽。这一过程中尤为重要的是宋廷在与周围政权共处的过程中形成的新的领土思想。人们试着以新的方式来理解王朝的版图——对他们来说，这是一个从"普天之下"到"版图之中"的变化；朝廷的决策者们通过历代

---

① 《全宋诗》第 47 册，第 29167～29168 页。

王朝的疆域，以及汉族群的文化地图，来理解自身王朝的空间范围。降及北宋末，新的领土观激发了积极收复故地的政治氛围；在这一文化土壤下，南宋人武装收复河山的呼声空前高涨。这一领土观预设了一个超越王朝的实体，时人称为"中国"——我们可以翻译为"Middle Kingdom"。"中国"不同于宋政权，但宋政权可以提出保卫"中国"的主张。这种关于一个超越特定朝代、自古以来就有着自己的疆域版图的政治体的观念，与现代民族国家不无相似之处。

宋人眼中的"中国"（Middle Kingdom）到底是一个文化概念还是一个族群观念呢？包弼德认为这首先是一个文化概念，并引用了大量史料来论证宋人所理解的政治合法性主要来自文化传统。[①] 因此，这一意义上的"中国"，是一个融合了明确疆域与特定文化的实体。"中国"这个说法也常常和"内""外"联系在一起："中国"之内有诗书礼乐的文教，其外则不受文明的润泽。在论及政府的时候，包括欧阳修那广为流传的《正统论》在内的许多论述强调两个原则：统一与仁政。[②] 这样的政治理论从可以习得的文化的角度来界定政府，而不是世代传承的族群。这一点对后世的金、元、清等王朝尤有意义；对于汉人的知识阶层来说，这些王朝同样可以获得合法地位。

如果在中国政治理论中文化凌驾于族群之上，那么我们该 209 如何理解宋代边疆政策中作为族群范畴的"汉人"呢？宋人以"汉人"的地理分布来决定边境线的走向，并提出领土主

---

① 包弼德：《地理与文化：中期历史中的"中国"话语》。

② 陈学霖：《帝制中国的合法化过程：女真金朝下的政论》（*Legitimation in Imperial China*），第 38～39 页。

张。在这里，我们必须区分两个层面：一是人们口头上讲的意识形态；二是其背后的心理意识或认同感。在当今世界，我们会发现，很多时候族群因素还是起着重要的作用，即便在其与官方意识形态相左时也是如此。① 因此，我们会看到1030年代的一方庙记即以"中国"指称汉土。后来，精英间形成了这样的共识：境外的汉人依然会愿意为中原汉政权效力；比如，苏轼这样的北宋文人便把辽朝的汉人官员称为"中国士大夫"。宋代的许多文献甚至会想象辽朝的汉人自认为和宋人才是"一家"，而自己这边的契丹人则是"非类"。总之，到了十一世纪后期，在王朝边境话语中，基于共同祖先的族群共同体观念扮演着重要角色，其意义不亚于基于共同文化的政权归属感。

毫无疑问，宋代的"国族"（nation）和现代的"国族"在许多方面有着本质不同。说到底，这是宋代社会的产物，就如现代国族是现代的产物。宋代的国族观只见于知识精英间，无关普通民众。也没有任何证据表明，宋人在看待周边世界的时候，会以现代的方式认为有许多不同的国族分布在大地的各个角落。现代国族理论还强调主权在民的观念，即国家是人民的国家，是人民意志的产物。宋人当然不会有这样的意识。虽然宋人的国族脱胎于完全不同的思想体系，但它与现代国族的共同点却更为根本；和现代人一样，宋代知识精英清楚地意识到，他们属于某个"想象的共同体"。我们有理由认为，这种共同意识比古今思想体系间的差异更值得我们注意。它会跨越

① 比如，在美国和西欧，尽管国家提倡种族平等，并且通过共同的文化而不是共同的族裔来界定自己的国族，但偏袒自己族裔的做法还是随处可见。

时空，在不同的情境下，激发国族情怀。

为什么在中国历史上国族意识恰恰始见于十一世纪呢？导论中我们已经注意到，本尼迪克特·安德森认为，十九世纪西方形成"想象的共同体"的基本土壤与北宋遥相呼应。西欧贵族制的瓦解与中古中国门阀大族的消亡有许多可比之处。此外，十一世纪雕版印刷业日益繁荣，知识阶层的总人数不断增长；相比过往门阀集中在首都的情况，新的社会精英分布在许多不同的地方。这意味着到了北宋时期，一个全国性的、自觉的士大夫共同体形成了。随着唐代的门阀社会彻底瓦解，新的社会推崇个人才能，并通过科举选拔贤才。这继而使得社会中下层的寒门学子也可以通过勤学苦读，加入士大夫共同体。

至此，我们考察了一个王朝上下一以贯之的共同体的形成，但我们还没有梳理北宋政治精英是如何在族群意义上界定自身共同体的边界的，我们也没有解释为什么宋人不对自己的王朝、"汉"的族群文化、国族应有的版图这三个不同的范畴加以区分。在之后的两章中，笔者提出，由于政治精英中相当一部分人有出使北朝的旅行经历，他们的切身体验在北宋"国族"的形成过程中扮演了重要角色。在宋辽往来过程中，宋朝使臣们不仅在宴会等场合内化了草原上的族群范畴（第一章已见），他们还有机会目睹燕山南北的生态与文化差异。由于东北亚的文化生态对笔者的论述尤为重要，我们必须首先考察十一世纪族群文化构成的风景线，然后再进一步探索使臣们的旅行体验（第六章）。

第五章　跨越中原与草原的墓葬文化

　　1993 年，考古工作队在北京西北方向的河北宣化打开了张文藻（1029～1074）夫妇的墓室。那一刻，迎接他们的是一场盛宴。[①] 两张木制的餐桌立在雕有梵文的棺椁前，桌上的餐盘盛满了梨、栗、枣等食物——干透的水果见证着九百年来尘封的往事。墓室另一侧还有许多酒器，里面曾经满是美酒。在周围壁画的映衬下，酒宴跃然眼前。前室里，乐队演奏着乐曲，仆人们在这里热酒，准备端到餐桌上。他们中有的穿着汉人的衣服，留着汉人的发式，有的则是契丹打扮。基于佛教习俗，张文藻夫妇都已经火化。不过，就和这一地区其他很多墓穴一样，他们的骨灰填充在稻草捆制的模拟人体中，仿佛这样一来，他们依然有着肉身，可以享受眼前的宴饮。

　　十年之前，考古工作者曾在此东北数百公里外的辽宁与内蒙古交界地带发现另一处保存完好的墓葬，即辽陈国公主（1001～1018）墓。尽管陈国公主的下葬时间只比张文藻墓早几十年，二者在形制上仍有很大的差别。[②] 显然，墓室中没有奢华的庆典，小小的贡品桌上只摆着几件陶器。然而，其他的随葬品应有尽有。墓室一侧堆满了马具，其中不乏镶金的铁制马镫，以及木

---

① 基于中国考古的命名方式，该墓即宣化下八里辽墓 M7；在笔者数据库中，该墓为 #918（见附录 B）。完整的考古报告见《宣化辽墓》，第 69～125 页。

② 见数据库中墓葬 #746。完整的考古报告见《辽陈国公主墓》。

制马鞍。不同于张文藻夫妇，陈国公主及驸马的遗体并未火　　212
化，甚至没有被放入棺椁。相反，他们卧于棺面，头枕银枕，
脸上覆盖着纯金打造的面具，身上裹着银丝制成的殓衣。

　　这两处墓葬都是十一世纪的产物，也都位于辽帝国境内。
我们应该如何理解二者间巨大的差异呢？张文藻墓出土的墓志
告诉我们，他的家族世代雄于当地。其兄弟子侄在当地任官，
他自己或许靠经商积累了一些财富，并成为当地一所佛寺的重
要施主。① 相比之下，陈国公主则是辽朝的天潢贵胄。② 她是
辽景宗（969～982 年在位）的孙女，并且嫁给了当朝辽圣宗
的内兄，只是不久后便以十八岁的芳龄病逝。陈国公主与张文
藻的社会身份差异巨大，这可以解释为何金银器仅大量见于陈
国公主墓，但并不能解释两座墓葬间的其他许多区别，如张文
藻夫妇的火葬与陈国公主及驸马卧于棺面的习俗。这些差别反
映了不同的关于死亡与悼亡的信仰观念。

　　下文中我们会看到，两座墓葬代表着两种截然不同的丧葬
文化，一种流行于华北，另一种则源于欧亚草原，两种不同的
文化在辽朝共存。通过考察大量十一世纪东北亚的考古发掘报
告，本章以实证分析推定华北、契丹文化的影响范围。在此基
础上，笔者考察以辽朝族群政策为代表的政治因素如何巩固了
不同族群间的地理分区，并强化其文化差异。与之前章节不同
的是，这里考察的重点不再是宋朝政治精英的世界观。当然，
下一章中我们会发现，宋人出使辽境时，会直接感受到两种不

---

① 关于张文藻及其家人墓志录文，见向南等编《辽代石刻文续编》，第 214～
　 217、294～296 页。
② 陈国公主墓志录文，见刘凤翥等编《辽上京地区出土的辽代碑刻汇辑》，
　 第 79 页。

同文化间的巨大差异，这会让他们进一步认识到华夏农耕文明（the Chinese ecumene）的边界。

213 十一世纪东北亚的墓葬

本章的讨论基于笔者建立的东北亚墓葬数据库而展开。为此，笔者系统收集了1940年代以来的考古报告。附录B讨论了这一数据库的构成。总体上，它包括了宋辽边境两侧的一千余座墓葬，分布范围覆盖华北平原、黄河以东的山西、欧亚草原东部，以及东北三省的东南大部。这些墓葬都来自十一世纪前后，即辽与北宋时期。[1] 数据库包括了墓葬的构造、随葬品、壁画主题等信息。此外，每座墓葬的位置都以经纬度标记。

当然，基于出土墓葬构拟当时文化涉及一系列方法论上的挑战；附录A讨论了个中的具体问题。大体上，我们可以把墓葬看作特定社会的丧葬文化的物质表现。它只代表了信仰与实践过程中的一个环节，但也是非常重要的环节。很多时候，我们很难提出一个解释性框架，因而不知道某种具体的随葬品或某种墓葬形制究竟"意味"着什么。当传世文献给出明确线索时，笔者会尝试追索墓葬背后的文化意义。即使我们不能断定墓葬中的物品究竟意味着什么，它们本身却构成了一种文化标记（cultural marker）。所幸，本章讨论的两种墓葬文化间差异巨大，用它们来界定两个不同的文化区域没有太大问题。

除了阐释方法上的问题，我们还需要注意到，当考古工作者打开墓室时，墓穴就已经不是原来的样子了。近代以来，盗

---

[1] 因为十一世纪墓葬中少有墓志出土，大多数墓葬很难明确系年。大多数时候，笔者使用考古发掘时推定的年代；对之有保留意见的时候，则另行注出。

墓者将大多数十一世纪墓葬的随葬品洗劫一空，所有这一时期的墓葬都曾遭到不同程度的盗掘。因此，即使有非常详尽的考古发掘报告，我们的数据库也不可能穷尽墓穴的所有信息：我们只能追索留存下来的随葬品与保存至今的墓葬形制。此外，即使在最初封上的时候，同一文化下的不同墓室间也会有不同的随葬品。当时的人总是会有不同的选择。要界定一种文化，我们不能看某个墓穴最后是怎样的，我们要看可供当时的人选择的范围。因此，如果在墓葬中未能发现某种随葬品或壁画主题，这也不能说明任何问题。

214

　　幸运的是，因为样本本身很大，我们可以部分回避上述问题。首先，通过统计学方法，我们可以得出两种不同墓葬特点出现在同一墓穴的概率。继而我们可以推出，哪些墓葬特点会一起出现；这样一来，我们就可以构拟出当时人们的选择范围，尽管我们已经不知道这些墓穴最初的样子了。因为这一选择范围（repertoire of choices）界定了文化形态，我们也可以称之为文化范围（cultural repertoire）。此外，当我们要界定某一文化的地理分布的时候，我们可以把具有特定特征的墓葬标记在地图上（而不是把数据库中的所有墓葬一一罗列）。因为数据库足够大，其中的样本就可以让我们得出一些有益的观察结果。之后的两节讨论宋辽时期东北亚两种不同的文化范围。笔者分别称之为"契丹"与"华北"（North Chinese），"华北"指宋境或辽境下汉人的选择范围。①

---

① 在研究方法上，我们可以通过阅读大量考古报告与前人对契丹墓葬的研究，得出两种文化形态的粗略印象（见王秋华《辽代墓葬分区与分期的初探》；董新林：《辽代墓葬形制与分期略论》）。继而，我们可以依据聚类分析的方法（cluster analysis），实证地界定这两种文化。

契丹墓葬文化

笔者以表 5 - 1 中罗列的随葬品与墓葬形制来界定 "契丹" 文化的选择范围。间或出土的契丹大小字铭文当然明确说明了墓葬与契丹文化的联系。基于当时或稍后的文字史料，我们可以把表中不少元素与契丹文化联系在一起。宋人记载契丹风俗的文献中已经提到，契丹人在下葬时，会为死者全身盖上精美的装饰；就如陈国公主那样，全身有金属丝织成的网状殓衣；或者在手部戴上这样的手套；头部则是鎏金、鎏银或鎏铜的面具，上配头饰。① 十二世纪的文惟简注意到了契丹富人入殓的方式；用他的话说："用金银为面具，铜丝络其手足。"②

表 5 - 1　 "契丹" 文化下的随葬品与墓葬形制

- 契丹字铭文
- 丧葬面具、头饰、金属丝制成的殓衣
- 大型动物的头骨
- 马具
- 铁制兵刃
- 皮囊壶(详下)
- 金属工具
- "后期契丹"陶瓷器(详下)
- "早期契丹"陶瓷器(详下)
- 三间墓室的平面构成
- 木制内墙或木制棺椁、棺床
- 鎏铜、鎏金、鎏银，或镶有琥珀、玛瑙、绿松石的器物

---

① 关于出土契丹面具、头饰、殓衣的描述与照片，见吉成章《豪欠营第六号辽墓若干问题的研究》；杜承武、陆思贤：《契丹女尸的网络与面具》。之前的学者将其与萨满、佛教或草原习俗系联；见陆毅（Louis）《祖先之象：丝网殓衣、金属面具与辽代图像崇拜》（"Iconic Ancestors"）。

② 陶宗仪：《说郛》卷 8，第 49 页上。

续表

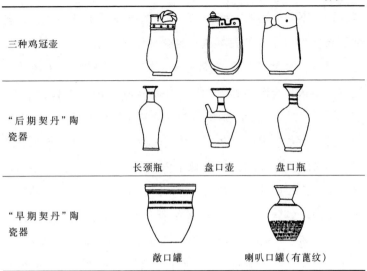

三种鸡冠壶			
"后期契丹"陶瓷器	长颈瓶	盘口壶	盘口瓶
"早期契丹"陶瓷器	敞口罐		喇叭口罐(有篦纹)

　　其他文献告诉我们，大型动物尤其是马的头骨，也是契丹丧葬文化的典型特征。早在 992 年，辽朝就"禁丧葬礼杀马，及藏甲胄、金银、器玩"。[①] 半个世纪后的 1042 年，朝廷进一步禁止以牛随葬。[②] 辽朝只允许以羊献祭，这一"辽国旧俗"见于《辽史》。[③] 朝廷不断重申禁令，反过来则说明这一习俗流传很广，难以根除。

216

　　虽然没有当时的文献可为佐证，今天的学者们普遍认为契丹墓葬文化还包括一些典型的随葬品。其中大多数和游牧武人有关，如铁制马镫、马衔、铃铛及其他马具。此外，尽管木制或皮质的马鞍很难长期保存，辽代随葬马鞍或缰绳的鎏银、鎏

① 《辽史》卷 13，第 142 页。
② 《辽史》卷 19，第 228~229 页。
③ 《辽史》卷 50，第 840 页。

铜装饰往往保存了下来。① 契丹墓中通常还有剑、戟等铁制兵器，以及不同类型的箭镞。② 在特定情况下，木制的箭矢，各种箭筒（桦树皮制、皮革制）也会被保存下来。③ 在契丹游牧文化地区，常常还会有"鸡冠壶"出土。这些别有生趣的陶瓷器，形状有些像鸡冠，是为了模仿皮革缝制的水囊的造型。它们周身扁平，无柄，两侧有圆孔，可系绳提拿。④

217 契丹型墓葬中还有许多为死后生活准备的工具、器皿。考古工作者们在许多地方都发现了铁制木工工具，包括斧、凿、锉、锥、锛等；其他铁制工具包括铲、钳、剪刀等。此外，某些形态的陶瓷器似乎为契丹文化所独有。除了长颈瓶、盘口壶、盘口瓶，还有以"海棠盘"为代表的辽三彩。"海棠盘"虽曾在唐代长安、洛阳流行，但到了北宋，似乎只在辽境内使用。⑤ 另有一些土制陶器产于契丹政权建立前或建立初，包括敞口罐、喇叭口罐，以及各种蓖纹陶器。⑥

那些有着大量契丹型随葬品的精致砖墓，通常有三个墓室；这一设计似乎为辽上京、中京地区所独有。斜坡式墓道与

---

① 一些墓葬中的马鞍保存完好，见《阿鲁科尔沁旗道尔其格发现一座辽墓》，第 150～151 页；《辽陈国公主墓》，第 108～109 页。

② 关于辽代兵器，见刘景文、王秀兰《辽金兵器研究》。

③ 苏日泰：《科右中旗巴扎拉嘎辽墓》，第 68 页；《内蒙霍林郭勒市辽墓清理简报》，第 39～40 页；《阿鲁科尔沁旗道尔其格发现一座辽墓》，第 149 页；《中国文物地图集（内蒙古）》第 2 册，第 431、467 页。

④ 杨晶：《略论鸡冠壶》；张松柏：《关于鸡冠壶研究中的几个问题》。鸡冠壶也称"马镫壶"或"仿皮囊壶"。

⑤ 参考董新林《辽代墓葬形制与分期略论》，第 65～69 页。董新林罗列了一些契丹的陶瓷器，但不够全面。其中瓜棱壶、鸡腿坛，在笔者看来并非契丹文化独有。

⑥ 最后这些早期契丹的陶瓷器常常伴随契丹兵器、马具等随葬品出现，但它们很少会与后期陶瓷器同时出现。

唐代帝陵相仿，土墙外或有石膏包裹。砖墙构成的"门庭"不见于唐代墓葬，通常就在通向墓室的甬道门外。甬道与前室相连，前室连接着北面的正室。相比有明确中轴线的唐代帝陵，这些大型辽墓通常有三个墓室，其中两室在东西两个方向上偏离南北中轴线。在规格更高的契丹墓穴中，我们常常还会发现鎏银、鎏铜的器物，或是琥珀、玛瑙、水晶、绿松石等珠宝。所有这些——死者面具、网状殓衣、马具、兵器、工具、宝石、契丹型陶瓷器，都很少见于华北墓葬。

表5－2　"华北"文化下的随葬品与墓葬形制　　218

- 华北型陶瓷器(详下)
- 石棺、壁画或其他媒材上的主题有:女性在半掩的门内
- 壁画上有演奏音乐的人
- 壁画上有宴饮场景
- 有酒器:或以实物出现,或画在壁画上(详下)
- 砖制家具
- 家庭内部的场景:或画在壁画上,或以浮雕的形式呈现在砖上
- 剪刀或熨斗:或在陶瓷器中,或画在壁画上
- 壁画上有真人大小的人物形象

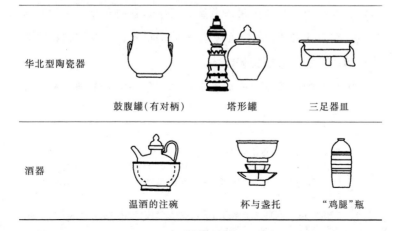

| 华北型陶瓷器 | 鼓腹罐(有对柄) | 塔形罐 | 三足器皿 |

| 酒器 | 温酒的注碗 | 杯与盏托 | "鸡腿"瓶 |

华北墓葬文化

表 5 - 2 罗列了华北丧葬文化中的典型元素。下文中我们会看到，这一墓葬文化横跨宋辽边境。它既包括了河南宋墓中典型的随葬品与墓葬形制，也兼具长城以南宋辽墓葬中的许多特点。由于汉人迁入东北，燕山以北也出现了一些汉人墓葬。尽管这一清单代表华北平原上宋辽两个政权下人们的墓葬文化，宋境、辽境内的墓穴还是呈现出一些文化差异，下文也将有所考察。

宋境内河东与河北的墓葬中，少有随葬品出土；若要重构宋辽边境两侧汉人的丧葬文化，这会是一个棘手的问题（详下）。尽管如此，不少陶瓷器都出现在十一世纪的宋辽墓中。其中有圆腹或鼓腹的罐，经常会有一对小小的把手，或是塔状的盖，此外还有许多三足器皿。[①] 华北墓葬的壁画、浮雕上还有一系列特定的主题。例如，无论是在壁画还是石墙浮雕或是石棺上，都会有妇女站在半掩的门前。学者对此有不同的解读。有的认为这是正要进入墓室、侍奉逝者的女仆；有的则认为她正在向死者招手，带他去往身后的世界；还有的则将之看作充满性暗示的妩媚身姿。[②]

由于随葬品较少，我们不必拘泥于墓葬中的个别元素，而

---

① 关于辽代"汉人"墓中的陶瓷器，见杨晶《辽代汉人墓葬概述》；董新林《辽代墓葬形制与分期略论》，第 68 ~ 69 页。考古工作者们在宋代河北定窑的发掘过程中，也找到了同样形制的器皿。关于壶与罐，见《河北曲阳县涧磁村定窑遗址调查与试掘》，第 401 页；穆青：《早期定瓷初探》，31 ~ 36 页。

② 金鹏程（Goldin）：《半掩门前的妇女及其他传统中国墓葬美术中的意象》（"Motif of the Woman in the Doorway"）。

可以追索墓葬整体呈现的身后世界。汉人墓葬中的两个特点尤其值得我们注意。第一，在张文藻墓中我们已经可以注意到当时的一种观念，即墓室本身是身后盛宴的场所，在这里逝者享受着音乐、美酒、美食。第二，当时华北地区还有这样一种对墓葬的理解，即壁画是墓室的延伸，它营造出一种"虚拟现实"，令逝者逍遥其间。①

　　无论在宋境还是辽境之内，汉人墓葬总是提示我们这里正进行着一场盛宴——无论在随葬品、壁画或是浮雕中，我们都可以看出这样的特点。许多墓葬壁画上画着真人大小的乐师、舞者与杂耍者，准备或享用酒食的场景在壁画上则更常见。1951 年河南出土了白沙宋墓。在著名的一号墓里，墓主人夫妇出现在墓室壁画上；二人在桌前相对而坐，正要享用桌上的美酒美食。② 这样的例子还有不少。这类壁画中，酒壶通常放在桌上盛着热水的注碗中。墓主人前放着酒杯，杯下有盏托。桌下，存酒的大瓶子立在瓶架里。在画面的另一侧，仆人端着痰盂——从唐代开始，这就是精致生活所必备的器物了。③ 白沙宋墓二号墓中也有类似的壁画，桌上的酒杯旁还有盛着蔬果的碟子。④

220

　　张文藻墓对宴饮的塑造与之不同，在当时也颇为常见。尽管壁画中描绘了乐队表演与仆人备酒的场景，但主人夫妇并没有出现在内容丰富的壁画上。当然，这并不是说他们没有参与宴席。上文中我们已经提到，棺前的桌上摆有盛满食物的碟子。⑤ 考古

① 见巫鸿《黄泉下的美术》，第 38～47、88～89 页。
② 宿白：《白沙宋墓》，图第 5 页。
③ 叶娃（Ye Wa）：《中古中国的葬俗：杏园唐墓研究》（"Mortuary Practice in Medieval China"），第 172～173 页。
④ 宿白：《白沙宋墓》，图第 9 页。
⑤ 《宣化辽墓》，第 347～351 页。

工作者们在墓中找到了酒杯及盏托，桌上有痰盂，黄色瓷制酒壶摔在地上——似乎是从前某一时刻被脱落的木制墓门从桌上打落的。① 最后，墓室的一角还有许多存酒的罐子，考古发掘报告通常称它们为"鸡腿瓶"。其中一个以石灰封口，出土时里面还存着约一升液体，一般认为这是葡萄酒。② 换而言之，白沙宋墓壁画上的酒具以实物的形式出现在张文藻墓中。无论如何，墓室的功能之一即营造一个宴饮空间，令墓主人享用美食美酒。

宿白认为，白沙宋墓中的宴席正是宋人笔记小说中的"芳宴"。③ 故事中，夫妻对坐桌前，听着音乐——故事的讲述者告诉我们，这表示"夫妻相爱"。④ 尽管"芳宴"在宋代文献中仅此一例，这一场景在考古发掘中却屡见不鲜。无论我们怎样称呼这类宴饮，当时的文字、图像资料明确地告诉我们，

221 它们旨在呈现幸福的时光。若论桌上的佳肴、温碗中的酒壶、盏托上的酒杯，这些至少可以上溯到传为十世纪画家顾闳中的《韩熙载夜宴图》。⑤ 孟元老（活跃于 1126～1147）曾在回忆北宋开封城时以怅惘的笔触描写了十一世纪酒馆中的场景："凡酒店中，不问何人，止两人对坐饮酒，亦须用注碗一副，盘盏两副，果菜楪各五片，水菜碗三五只。"⑥ 总之，华北墓

---

① 《宣化辽墓》，图第 21、34 页。

② 《宣化辽墓》，第 341～346 页。考古工作者在辽宁省内另一处墓葬中也发现密闭容器中有红色液体。见《法库叶茂台辽墓记略》，第 27 页。

③ 宿白：《白沙宋墓》，第 48～49 页（注 53）。

④ 罗烨：《醉翁谈录》，第 102 页。

⑤ 关于个中酒具，见苏利文（Sullivan）《韩熙载夜宴图：顾闳中的画卷》（*Night Entertainments*），书封及第 27 页。

⑥ 孟元老：《东京梦华录》第 1 册，第 420～421 页。关于文中注碗即墓葬壁画中的温酒容器，见该书第 1 册，第 424～425 页；宿白《白沙宋墓》，第 37～38、50 页（注 56）。

葬中的"芳宴"似乎是要为逝者重现生前的欢愉，无论是城市酒馆的宴饮，还是达官显贵的夜宴。

时人通过"虞祭"以"安"逝者魂魄，这为我们理解当时地上丧礼与地下宴饮的关系提供了线索。在宋人看来，"虞祭"之礼尤为重要，因为在人去世之初，魂徘徊灵位而魄已入土，二者未安。司马光、吕祖谦（1137～1181）、朱熹三人撰有三种不同的礼书。根据这些描述，棺椁入土以后，"虞祭"在逝者灵座前举行。这时需要在放置死者灵牌的灵座前（即南面）摆放一桌供奉品。换而言之，"虞祭"的供奉桌和张文藻墓等墓葬中所见的小桌与逝者有着共同的空间关系。① 桌上盛着蔬果、酒盏与盏托，以及勺、筷子等餐具。一侧有酒瓶及支架，另一侧则有用于加热水的火炉。之后会有人将酒从瓶中倒入酒壶，再由酒壶倒入酒杯。这里我们同样可以发现，"虞祭"中对器物的运用与张文藻墓等墓中所示如出一辙。朱熹同样提到了桌上的佳肴，包括堂门外准备的肉馔；在特定的时刻，有人将这些食物送入堂内。张文藻墓中并没有发现任何肉食——其生前积极施舍佛寺，很可能已经食素；但其墓葬前室的壁画描绘了厨师准备佳肴的场景，在正室的壁画中，这些食物继而出现在仆人所端的餐盘上。宋代礼书中对下葬后的"虞祭"的描述解释了华北墓葬的一些主要功能。概言之，"虞祭"起到了安"魂"的作用，使之安于灵位。墓室内另一场酒馔同时举行，使那里的"魄"能安身于地下，而不至于

222

---

① 司马光：《书仪》卷八，第 8 页上～第 11 页上；《吕祖谦全集》第 1 册，第 336～339 页；朱熹：《家礼》，第 41 页上～第 42 页上。关于朱熹《家礼》的英译，见伊沛霞《朱子家礼》（*Chu Hsi's Family Rituals*），第 126～130 页。注意伊沛霞将"注"翻译为醒酒具（decanter），而不是酒壶（ewer）。

四处游荡。

在中原文化对身后世界的理解中，宴饮尤为重要。因此墓葬中任何宴饮元素，无论其体现在随葬品中还是墓葬的细节中，都明确地告诉我们，这一墓葬受到了中原文化的影响。宴饮的元素可以是酒壶、注碗、酒杯与盏托、"鸡腿瓶"等酒具，它们通常放在逝者的棺椁前（即南侧），也可以是各种壁画主题，如乐师、准备酒食的厨师、桌前的墓主夫妇等。最后，桌椅通常由石砖砌在墙外，这一石制结构往往也可以说明墓葬旨在营造一个宴饮的场景。尤其当壁画因年久而破碎褪去后，这就成为非常重要的依据。

这一石制结构也体现出华北墓葬文化的第二个重要特点。大量华北砖室墓将墓室内部空间纳入壁画、墓室形制构成的空间结构中。除桌椅外，灯盏、洗手盆、衣架、镜架等家具以砖雕的形式从墙体延伸出来。画中人物常常直接使用这些家具。例如，在山西大同出土的两处墓葬中，壁画中的侍女正在向砖雕的灯盏里添油。[1] 另一些情况下，随葬品与墓室墙上的元素间也彼此呼应。在张文藻父张匡正墓中，黄色盏托上盛有白色瓷碗的组合，既出现在前室东墙的壁画上，也以实物的形式出现在正室的木制供奉桌上。[2] 在许多北宋墓葬中，考古工作者发现砖雕灯架上有瓷制灯碗。[3] 这些设计将墙上的元素纳入墓

223

---

① 王银田：《山西大同市辽代军节度使许从赟夫妇壁画墓》，图 1；王银田：《山西大同市辽墓的发掘》，图 5。

② 沈雪曼：《身体的意义：河北宣化辽墓中的偶人》（"Body Matters"），第135 页。

③ 李明德、郭艺田：《安阳小南海宋代壁画墓》，第 76 页；张增午：《河南林县城关宋墓清理简报》，第 41 页；江胜、余锦芳：《湖北襄樊刘家埂唐宋墓葬清理简报》，第 35 页；《济南市宋金砖凋壁画墓》，第 48 页。

室空间中。

在华北地区的汉人砖室墓中，另一常见的现象是以石雕的形式呈现木构建筑组件。[①] 墓室有砖砌立柱，以复杂的方式交错砌至穹顶，这一结构旨在模仿十一世纪华北地区的木造建筑。宋墓还常常以砖砌装饰性的墓门、窗框，仿佛还有其他的墓室与之相连。其他墓室的场景有时也会出现在壁画中，或是妇女镜前梳妆，或是侍女浣衣盆前，或是管家整理钱帛，有时还有一桌文房四宝。有时，墙上还画着饰有帘帐、屏风甚至立轴的室内空间，更为墓室增色不少。[②] 这样一来，墓室仿佛成了画上极为逼真的宅邸的庭院。

十一世纪的华北墓葬中会呈现出一种与现世生活截然不同的身后世界，虚与实、真实与显像在这里彼此交织。在墓葬中，壁画上的侍者或许端着在墓室其他地方以实物出现的杯盏；浮雕上刻着的灯架也许托着油灯里真实的火苗；逝者或许可以走出棺椁，享用画上酒器中的美酒。当时火葬的普及显然提出了一个有趣的问题：既然逝者肉身已为灰烬，他们如何能消受墓室中的欢愉呢？事实上，很多时候墓主人都被赋予了另一具身躯来参与宴饮。有时，尽管主人夫妇已经火葬，但他们的石像躺在棺床上。在另一些例子里，就如张文藻墓那样，人们制作人偶，置于墓室之中。[③] 精致的人偶和真人一般大小，还有精心打造的木制关节。

224

---

① 以砖雕模拟木质家具的做法起源于晚唐河北。十世纪随大规模精英迁徙进入河南。见谭凯《晚唐河北人对宋初文化的影响：以丧葬文化、语音以及新兴精英风貌为例》。

② 见《洛阳邙山宋代壁画墓》，及《宣化辽墓》图版。

③ 解希恭：《太原小井峪宋明墓第一次发掘记》，第 255～256 页；沈雪曼：《身体的意义》，第 135 页。

相比之下，契丹墓葬文化很少运用这样的虚拟现实。其中以马具、武器、金属工具为代表的随葬品，往往取自日常用具，死者生前或许就曾用过它们。下文中我们会看到，金属剪刀常见于契丹墓穴，而陶制剪刀或描绘剪刀的浮雕则多见于华北墓葬。再比如，契丹墓葬很少以砖砌仿木结构，而会以实木打造护墙、小帐（椁）、棺床或尸床。总之，契丹墓呈现出生前身后的延续性；死后世界的空间逻辑和物质构造与现世并无二致。

宋辽边境的文化地理

由于数据库统计了墓葬的经纬度，我们可以将契丹与华北墓葬的空间分布绘成地图。图 5 - 1 包含了两张地图，勾勒了包含不同契丹元素的墓葬分布。基于这些地图，我们可以构拟出辽帝国内部、沿华北平原北缘燕山山脉展开的文化分界线；其走势与北齐外长城及明长城基本相仿。契丹风格墓葬基本出现在这条线以北，尤其集中在辽中京、东京、上京附近（即今天辽宁与内蒙古交界处）。这条线以南，即地图上标记的辽朝南部，大体与幽云十六州相吻合；这里几乎从未出土过契丹风格的墓葬。一定要说例外的话，当地的一226 些墓葬虽然总体上采取了华北的形制，但间或含有一两件契丹式的随葬品。总体上，契丹文化并没有渗入帝国南部的幽云十六州地区。

图 5 -2 归纳了华北型墓葬与契丹型墓葬文化的空间分布，具体方法则稍有不同。图 5 - 1 考察了具体墓葬形制的空间分布，而图 5 -2 则体现了三种类型的墓葬：典型的华北型墓葬、契丹型墓葬，以及兼具二者风格的混合型墓葬。在混合型墓葬中，我们通常会发现不少契丹墓葬元素，同时"芳宴"中会用到的器

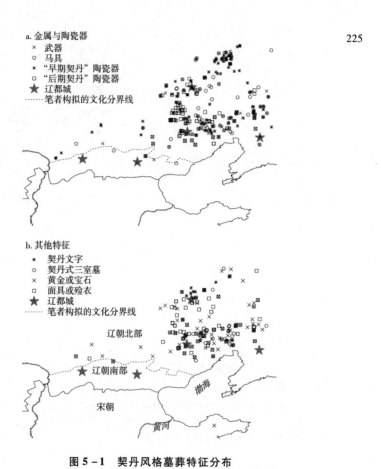

图 5 - 1 契丹风格墓葬特征分布

物（酒器、痰盂等）也会出现在供奉桌上。要之，图 5 - 2 告诉我们，宋辽治下的华北平原有着共同的墓葬文化。在辽朝南部，我们只能在辽南京（今北京）附近找到一座契丹型墓葬。相反，这里有 65 座华北型墓葬（因为其中一些位置重合，我们难以在图中看清）。这里还有 6 座混合型墓葬，其位置都紧贴文化分界线的南缘。在宋境内，只有山东东部有一座契丹型

图 5 - 2　华北型、契丹型墓葬分布

华北型墓葬包括至少两个华北墓葬文化的元素，而不具有契丹墓葬文化的元素；契丹型墓葬包括至少两个契丹墓葬文化的元素，而不具有华北墓葬文化的元素；混合型墓葬包括至少两个契丹墓葬文化元素，以及至少两个华北墓葬文化元素。

墓葬，其中有不少契丹风格随葬品。而华北型墓葬则较少见于这一地区。这或许说明环渤海地区曾有一个独特的文化空间。事实上，考古工作者们已经指出，在其他历史时期，环渤海地区之内也有着种种文化纽带。①

———————————

① 如果在期刊库中搜索"环渤海考古"，就能找到大量关于渤海地区物质文化的论文。

在辽朝北部，情况要更复杂一些。总体上，大多数出土墓葬呈现出鲜明的契丹特征。但是，限制契丹文化南下的分界线并不能阻挡墓葬文化北传。辽朝北部的华北型墓葬虽不是很多，却集中分布在辽中京与上京附近——混合型墓葬在这里也颇为常见。辽史学界倾向于认为十一世纪的幽云十六州是汉人、契丹文化密切交流的核心地区。听上去这似乎有一定道理；但事实上，燕山以南汉人与契丹墓葬少有融合。反而是燕山以北文化更为多元。

有趣的是，在燕山以北的地区，我们无法在考古层面区分契丹人、奚人、渤海人的墓葬，尽管当时汉文史料明确记载了他们都生活在辽帝国治下。考古发掘与文献记载间的差异或许表明，奚人、渤海人与契丹人的丧葬文化总体上相近，要加以区分就得找到更为细微的文化标记；或者，因为文化、政治经济地位等原因，奚人、渤海人的墓葬可能规格较低，因此很少进入考古发掘的视域。

尽管燕山山脉分隔了汉人与契丹墓葬文化，但随着时间的推移，宋辽间也开始呈现出一些文化差异。一些墓葬特征在宋境内更为常见，其中包括逝者所枕的瓷枕，以及孝子主题的壁画（图 5 - 3）。① 此外，相比宋墓，辽治下的河东、河北墓葬常常有大量随葬品（表 5 - 3）。我们无法知道是文化差异还是社会经济因素造成了这一不同。有趣的是，宋辽壁画中人们所

228

229

① 在鞍山、辽宁等辽东都附近的墓葬中，一些学者推测其中描绘的人物可能是孝子形象。见许玉林《辽宁鞍山市汪家峪辽画像石墓》；鸟居龙藏：《辽代石墓》（*Sculptured Stone Tombs of the Liao Dynasty*），特别是第 23 ~ 26、42 ~ 46、57 ~ 58 页。然而，这些壁画很可能属于另一传统。辽墓中他们以浮雕的形式出现在墓室的中心位置；在宋墓中人物较小，并以壁画的形式出现墙壁上方。

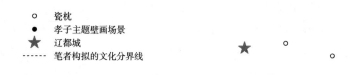

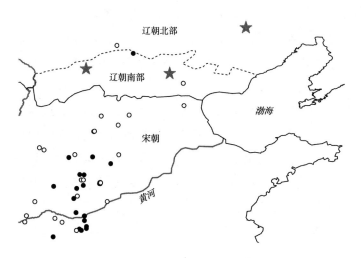

图5-3 瓷枕与孝子主题壁画分布

养的动物也有所不同。宋人似乎比较爱猫，辽境内的汉人则比较喜欢狗（尤其是狮子狗）。① 至于这反映了宋辽汉人之间怎样的文化差异，就要留给读者来判断了。

宋墓随葬品较少，这或许和另一个有趣的现象有关（见图5-4）。学者们早就注意到在汉人墓葬中剪刀有着重要的意义，或许因为它象征着剪断生死。② 通常剪刀会和熨斗一起出现，不过，后者代表着什么我们并不清楚。在宋墓中，剪刀与

① 笔者的数据库收集了有关信息。
② 叶娃：《中古中国的葬俗：杏园唐墓研究》，第346~347页。

表 5 – 3　有大量随葬品的墓葬：基于地理分布的考察[a]

	宋朝		辽朝南部		辽朝北部	
没有或只有一件随葬品的墓葬	115	（41%）	18	（15%）	105	（21%）
有超过一件随葬品的墓葬	166	（59%）	105	（85%）	405	（79%）
其中,有许多随葬品的墓葬[b]	5	（2%）	23	（19%）	85	（17%）
总数	281	（100%）	123	（100%）	510	（100%）

说明：a. 关于表中数据见附录 B 中的数据库。

　　b. 如果数据库中的随葬品一栏超过 80 字，则表中记为有"许多"随葬品的墓葬。

230

图 5 – 4　墓葬中剪刀与熨斗分布（包括实物与图像）

熨斗常出现在石雕或壁画上。在辽代汉人墓葬中，我们通常会发现陶瓷制成的剪刀实物，有时会和陶制熨斗一起出现。到了辽朝北部，墓葬中常常有金属制成的确实可用的剪刀，这或许是因为契丹文化偏好以实物随葬。虽然宋辽的华北型墓葬都没有用真的剪刀随葬，但表征方式的不同体现了两地间更细微的文化差异。除了剪刀与熨斗，辽朝汉人墓中常见的瓷器几乎无一例外地以壁画的形式出现在宋墓中。不少饰有莲花花瓣的盏托、注碗显然出自宋境内的河北定窑，它们常见于辽朝墓葬之中。① 宋境内，这些实物反倒很少出现在墓葬中。相反，它们常常出现在壁画上，同样的莲纹清晰可见。②

　　宋辽墓葬间这样的差异究竟意味着什么，学界也难有定论。另一突出的区别则关乎佛教在墓葬文化中扮演的角色。陀罗尼经幢、净瓶、梵文刻字，以及装有骨灰的人偶，这些与佛教丧礼有关的元素只见于辽境内的汉人墓葬。③ 辽墓壁画中的芳宴常有备茶而不是温酒的场景，这可能也反映了佛教的影响。最突出的差异在于火葬的流行程度——这正是佛教丧礼的代表性环节。

---

① 关于定窑瓷器中有莲纹的器物，见《中国瓷器全集》第9册，图24、28、31、37、40、53、60；苏天钧：《顺义县辽净光舍利塔基清理简报》，第52~53页。关于辽代佛塔暗室内发现的莲纹净瓶，见《河北定县发现两座宋代塔基》，图6；杨晓能：《中国史的新视角》（*New Perspectives on China's Past*）第2册，第485页

② 如《河南新安县宋村北宋碉砖壁画墓》，第22、26页；吴东风：《河北武邑龙店宋幕发掘报告》，第325~326页；杨育彬：《上蔡宋墓》；张剑、王恺：《洛阳涧西三座宋代彷木构砖室墓》，图2；宿白：《白沙宋墓》，第74页；赵宏、高明：《济源市东石露头村宋代壁画墓》，内封。

③ 基于笔者统计，辽朝南部11座墓葬有这些佛教元素，北部另有11座，宋境内只有1座这样的墓葬出土。这一特例即山西南部出土的1087年的一座非同寻常的多室墓；主室有陀罗尼经幢，只是经文以汉文而不是梵文书写。见王进先、王永根《山西壶关南村宋代砖碉墓》。

图 5 - 5 比较了火葬与保存有完整骸骨的墓葬的空间分布。我们可以看到，与宋墓相比，辽朝南部汉人墓出现火葬迹象的可能性要高得多。因此，佛教因素集中体现出宋辽墓葬文化的差异。

232

图 5 - 5 火葬分布

佛教对辽朝的墓葬文化有着深刻的影响，这一点并不会让我们感到意外；我们知道辽朝崇尚佛教，佛教仪式在丧礼中尤为重要。①

---

① 例如，1995 年出土的一则铭文表明，辽朝后族一位重要人物去世时，4400 名僧人诵经 62 天，诵佛名 2454400 次。见刘凤翥等编《辽上京地区出土的辽代碑刻汇辑》，第 161 页。关于辽代佛教，见魏特夫（Wittfogel）、冯家昇《中国社会史·辽》（*History of Chinese Society: Liao*），第 291 ~ 309 页。

只是还有一个问题令人费解。辽境内华北型墓葬中出土的佛教随葬品基本不见于契丹型墓葬。同时，尽管辽代汉人倾向于使用火葬（南部、北部都是如此），契丹型墓葬则留有完整的骸骨。华北型墓葬之外，辽朝只有少数墓葬用到火葬，它们的形制较为简单，位置也仅限于辽上京附近寺庙的周围。一些学者认为，这些墓葬（尤其是随葬品中有帐篷一样的陶罐的墓葬）可能体现了契丹传统的火葬习俗；不过，这些墓葬同样有可能属于当地的僧人。①

对于佛教盛行于辽境，但契丹型墓葬中少有佛教元素的问题，夏南悉（Nancy Steinhardt）提出了一种解答思路。她认为，契丹型墓葬中的一些木结构——吐尔基山辽墓木棺（图 233 5-6a）——与佛堂的基本建筑结构相仿。② 我们也可以把这一思路推广到地下与地上的铃铛。风铃出现在吐尔基山辽墓木棺上的显眼位置。在其他一些契丹型墓葬中，即便木结构已经朽坏，我们仍可以找到相似形制的铃铛（图 5-6b）。在契丹型墓葬的头饰上，也有缩小版的铃铛（图 5-6c）。我们有理 234 由认为，这些铃铛作为一种有意义的佛教元素而存在。它们广泛见于辽代佛塔（图 5-6d）。在今辽宁朝阳北塔发现的辽塔模型上，铃铛作为尤其重要的装饰物出现。这表明对当时佛教建筑来说，铃铛是尤为重要的元素。一个可能的原因是这些铃铛随风而动，香客从很远就可以听到，能更方便地找到佛寺。总之，尽管辽王朝推崇佛教，但处于其治下的汉人与契丹人却以截然不同的方式将佛教元素纳入自己的墓葬文化。

---

① 金永田：《辽上京城址附近佛寺遗址及火葬墓》；金永田：《上京附近发现的小型墓葬》；闻雨：《穹庐式骨灰罐》。

② 夏南悉：《辽代地上建筑及其地下回应》（"Architectural Landscape"）；夏南悉：《辽代佛塔》（"Liao Pagodas"）。

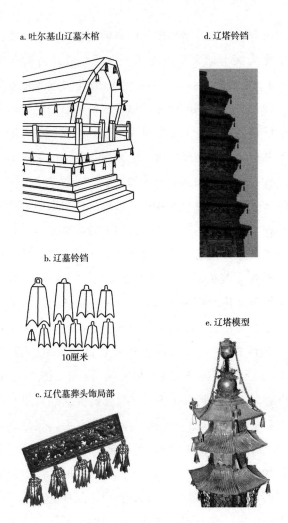

a. 吐尔基山辽墓木棺

d. 辽塔铃铛

b. 辽墓铃铛

10厘米

e. 辽塔模型

c. 辽代墓葬头饰局部

图 5 - 6　契丹文化中作为佛教元素的风铃

混合型墓葬

　　到目前为止，我们在基于墓葬的物质文化对南北文化差异的讨论中主要关注了特定物件的空间分布。由此，我们发现宋辽边界对墓葬文化有着潜移默化的影响。与之相比，燕山则构成了一道更为突出的文化分界线，将辽帝国分为南（幽云十六州地区）、北两部分。如果我们可以假设这一文化差异反映了汉人与契丹人在辽朝的分布，那么我们可以说辽帝国对幽云十六州的统治并没有令大量契丹人南迁。相反，汉人则大量向草原地带移居，尤其是辽中京、上京附近的地区。本节重点讨论人口迁徙与辽朝的民族政策间的联系。

除了文化的空间分布，我们还可以从数据库中发现怎样的社会分层呢？生活在多民族的辽帝国下的精英家族，在多大程度上吸收了其他文化的元素，并将之纳入自己的日常生活？基于已有的数据，我们可以采取聚类分析（cluster analysis）的方法，来推敲文化融合的程度。图 5 - 7 以交叉表的形式，来追索一种墓葬特征会和哪些其他特征一起出现。结果显示，契235丹特征（矩阵左上）和其他契丹特征高度相关；华北特征（矩阵右下）也和其他华北特征相关联。不过，图 5 - 7 也告诉我们，以酒器、鸡腿瓶为代表的汉文化随葬品经常出现在契丹型墓葬中。总体上，除了这些器物外，华北型、契丹型墓葬别236具一格，泾渭分明；在墓葬实践的层面，文化融合相当有限。

尽管如此，正如图 5 - 2 中所示，辽朝北部有不少混合型墓葬。我们该如何理解这一现象呢？出于怎样的原因、在怎样的历史进程中，这些家族将华北、契丹两种不同的墓葬文化纳入了自己的丧葬实践中呢？同时，我们也应该追问：在契丹型墓葬中，人们在多大意义上将汉人风格的器物看作截然不同的存在？反之，在华北型墓葬中，人们又如何看待契丹风格的器物？要了解当时人们对待这些器物的态度，我们可以留意墓葬中器物的摆放方式，也就是说，哪些东西通常会放在一起。不

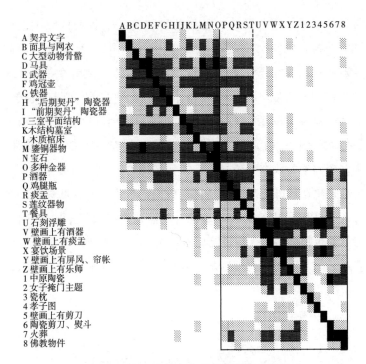

A 契丹文字
B 面具与网衣
C 大型动物骨骼
D 马具
E 武器
F 鸡冠壶
G 铁器
H "后期契丹"陶瓷器
I "前期契丹"陶瓷器
J 三室平面结构
K 木结构墓室
L 木质棺床
M 鎏铜器物
N 宝石
O 多种金器
P 酒器
Q 鸡腿瓶
R 痰盂
S 莲纹器物
T 餐具
U 石刻浮雕
V 壁画上有酒器
W 壁画上有痰盂
X 宴饮场景
Y 壁画上有屏风、帘帐
Z 壁画上有乐师
1 中原陶瓷
2 女子掩门主题
3 瓷枕
4 孝子图
5 壁画上有剪刀
6 陶瓷剪刀、熨斗
7 火葬
8 佛教物件

图 5-7　十一世纪东北亚墓葬特征交叉表

图中数据涵盖了 979 座华北、山西及其他辽境内的墓葬。上方字
母－数字与左侧字母－数字一一对应。颜色表示两种特征在同一墓葬中
共同出现的概率：空白即低于 8.3%；浅色方块，8.3%～25%；深色方
块，25%～58.3%；黑色方块，58.3%～100%。实线勾勒了两大文化范
围：契丹特征（A 至 O），华北特征（P 至 8）。虚线勾勒了经常出现在
契丹墓葬中的华北特征。

幸的是，早在考古工作者打开墓室以前，盗墓贼（或是地下
渗水）就已经把墓室原有的格局打乱了。另一些时候，发掘
报告过于简略，并没有讲清楚随葬品摆放的细节。但是，在一
些墓葬中，精心摆放的物品告诉我们：人们将契丹、汉人风格
的器物视为两个不同的类别。

一些契丹型墓葬中也有壶、鸡腿瓶、酒器等华北型墓葬中

常见的器物。它们提供了绝佳的契机，可供我们探究上述问题。在没有中原元素的契丹型墓葬中（见图 5-8），契丹型陶瓷器往往被放在死者头部附近，即墓室以东，或者在三室墓被置于东侧的墓室。马具或武器通常放在另一边，即墓室西侧，或是三室墓中的西室。一些契丹型墓葬中有中原样式的酒器（见图 5-9）；但是华北与契丹的瓷器通常分开摆放。此外，华北瓷器通常放在死者身前，正如"虞祭"之礼所要求的，这也与宣化辽代汉人墓中的情形一致。换言之，对这些汉化的契丹人（或契丹化的汉人）来说，虽然他们吸收了不同的葬俗，但他们也很清楚什么是自己原有的文化。这些契丹人依然会以武器、马具和契丹陶器随葬，这应当是遵照本族葬俗进行的安

237

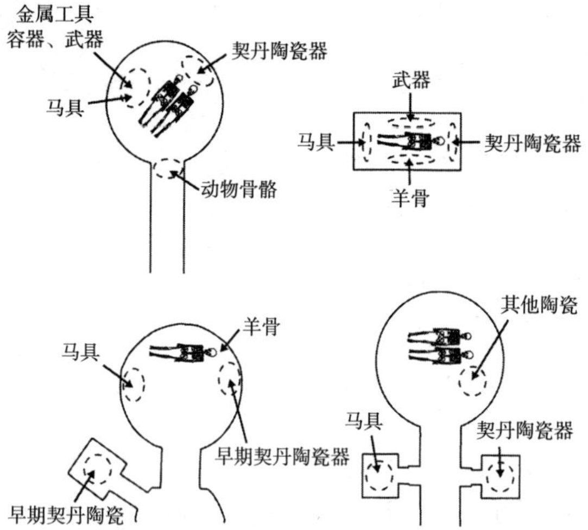

图 5-8　契丹型墓葬布局

资料来源：三宅宗悦：《雞冠壺を出土せる最初の古墳に就いて》，第 3 页；张柏忠：《科左后旗呼斯淖契丹墓》；辛岩：《阜新南皂力营子一号辽墓》，第 55 页；董文义：《巴林右旗查干坝十一号辽墓》，第 91 页。

238

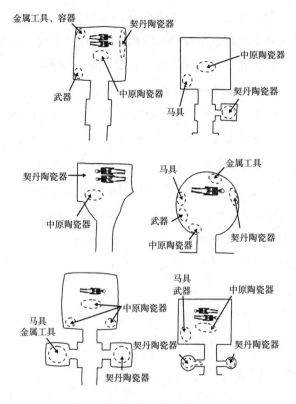

图5-9　内有华北陶瓷器的契丹型墓葬布局

资料来源：朱子方、徐基：《辽宁朝阳姑营子辽耿氏墓发掘报告》，第176页；许玉林：《辽宁北票水泉一号辽墓发掘报告》；李庆发：《建平西窑村辽墓》，第120页；《北京顺义安辛庄辽墓发掘简报》，第18页；《法库叶茂台辽墓记略》；靳枫毅：《辽宁朝阳前窗户村辽墓》，第13页。

排；同时他们也按照汉人习俗，在死者身体前摆放供奉桌，并在上面放置贡品。

　　为什么一些契丹人或汉人采用了对方的墓葬实践呢？其中的原因难以确知。在一些案例中，契丹人与汉人的通婚可能是一个原因。宣化辽墓总体上呈中原风格，其中有一座墓葬也包

括一些契丹元素。① 该墓中男性墓主人身穿契丹式的丝网殓
衣；他的妻子则依照当地汉人的方式，以佛教的仪式火化，骨
灰放在真人大小的人偶中。很可能她的丈夫本来就是契丹人，
而她本人是汉人。除通婚以外，一些文化融合也许是民族混居
的结果；尤其是在中京、上京附近，契丹人、汉人的生活区域
往往相近。这样一来，契丹人、汉人也许会参加对方的葬礼，
长此以往，墓葬文化也就彼此影响。但无论是哪种情况，对方
的墓葬文化总是在自己的葬式中作为单独的部分而存在。换言
之，就当时的文化融合而言，人们还没有把这些元素熔于一炉
（syncretism），由此创造出一种新的墓葬传统——如果这样的
话，我们就很难把契丹、华北元素分开了。实际上，我们所看
到的是一种拿来主义（accretion），即把外来的东西直接放到本
地的墓葬中。即便混合型墓葬的建造者也很清楚华北型与契丹
型的墓葬文化各不相同。

辽朝的族群政策

辽朝南部汉文化特征鲜明，北部则有汉与契丹文化混合的现
象。我们该如何理解这一分野呢？在北部的文化混合区域，我们
又该如何理解汉、契丹文化元素自成一体的特点？燕山地势可以
说明一部分问题；这一天险确实分隔了华北农耕地带与关外更为
干燥、寒冷的草原。即便在今天，许多蒙古族人依然延续着游牧
的生活方式。在今天蒙古族人的集市上，肉类与其他动物制品相
对便宜，而汉族人习以为常的蔬菜即使能买到，也要贵出许多。

---

① 《河北宣化新发现两处辽金壁画墓》；《宣化下八里 Ⅱ 区辽壁画墓考古发
掘报告》，第 22 页。

和汉族人不同的是，即使在今天，蒙古族人依然从小骑马。即使他们在城镇里过冬，他们的孩子在那里上学，许多人还是会在夏天向高原挺进，只不过如今为他们驮载帐篷与辎重的是城市越野车与皮卡，而不是昔日的牛马。直到今天，游牧与农耕依然呈现出两种不同的文化风貌。因此，一千年前两者间呈现出的差异也就不足为奇了。

　　除了自然生态的原因，辽政权的官方政策也扮演了重要角色，它构建并强化了族群身份，并使不同人群居于不同区域。事实上，辽帝国的族群政策代表了中国东北森林草原政权的一般取径。在草原社会中，部落是社会、政治、军事的基本单位。它们也是族群归属的基石，因为人们认为同一部落的人有共同的祖先——对于游牧民来说，这一信念对于促进彼此认同与维系共同体来说尤为重要。[1]　因此，契丹文的墓志铭与文言文的墓志铭相比，更强调志主在部落中的地位。[2]　就如族群一样，部落也是一个动态的单位，有时会分裂开，有时会和其他部落合而为一。不同的部落有时还会走到一起——无论出于自愿还是强迫——形成一个超越部落的政

240

----

① 保罗·林德纳（Lindner）：《什么是游牧部落？》（"What Was a Nomadic Tribe"），尤其是第696～697页；傅礼初（Fletcher）：《蒙古：基于生态与社会的视角》（"Mongols"），第16～17页；巴菲尔德：《危险的边疆》，第24～28页。关于东南亚的部落政治与民族形成，见詹姆斯·斯科特（Scott）《逃离统治的艺术》（*The Art of Not Being Governed*），第256～270页。共同祖先的重要性并不排斥部落内阶级的形成。林德纳亦指出，部落谱系往往是事后构建的，服务于特定的政治任务。重要的是亲属的说法，而不是共同的DNA。

② 例如，耶律习涅的汉文墓志铭称其为"故兴复军节度副使"；其契丹文墓志铭说"大中央契丹国惕隐司仲父房习涅"，以此说明他属于帝系的哪一支。见刘凤翥等编《辽上京地区出土的辽代碑刻汇辑》，第123、125页。关于类似的契丹墓志铭，见上书第102、111页。关于契丹社会的部落特点，见爱新觉罗·乌拉熙春《契丹文墓誌より見た遼史》，第56～102页。

治组织：那既有可能是一个松散的联盟，也有可能是一个井然有序的草原帝国。① 即使在加入一个部落联盟之后，个中部落还是可以保留原先的内部架构。不过，如果是那些管理有序的帝国——如契丹人、蒙古人、满人建立的帝国——那么部落就会接受重组，以杜绝叛乱的可能。②

在对部落进行重组的同时，草原帝国如要想巩固自身政权，就必须处理好族群政治。帝国自上而下构建出族群范畴（ethnogenesis），以此重构族群间的分野，清史学者对此早有深入考察。作为族名的"满洲"（Manchu），本身就是 1630 年代王朝政治的产物。人们编造起源神话，这为界定谁是满人提供了谱牒学基础，也巩固了爱新觉罗家族的领导地位。在界定满人文化的过程中，清初的几位君主也起了重要的作用。③ 对于辽帝国如何构建族群，我们所知甚少。但可以确定的是，时人也炮制了契丹的起源神话，为王朝最重要的一些部落安排了共同的祖先。④ 和满人一样，契丹人也希望界定——或者

241

---

① 傅礼初：《蒙古：基于生态与社会的视角》，第 29~30 页。巴菲尔德：《危险的边疆》，第 5~8 页。巴菲尔德讨论了几种旨在解释跨部落政治体起源的人类学理论。

② 傅礼初：《蒙古：基于生态与社会的视角》，第 29~30 页。魏特夫、冯家昇给出了许多具体的例子，来说明辽朝如何整编其治下的部落，见《中国社会史·辽》，第 47~49 页。

③ 柯娇燕（Crossley）：《清朝开国神话浅论》（"Introduction to the Qing Foundation Myth"）；柯娇燕：《〈满洲源流考〉与满文化的确立》；欧立德：《八旗之道：八旗制度与清代的民族认同》（Manchu Way）。欧立德指出，满族中既包括说不同女真语方言的人们，也包括说各种无法彼此理解的语言的人群（第 69~70 页）。

④ 杜希德、蒂策：《辽朝》，第 51~52 页。关于突厥的起源神话，见彼得·戈登（Golden）《突厥史导论》（Introduction），第 117~120 页；关于蒙古的起源神话，见罗依果（de Rachewiltz）译《蒙古秘史》（Secret History），尤其是第 1~16 页。

发明——自己的文化传统。十世纪初，契丹统治者就下令创制文字。[①] 他们也有自己独特的发式，以作为族群的标志。不过，他们并不像女真人、满人那样要求汉人也要采取这般做法。[②] 后来，朝廷还下令制作礼书，协调汉与契丹的祭祀传统。[③] 上文已经提到，朝廷试图整饬葬俗，可能也是为了要建立一套与汉人相当又不同于汉人的契丹礼仪秩序。

然而，将草原帝国治下林林总总的部落纳入同一个族群之中的措施有时并不现实（在政治上也未必有益），尤其是当部落之间存在着深刻的文化、语言差异的时候。因此，大型草原帝国常被视为多民族政权。从一开始，清朝就建立起一整套制度，将满、蒙、汉区分开来。[④] 辽朝也区分契丹人、渤海人、奚人、汉人。一些职官名尤其能体现出区别这四个族群的制度建制——如"崇德宫汉儿渤海都部署"。[⑤]

242

---

① 更准确地说，契丹人创制了大字与小字，不过两者都还没有完全破译。关于近来对契丹文字的研究，见康丹（Kane）《契丹语言与文字》（*Kitan Language*）。

② 契丹人剃光头顶，让鬓角周围的头发长长，好垂下来披在肩上。见杜希德、蒂策《辽朝》，第46页；关于壁画中的契丹发式，见《宣化辽墓》，图5、7、10、30、31。用男子发式来区分部族是草原上常见的做法。匈奴男子留辫子，突厥人的头发就散着，蒙古人把头发编在耳朵后面，女真人、满人留长辫。出土匈奴人辫子的照片，见艾热格曾（Eregzen）编《匈奴珍宝》（*Treasures of the Xiongnu*），第110~111页；关于突厥发式，见魏义天（de la Vaissière）《粟特商人史》（*Histoire des marchands sogdiens*），图2。蒙古发式见罗依果译《蒙古秘史》，第310~311页。女真人与满人的情况见福赫伯《东北丛林中的民族：契丹与女真》（"Forest Peoples of Manchuria"），第417页；福赫伯：《金朝》，第281页；魏斐德：《洪业：清朝开国史》，第60、646~650页。

③ 见魏特夫、冯家昇《中国社会史·辽》，第263页。

④ 满、蒙、汉的区别集中体现了清初的族群制度。见欧立德《八旗之道》，第72~78页。

⑤ 向南编《辽代石刻文编》，第185、250页。

在第一章中我们还提到，辽朝派往宋朝的使节，正使总是契丹人，副使总是汉人。族群差异还体现在宫廷礼仪的层面。因此，从官服就可以区分代表草原与代表幽云十六州的官员。①

大型草原帝国驾驭着不同的民族，这为其统治带来了许多困难；尤其汉人族群，其人口远远超过统治者所属族群，且对草原政治文化又非常陌生。② 对于这一问题，解决方法之一是所谓的"族群主权"（ethnic sovereignty），即统治者主张自己的族群最适合进行统治。欧立德比较详细地讨论了清代构建的所谓"八旗之道"，即满人的武人精神让这一族群成为中国乃至域外的统治者。③ 辽朝也是如此。契丹人维系自己作为武士的身份认同，以合理化他们对多民族帝国的统治。④ 因此，宋朝的社会精英注重其经典学养与文学造诣，契丹人则标榜自己能征惯战，孔武有力。这也可以解释为什么契丹型墓葬中常有武器马具陪葬，而华北型墓葬中则无此类随葬品。此外，独特的辽代木构砖建筑与辽代帝陵，或许也反映出契丹人试图构建与汉人相当但又不同于汉人的王朝传统的努力。⑤

---

① 杜希德、蒂策：《辽朝》，第 77 页。
② 魏特夫、冯家昇认为，汉人占辽朝总人口的 63%，契丹人只有 20% 左右。（《中国社会史·辽》，第 58 页）。清代满汉人口的比例则更为悬殊。
③ 欧立德：《八旗之道》，尤其是第 4～10 页。
④ 见包弼德《寻找共同的基础：女真治下的汉族士人》，第 485 页。至于女真，"保持自己的身份，这显然符合他们的利益"。
⑤ 夏南悉：《辽：形成中的建筑传统》（"Liao: An Architectural Tradition in the Making"）；夏南悉：《辽代建筑》（Liao Architecture），第 401～405 页。辽朝建立者阿保机的陵墓也可以体现辽代帝陵与唐宋的差异。唐宋帝王通常葬在小山一般的陵墓下，阿保机则葬四面山脊的山谷中。见董新林等《内蒙古巴林左旗辽代祖陵考古发掘的新收获》；这一山谷在卫星地图上的坐标为 43.888N，119.109E。

第二种解决办法，就是建立一套"二元体制"，允许汉人 　243
和其他族群以自己的职官、司法制度管理自身。① 因此，在契
丹获得幽云十六州以后，就确定了"以国制治契丹，以汉制
待汉人"的基本国策。② 辽朝继而参照唐制设官分职，并开设
科举选拔官员。③ 为了使"二元体制"顺利运行，就要让汉人
的生活区域相对独立于帝国其他地方。当然，经过许多个世纪
以来汉与各民族的迁徙，东北亚的人群构成已经非常复杂。但
辽政权还是希望且有能力把握族群分布。例如，为了防止不同
部族争夺可供放牧的水草，朝廷将不少部落迁往新的牧场。有
时，政府还把整座汉人、渤海人的村庄迁到新的地方——或是
为了防止叛乱，或是为了建立工匠、农民的聚居地，或是出于
其他的战略考量。④ 因为辽朝经常通过强制迁徙来控制族群分
布，它就可以保证幽云十六州始终是汉文化主导的区域。这样
一来，尽管辽朝统治着这一区域，这里的居民在文化习俗上仍
然与南边宋朝的同胞相仿，进入十一世纪之后依然如此。

小　结

基于出土墓葬，本章考察了十一世纪东北亚族群与文化的

---

① 福赫伯：《多民族社会中作为整合要素的国家角色》（"Role of the
State"），第 102～104 页；巴菲尔德：《危险的边疆》，第 97～98 页。来
自草原的统治者，从鲜卑人到蒙古人与满人，以汉地的方式统治汉人；
这一现象在很多时候被误解为这些族群不可避免地"汉化"。对这一立场
的批评，见欧立德《八旗之道》，尤其是第 26～32 页。
② 《辽史》卷 45，第 685 页。
③ 杜希德、蒂策：《辽朝》，第 77～79 页；魏特夫、冯家昇：《中国社会史·
辽》，第 454～456 页。
④ 魏特夫、冯家昇整理了辽朝不同时期不同地点处安置汉人、渤海人等族
群的情况，见《中国社会史·辽》，第 62～83 页。

244 分布状况，并考察了族群、文化地理与地缘政治环境的关系。十一世纪东北亚的地缘政治有其特殊之处。宋辽边境横亘在辽阔的华北平原上。显然，边境两侧的人们有着共同的文化，但出土墓葬告诉我们，随着时间的推进，宋辽边境两侧呈现出一些文化差异。最为明显的区别在于火葬：辽代汉人间盛行火葬，而华北平原隶属于宋的部分则少有这样的习俗。辽朝对佛教的推崇可以帮助我们理解这一墓葬文化的差异。澶渊之盟对人员跨境有相对严格的规定，这也使得宋辽人群各守本境。

与宋辽汉人间逐渐形成的文化差异相比，辽国南北两部分之间呈现出更为明显的文化鸿沟。通过考察东北亚墓葬的物质文化，我们发现华北与草原有着截然不同的习俗与观念。契丹型墓葬中有武器与马具随葬，这或许来源于草原游牧武人的习俗。与之相对，汉人墓中几乎就没有这样的物品。无论是在辽境还是宋境之内，华北型墓葬都呈现出身后宴会的风貌。人们开始相信墓葬壁画上的乐师、美食，同样可以供死者享用。这样的观念进一步促成了"芳宴"的流行。"虚拟的现实"可以有真实的效力，这一信念也体现在汉地的其他葬俗中，焚烧纸钱、纸房子或其他纸制供品的行为十分流行，这些风俗甚至在八世纪的文献中便有所记载。①

即使在契丹统治幽云地区两百多年后，燕山南北依然有着巨大的文化差异。我们应如何解释这一现象呢？为什么燕山以南几乎就没有契丹型墓葬文化的随葬品或墓葬形制出土呢？要理解华北－草原文化分野的延续，辽朝的族群政策是一个不可绕过的议题。辽朝并不像宋朝那样，把自己看作一个基于

① 封演：《封氏闻见记》卷6，第60~61页。

国族认同的国家。这是一个多民族的帝国，致力于将不同族群维持在帝国统治之下。它通过祖先与文化区分人群，这一点和部落政治的基本原则一致。它也认为不同文化下可以有不同的司法与行政体制，因此在幽云十六州地区汉人可以根据自己的传统管理自身。正是这些政策，使得汉文化与契丹文化并行不悖，彼此共存。

245

　　下一章，我们会回到本书最关心的问题，即北宋朝堂上的人们如何理解"中国"及其在世界中的位置。我们知道，大量朝廷官员在南北间行走。他们从河南的宋都一路前往辽朝的都城，有机会亲身体验东北亚的族群分布与族群政治。辽朝基于族群管理人群的种种方式会影响他们的政策观，而辽朝南北的巨大文化差异，更会给他们留下深刻印象。

第六章　华夏空间与汉人认同

　　在之前的章节中我们说到，在宋人乃至后来人心中，燕云十六州已然成为国族的一种象征，令爱国之士为之扼腕愤慨。这背后有着这样一种观念：虽然在宋兴以前，契丹人就获得了这片土地，但这里是"汉唐故地"；汉人世世代代生活在这里，他们希望汉人政权可以收复这里，以让他们回归正统。换言之，在宋人眼中，这里是华夏的沃土：田野间是说着汉语的农夫农妇——我们或许可以将这样的区域称为"华夏空间"。"华夏空间"的观念显然与许多现代民族国家的领域观念相仿：这是一个有着共同文化的区域，每个角落都拥有相同的文化属性，而这一属性又构成一种共同的特征，这里的每一个地方都区别于相邻政治实体的统治空间。

　　唐代人看待东北亚尤其是幽州的态度就截然不同了。八世纪初，人们会说这里是半胡化的地区，这里的人彪悍、自大。[1] 安禄山以此为根据地发动叛乱，从此这里又以好反叛而著称。[2] 含有贬义的"河北旧"一词指的便是河北的藩镇不尊朝命、父子相袭、专横跋扈。[3] 九世纪的时候，杜牧讲述了一

---

① 蒲立本（Pulleyblank）：《安禄山叛乱的背景》（*Background of the Rebellion of An Lu-shan*），第 79 页。

② 如《旧唐书》卷 200 下，第 5386 页。

③ 彼得森（Peterson）：《中唐和晚唐的宫廷和地方》（"Court and Province"），第 548 页。

个叫卢霈的河北人的故事。他平时做的事情，就和草原上的蛮
夷没什么区别；到了二十岁的时候，他还不知道周公、孔子。　247
相反，他"击毬饮酒，马射走兔；语言习尚，无非攻守战斗
之事"。[①]　二十世纪中期，史家陈寅恪引了这段文字，来说明有
唐一代因为各种北方部族南迁，河北已经"胡化"。[②]　当时河北
是否有这种变化，这是另一个问题。更重要的是，唐人认为河
北就是化外之地，那里的居民就是比中原腹地之民更为野蛮。

　　唐人觉得幽州是未充分开化的边陲，但到北宋中期，即便
朝廷的主和派也毫不怀疑这里就是华夏故土，生活在这里的居
民就是手足同胞。我们该如何理解唐宋人对幽燕的不同态度
呢？事实上，对于燕地的不同认识，反映了他们对王朝疆域的
不同认知。把握这一转变，我们才能理解宋朝精英间形成的国
族意识。

　　本章探讨燕地是如何被纳入"华夏空间"的；我们会追
索宋朝使辽官员的经历。我们已经讲过，这些人代表了当时高
级别的社会政治精英。在第一章中我们发现，这些使节的文字
反映出宋辽官员间有密切的来往。在这个过程中，辽朝族群政
策背后的一些观念（详见第五章），可能也进入了宋人的思想
世界。对于经历了不同文化的宋朝官员来说，他们的旅行经历
同样重要；对此，蓝克利已经注意到了。[③]　宋朝的官员们一路
远行，进入欧亚草原的东南部，对东北亚的文化与地理风貌有
了亲身的体会，他们进而把获得的第一手的资料记录在日录或

---

① 《杜牧集系年校注》，第 3 册，第 767 页。

② 陈寅恪：《唐代政治史述论稿》，第 26 页。

③ 蓝克利：《从非我族类到彼此有别：十一世纪宋人使辽录研究》（"De
l'étrangeté à la différence"）。

诗文中。这些直接的认识改变了他们对"中国"及其在世界
中的位置的看法。

248 作为旅行者的宋代精英

在澶渊之盟之后的一个世纪里，宋朝使节沿着固定的路线
出使辽朝（图6-1）。他们从雄州北界渡过白沟河进入辽境。①
从这里开始，辽方接伴使将陪同他们前往辽廷。再走四天，他
们会到达燕京，即辽朝的南京。通常他们会在这里逗留两个晚
上，然后启程。起初，使节的路线大体和今天北京的机场快线
相仿，他们经过东北方向的望京再继续北上。然后他们向燕山

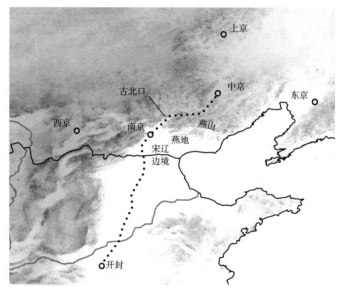

图6-1　宋使入辽路线

① 路线图基于下文所列的使辽录。聂崇岐的《宋辽交聘考》于第22页简要
描述了这一路线。

进发，五天后到达古北口。再过十天，他们会到达辽中京——
遗址在今天内蒙古赤峰的宁城。有时辽朝皇帝会在这里接见他
们，他们就不用再走了。还有一些时候，使团需要继续进发，
前往契丹大汗迁徙中的捺钵行在，具体路程就不一定了。大多
数官员会往北再走半个月，沿着东北平原西缘的大兴安岭，最
终渡过宽阔的西拉木伦河。这之后，他们很快就会到达目的
地，辽上京（今天内蒙古巴林左旗），或是辽天子在上京周边
的行在。整场旅途单程需要花上一个月甚至更久，其中约三分
之一的时间——从白沟河到古北口——在燕地度过。

　　使辽的官员在日录或是诗作中写下他们的见闻。到了十一
世纪中期，朝廷要求所有使节逐日记录见闻。[①] 有八种这样的
日录完整或部分地被保存了下来（见表 6 - 1）。[②] 一些目录非
常简单，比如王曾（978～1038）的记录，基本只写了路线与
路程，间或记载一些作者觉得值得一提的事情。还有一些日录
篇幅更长，信息量也更大。沈括以博学著称，其纪行尤为详
尽。1075 年上奏朝廷的时候，还配有记载山川风俗的《使契
丹图》，只是这些图今已不存。[③] 表 6 - 1 中还有余靖对契丹体
制与社会的记述，其中也包括了他三次使辽的记述。最后，
1125 年许亢宗（1135 年殁）出使女真时，也进入了契丹的东
部领土，其记述亦收入表中。

249

---

①　傅乐焕：《宋人使辽语录行程考》；蓝克利：《从非我族类到彼此有别》，
　　第 104 页。
②　赖大卫：《从战争到对等外交》，第 175～183 页；另见赖大卫《使辽语录》，
　　第 63～88 页；傅乐焕：《宋人使辽语录行程考》；福赫伯：《宋代使节：
　　一个总体的观察》。
③　《宋史》卷 333，第 10655 页；让－雅克·苏伯莱纳（Subrenat）：《沈括》
　　（"Shen Kua"）。

250

表 6-1 存世使辽日录与奏章

作者	出使时间	出处[a]
胡峤 （活跃于 950 年代）	947~953	文本：《新五代史》卷 73，第 905~908 页；叶隆礼：《契丹国志》卷 25，第 237~240 页。研究：贾敬颜：《胡峤陷辽记疏证》。
路振 （957~1014）	1009	节本：路振：《乘轺录》；残本：江少虞《宋朝事实类苑》卷 77，第 1010~1016 页；研究：贾敬颜：《路振乘轺录疏证稿》。
王曾 （978~1038）	1012	文本：叶隆礼：《契丹国志》卷 24，第 230~232 页；《长编》卷 79，第 1794~1796 页；《宋会要·蕃夷》二之六至九。研究：傅乐焕：《宋人使辽语录行程考》，第 176~181 页。
薛映（945~1021）与 张士逊（964~1049）	1016	文本：《长编》卷 88，第 2015 页；叶隆礼：《契丹国志》卷 24，第 232 页；《辽史》卷 37，第 441~442 页。研究：傅乐焕：《宋人使辽语录行程考》，第 172~174 页。《契丹国志》误将之归于富弼（他直到 1042 年才使辽）。
宋绶 （991~1040）	1021	残本：《长编》卷 97，第 2253~2254 页；《宋会要·蕃夷》二之九至十一。
余靖 （1000~1064）	1043	文本：《全宋文》第 27 册，第 104~107 页。
陈襄 （1017~1080）	1068	文本：《全宋文》第 50 册，第 228~237 页。
沈括 （1031~1095）	1078	文本：《全宋文》第 77 册，第 377~383 页。研究：贾敬颜：《熙宁使契丹图抄疏证稿》。
张舜民 （约 1034~约 1100）	1093	残本：叶隆礼：《契丹国志》卷 25，第 240~242 页。
许亢宗 （1135 年殁）	1125	文本：确庵、耐庵：《靖康稗史笺证》，第 1~43 页；宇文懋昭：《大金国志校证》第 2 册，第 559~581 页。

说明：a. 一些文本有英文译本；见 Wright, *Ambassadors Records*。

　　除了使节日录，这些官员与他们的随从还会一路赋诗。第
一章中我们着重讨论了宋辽使节宴饮间的唱和。但使节们的诗
兴不限于宴会之间，他们还会描写沿途风光。这些史料还没有
得到足够的注意，因为它们往往散见于作者的文集。表 6 - 2
系联了十一世纪不少诗人的出使诗，其中既有北宋著名文人欧
阳修、苏辙，也有十一世纪后期的宰相，如王安石、王珪与苏
颂。苏颂文集中的两组诗非常有趣。和沈括一样，苏颂也是科
学家、发明家，他与人合编了药学著作《本草图经》，还向朝
廷进献了包括机械钟设计图在内的《新仪象法要》。① 他编纂
了两百卷的《华戎鲁卫信录》，记载辽朝风俗与外交文字。②
尽管该书今已不存，他出使时留下的诗作包含了大量生态、地
理与游牧风俗的信息。③

252

表 6 - 2　笔者系联的使节间的唱和

251

诗人	出使时间	出处[a]
韩琦 （1008~1075）	1038	韩琦：《安阳集编年笺注》第 1 册，第 166~170 页。
王珪 （1019~1085）	1051	《全宋诗》第 9 册，第 5957、5969~5971、5991~5992、6005 页。
刘敞 （1019~1068）	1055	《全宋诗》第 9 册，第 5658、5731、5793、5801、5810、5835、5844~5845、5852、5856、5869、5871、5876、5880、5903、5905、5907~5910、5913、5916~5917、5926、5928~5929、5939、5942~5943 页。

① 宫下三郎：《苏颂》。
② 该书仅存其总序，见苏颂《苏魏公文集》卷 66，第 1003~1006 页。
③ 如苏颂《苏魏公文集》卷 13，第 170、171、173、175 页；《全宋文》第 9 册，第 5845、5917 页。

续表

诗人	出使时间	出处[a]
欧阳修 (1007～1072)	1055	欧阳修:《欧阳修全集》第 1 册,第 87、91～93 页,第 2 册,第 202～204 页,第 3 册,第 769、811、818 页。刘德清《欧阳修纪年录》收录了这些作品。
沈遘 (1025～1067)	1059	《全宋诗》第 11 册,第 7519～7523 页。
郑獬 (1022～1072)	1062	《全宋诗》第 10 册,第 6819、6821、6852、6882～6883 页。
王安石 (1021～1086)	1062	王安石:《王荆公诗注补笺》卷 3 第 59～60 页,卷 7 第 143～145 页,卷 12 第 235～236 页,卷 14 第 269 页,卷 16 第 300～302 页,卷 23 第 408、411～412 页,卷 24 第 430、440 页,卷 25 第 454 页,卷 29 第 538～539 页,卷 30 第 553～554,卷 33 第 618～620 页,卷 34 第 625～626 页,卷 45 第 881～882 页。另见张涤云《关于王安石使辽与使诗的考辨》;《全辽诗话》,第 286～290 页。
陈襄 (1017～1080)	1067	《全宋诗》第 8 册,第 5082、5090～5092 页。
苏颂 (1020～1101)	1068、1077	苏颂:《苏魏公文集》卷 1,第 160～177 页。
苏辙 (1039～1112)	1089	苏辙:《苏辙集》卷 16,第 317～323 页。
彭汝砺 (1042～1095)	1091	《全宋诗》第 16 册,第 10471、10491、10504～10505、10546、10552～10554、10565～10566、10589、10602、10614～10615、10617、10635～10637 页。
张舜民 (约 1034～约 1100)	1093	《全宋文》第 83 册,第 10471 页;《全宋诗》第 14 册,第 9678、9679、9685、9692 页。
刘跂 (1117 年殁)		《全宋诗》第 8 册,第 12196～12198,12213～12214 页。

说明：a. 许多诗作亦收录于《全辽诗话》,第 266～333 页。

在分析这些材料的时候，我们需要注意到，公务差旅与旅行书写已经是宋代精英生活中的一个重要环节。在宋代，精英出门旅行，大多数时候还是因为公差，不像明清时期，许多没有官职的士绅也会踏上旅途。宋廷把官员从开封派往帝国的其他许多地方，使他们对王朝疆域有整体的了解。远行赴任的时候，他们走官道，住官驿——赴辽使节大体上和他们相仿，也享受这些待遇。[①] 路上，他们可以和同事或朋友碰头，享用美酒、佳肴，再写一些诗——宋辽使臣间的宴饮也与之相似。宋朝的官员通常有足够的时间赴任，这意味着他们不用急着赶路，沿途可以自由拜访想去的地方。[②] 因为有这样的机会游览名胜，也因为十一世纪出版文化的蓬勃发展，旅行文学在北宋有了很大的发展，既有散文游记，也有旅行日志——使辽日录也正是这一文化的产物；当然，还有大量诗词。

253

　　旅行文学继而催生了"文化朝圣"活动。一些山麓、古刹、历史古迹渐渐就成了名胜，因为一代代的旅行者在赴任途中经过这里，留下诗文；这些文字以石碑、摩崖的形式留在当地，或者借助雕版和纸张广为士大夫所知。[③] 到了南宋，人们可以参考地方志或全国总志，来了解帝国各处有哪些名胜值得一去。[④] 虽然很多地方以自然风光见长，真正吸引游人的却是当地的文化光环，还有其中浓缩的怅然往昔。[⑤] 出使文学与之相似。使节的路线是固定的，沿途本来平淡无奇的场所因一批

---

①　张聪：《行万里路》，第 43 ~ 68、83 ~ 110 页。

②　同上书，第 76 ~ 81 页。

③　同上书，第 154 ~ 179 页。

④　同上书，第 202 ~ 206 页。

⑤　三世纪的古战场赤壁就是如此。因为苏轼写了两篇赋，陆游、范成大也在十二世纪前来追寻苏轼的足迹，并留下了诗文；周围的风景反而是三世纪的战场反而不重要了。关于那些和苏轼有关的景点，见上书第 180 ~ 206 页。

批使节的到访成为不可错过的景点。之前北赴契丹的旅行者在
日录或诗文中记录了当地的风貌，后来的使节也会在此驻足，
欣赏前人登临的胜迹，并赋诗表达自己的感受。就这样，一批
批的使节在经过古北口的时候都会驻足于杨无敌庙，纪念当年
的名将杨业（986 年殁）。[1] 许多旅行者还会在"聚仙石"停
下来写诗，[2] 这里的石头看上去像仙人碰头。自然，在"思乡
岭"前也是如此。[3]

旅行与世界观的转变

宋代的知识精英们普遍视旅行为一种修身养性的宝贵体
验，这一观念促进了旅行文学的繁荣，对此张聪已有论述。[4]
十一世纪中期的学者胡瑗（933～1059）说：

> 学者只守一乡，则滞于一曲，则隘吝卑陋。必游四
> 方，尽见人情物态，南北风俗，山川气象，以广其闻
> 见。[5]

有出使诗存世的苏辙描述过旅行经历如何改变了自己：

---

① 苏颂：《苏魏公文集》卷 1，第 162 页。《苏辙集》第 1 册，第 319 页。
《全宋诗》第 9 册，第 5916 页；第 16 册，第 10504 页。
② 苏颂：《苏魏公文集》卷 1，第 164 页；《全宋诗》第 9 册，第 5992 页，
第 16 册，第 10546、10589 页；《全宋文》第 77 册，第 380 页。
③ 《苏辙集》第 1 册，第 319 页。《全宋诗》第 9 册，第 5871、5991 页；第
14 册，第 9692 页。《全宋文》第 77 册，第 379 页。
④ 张聪：《行万里路》，特别是第 162～167 页。
⑤ 王铚：《默记》卷 3，第 51 页；英译参照张聪《行万里路》，第 162 页。

　　辙生十有九年矣，其居家所与游者，不过其邻里乡党
之人，所见不过数百里之间，无高山大野可登览以自广。
百氏之书虽无所不读，然皆古人之陈迹……故决然舍去，
求天下奇闻壮观，以知天地之广大。过秦、汉之故都，恣
观终南、嵩、华之高，北顾黄河之奔流……至京师，仰观
天子宫阙之壮……而后知天下之巨丽。①

旅行拓宽人的视野，让人直接面对天下壮观，感受天地之大，
这些都是在读书时得不到的体验。宋人深知旅行的意义，因此
人们重视亲自游历后写下的文字。宋代学者尤其赞赏史家司马
迁（约前145～约前86），他走遍了帝国的各个角落，收集第
一手资料，从而写成了不朽的名篇。②

　　旅行如此，出使亦然。1029年出使辽朝时，苏耆（987～
1035）以近乎虔敬的态度，在诗中记录着他所见到的土地山
川——一切"备然尽在"；当他回到开封以后，他将诗作编成
一集，当时"人争布诵"。③争论时务的时候，人们也会强调
自己在出使途中掌握了第一手信息。苏辙有《北使还论北边
事札子》五道，其中就提到要加强边检，防止宋朝的图书与
铜钱流出。④早些时候，我们的"王见喜"王拱辰同样基于
自己的出使经历建策朝廷。他主张在宋辽缘边州郡招募土丁
并加以训练，因为他在出使途中听说"契丹不畏官军而畏土

255

① 《苏辙集》第2册，第381页；英译参照张聪《行万里路》，第162页。
② 张聪：《行万里路》，第163～166页。
③ 《全宋文》第41册，第110页。
④ 《苏辙集》第2册，第747～748页。

丁"。① 不少重要的政治人物在出使契丹以后都写过这样的札子，如富弼、吕陶、张方平。② 因为人们重视出使途中收集的信息，人们也从使辽日录中提取军事情报。③ 例如，十一世纪的军事文献《武经总要》就从 1012 年的使辽日录中摘抄出了不少关于燕京的信息。④

实际上，宋人出游或者出使写成的文字，与其说是在汇报边陲的实际情况，更多的还是在反映已有的套路和模板。总体上，我们可以把宋人乃至后人的边陲书写和西人的"东方主义"放在一起比较。宋人不仅以自己的文化立场来解读所见所闻，他们还选择特定的对象，在日录、诗作中大书特书。因此，在宋代旅行书写中，我们可以对作者不同的"观"法加以区别——或是居高临下地审视，或是对周遭充满好奇，从而得出作者为自己和被观察对象间事先预设的关系。当然，这并不是说旅行体验对当事人的世界观没有任何影响。琼－宝·卢比埃（Joan-Pau Rubiés）细致地追索了文艺复兴时期西欧的印256 度书写；他认为，当时的西欧人有能力解读不同的文化体系，但有时他们还是会通过西欧的类似实践来理解自己的见闻。在卢比埃看来，萨义德意义上的东方主义并不源于这些第一手的描述；相反，东方主义滥觞于后世归纳、整合这些一手资料的

----

① 《长编》卷 127，第 3007 页。

② 《长编》卷 150，第 3639、3650、3654 页；《全宋文》第 73 册，第 180、181 页；《长编》卷 138，第 3326～3327 页。另见《全宋文》第 50 册，第 41～42 页；《长编》卷 242，第 5906 页。

③ 福赫伯：《宋代使节：一个总体的观察》，第 137～139 页；赖大卫：《从战争到对等外交》，第 179～180、183～184 页。

④ 比较《武经总要》"出北门，过古长城"以下的内容（前集卷 22，第 2页）与《长编》卷 79，第 1795～1796 页。

作者。①

在立论的过程中，卢比埃已经认识到直接的跨文化经历会拓展人的视野，让人们重新思考自己在世界中的位置。澶渊之盟以后的北宋史之所以重要，恰恰在于当时许多人通过南北交聘，有了这样的跨文化经历。不同于文艺复兴时期前往印度的欧洲人，使辽的宋人涵盖了相当一部分政治精英，其中甚至包括欧阳修、苏轼等当时最著名的文人。这些人物引领着当时的政策与文化走向。通过体会塞外之旅如何改变了这些人的世界观，我们就可以更好地理解为什么新的认同观念会在十一世纪的宋代出现。

基于宋人的旅行书写，本章余下的部分将检视出使官员在路上的所见所感，并考察这些经历如何影响了他们的世界观。东北亚地平线上的三个特征尤其令他们印象深刻。第一，几乎所有人都会惊叹燕山南北地貌的迥异，对他们来说，燕山就是一道天然的屏障。第二，翻过燕山以后，他们都感到风俗文化为之一变，并由此更加认识到燕山以南华夏空间的独特性。第三，许多旅行者都详细记述了燕地的汉人。这三点尤其值得我们注意，因为燕山南北在地理、生态、文化上确实呈现出巨大的差异——考古等实证研究已经证实了这一点。以此，我们就可以理解为什么这些宋人因所见而有所感，我们也可以更好地理解他们的所见所闻如何影响了他们的自我认同。

---

① 琼－宝·卢比埃：《文艺复兴时期的旅行与民族学：欧洲人眼中的南印度》（*Travel and Ethnology*）。关于后人如何阅读这些行纪以及东方主义如何诞生，详见该书第 291 ~ 292 页。

257 "限南北"的"天险"

假设我们身在今天中国的首都北京；假设此时天气极好，或许是因为雨后的初霁，我们就能多少体会宋人进入这一地区时的感受。登上市中心的高地，譬如景山公园，然后向西向北眺望，群山逶迤，绵延天际（见图6-2）。这些山脉截住了广袤的华北平原，燕山以南，一马平川。如果我们坐上旅游巴士，去北京北郊看看明长城，我们会发现城外平坦的农田突然消失不见。如果我们时间宽裕，还可以从上海或更南边的地方坐火车进京然后继续北上，这时我们就会发现华北平原是那样的辽阔，直到抵达燕山脚下的时候，上千公里的旅途中才迎来了第一座山脉。

宋代使辽书写中最常见的主题之一，就是燕地的地势。渡过标记宋辽边界的白沟河以后，宋使苏颂曾有"青山如壁地如盘"之句，说的就是他进入燕地北望燕山的感受。[1] 继续向北，进入顺州，刘敞也感受到了平原进入山地的转换。从马上望向群山，他写道："平原不尽对群峰，翠壁回环几万重。"[2] 这些旅行者不难将群山联想成一道天然的"壁"，一道分隔华夷的天险。苏辙这样写道：

> 燕山如长蛇，
> 千里限夷汉。
> 首衔西山麓，

---

[1] 苏颂：《苏魏公文集》卷1，第161页。
[2] 《全宋诗》第9册，第5913页。

图6-2 从北京遥望燕山

尾挂东海岸。①

到了宋人出华北平原的古北口，苏辙又赋诗一首，再一次指出"夷汉封疆自此分"。②今天八达岭附近的居庸关，即所谓"两壁如夹城，行人贯众鱼"。郑獬着重指出其军事意义："一夫扼其键，万马不能趋。"③ 胡峤日录中对石门关也有类似的观察，即"关路崖狭，一夫可以当百，此中国控扼契丹之险也"。④ 相较居庸关，古北口的军事意义自然有过之而无不及，王曾在其纪行中这样写道：

> 两旁峻崖，中有路，仅容车轨；口北有铺，彀弓连绳，本范阳防阨奚、契丹之所，最为临束。⑤

王曾继而总结道，前代犯边大体在营州、平州，当地狭长的沿海平地连接了华北平原与东北南部的肥沃低地，构成了这一天然屏障的缺口。

燕山地势蔚为壮观，又兼具拱卫华北平原的功能，时人将燕山走势视为上天有意为之的结果，也就在情理之中。当十一世纪初的使臣路振来到古北口的时候，他在日录中写道："崖壁斗绝，此天所以限戎虏。"⑥ 数十年后，苏颂跋涉于此，同

---

① 《苏辙集》第1册，第319页。
② 同上。
③ 《全宋诗》第10册，第6821页。
④ 《新五代史》卷73，第905页。
⑤ 《长编》卷79，第1795页。
⑥ 路振：《乘轺录》，第2页。

样感叹这一"天险"有"限南北"之功。[①] 刘敞同样感慨于这"万里亘东西"的群山。在越过燕山的当天，他写道："今朝识天意，正欲限华夷。"[②] 同样在路过古北口时，韩琦也曾写道："东西层巘郁嵯峨……天意本将南北限。"[③]

当然，把燕山看作"天险"或天然屏障，这也符合当时流行的天下地形观。如果我们比较宋代地图中的"一行两戒图"（见图 4-1），我们就会发现一行的北戒（北界）一路向东，尽于燕山。一行当然是宋以前的人，他的地理理论应当在澶渊之盟以前就形成了，他的模型可能影响了十一世纪旅行者看待周围山川的方式。然而，毫无疑问的是，由燕地往北，地势突然发生了很大的变化。无论十一世纪的旅行者还是今天的游客，都不会错过。北宋使臣的经历被写入诗文，继而强化了时人这样的信念：燕山是华北的门户，上天有意要保护中原良田不受游牧部族的掠夺。要之，使臣们的经历不仅仅是一行地图流行下的产物，也可以解释为什么一行地图会在宋代广受关注。

260

作为华夏空间的燕地

吸引宋代旅行者的不仅是燕山地势，还有燕山南北的不同风貌。越过宋辽边界，进入辽朝治下的河北北部，周围的环境不会有很大变化。然而，一翻过燕山，迎接使臣们的就会是全然不同的风景：他们熟悉的历史遗迹不见了，代表着他们所熟悉的文明的地标也消失了；取而代之的是另一种文化生态，还

---

① 苏颂：《苏魏公文集》卷 1，第 162 页。
② 《全宋诗》第 9 册，第 5835 页。
③ 韩琦：《安阳集编年笺注》第 1 册，第 170 页。

有汉人以外的族群部落。此处值得注意的是，这些使臣作为宋朝的政治精英，早前在赴任途中就游历过宋朝的许多地方。他们有着对宋境上下全景式的了解，因此也就可以想象华夏空间总体上是怎样的。

宋代的知识阶层都受过经学与史学的训练，对他们来说，前代历史遗迹是自身文化与文明的地标。① 使臣们在燕地会发现许多历史古迹，但出了燕山之后他们就没有这样的经历了。在这个意义上，他们把燕地视作华夏空间。例如，进入辽界后不久，沈括就沿着一条运河北上。在他看来，这是当年隋炀帝为了远征高句丽修建的。② 几十年后，许亢宗在更靠东的地方又遇到了一条运河，他说这是当年曹操（155～220）为了运输军需物资而修建的。到达营州以后，许亢宗又表示，这座城一定是上古的圣人舜建立的。③ 在燕京城及其近郊，使臣们通常会造访几座古庙：华严寺里据说存有 979 年宋太宗北伐幽州时留下的手迹；④ 悯忠寺是唐太宗为阵亡将士而建的；⑤ 国业寺也是唐代的古刹，这里的"石经院"指的是刻在东峰石上的无数唐代佛经，其遗迹在今天北京西南郊的石经山上仍然可以看到。⑥

从燕地继续向北，宋使就会发现，江山胜迹到此为止。胡

---

① 蓝克利：《从非我族类到彼此有别》，第 109～110 页。

② 《全宋文》第 77 册，第 378 页。

③ 确庵、耐庵：《靖康稗史笺证》，第 10、16 页。

④ 江少虞：《宋朝事实类苑》卷 77，第 1012 页。

⑤ 《长编》卷 79，第 1795 页。629 年唐太宗建了七座佛寺，来悼念为大唐龙兴而阵亡的将士，这是其中一座。斯坦利·威斯坦因（Weinstein）：《唐代佛教》（Buddhism under the T'ang），第 13 页。

⑥ 路振：《乘轺录》，第 1 页。

峤出居庸关，王曾走古北口，许亢宗经榆关。这三人的身份、任务不同，也以三条不同的路线翻过燕山。然而，他们都注意到，出了燕地以后，道路再无"里候"，即汉地用于标记里程的石碑。① 在宋人的旅行文学中，里候对走官道赴任的官员有着特殊的意义。② 此外，即使是最简洁的使辽录也会提到"古长城"的遗址。路振、王曾、沈括都曾到过燕京与东北方向望京（孙侯）馆之间的古长城。③ 沈括与张舜民从顺州北过燕山，因此他们还会在稍北的地方发现长城遗址。④ 苏颂在古北口，感慨"秦王万里城"。⑤ 许亢宗也写了渤海边山海关一带的古长城；他还说，出了长城，再"无古迹可云"。⑥ 史学家与考古学家已经确认，他们见到的古长城其实是六世纪中期北齐修的长城。⑦ 但在苏颂以外，还有很多人将其错认为秦长城。张舜民在其《长城赋》中甚至还说，古北口长城脚下仍有"朽骨"可见。⑧ 宋人将自己之所见认作一千多年前秦始皇长城遗址的误会说明了一些问题。这提示我们，在宋人看来，眼前的荒城代表了古往今来分隔内外的边界。

　　燕山以外，不仅没有了熟悉的历史古迹，文化生态也截然

262

---

① 《新五代史》卷 73，第 905 页；《长编》卷 79，第 1795 页；确庵、耐庵：《靖康稗史笺证》，第 19 页。据日本僧人圆仁记载，唐人每五里设一里候。见《入唐求法巡礼行记》赖肖尔（Reischauer）英译本，第 175～176 页。

② 张聪：《行万里路》，第 59～62 页。

③ 路振：《乘轺录》，第 1 页；《长编》卷 79，第 1795 页；《全宋文》第 77 册，第 378 页。

④ 《全宋文》第 77 册，第 378～379 页；《全宋文》第 83 册，第 260 页。

⑤ 苏颂：《苏魏公文集》卷 1，第 169 页。

⑥ 确庵、耐庵：《靖康稗史笺证》，第 19 页。

⑦ 谭凯：《长城与宋代的边境构想》，第 109～112 页。

⑧ 《全宋文》第 83 册，第 260 页。

不同。刚进入辽界的时候，苏颂还说，这里"千里耕桑"，和宋境内没有本质不同。① 在沈括看来，燕山脚下的顺州"桑谷沃茂"。② 一旦翻过燕山，宋使便纷纷注意到山川突然换了一种风貌。出榆关以后，许亢宗这样写道：

> 登高回望，东自碣石，西彻五台，幽州之地，沃野千里，北限大山……山之南地，则五谷、百果、良材、美木，无所不有。出关未数十里，则山童水浊，皆瘠卤，弥望黄茅白草，莫知其极。③

263　数十年前，苏辙从古北口越过燕山，在他看来：

> 燕疆不过古北关，连山渐少多平田。
> 奚人自作草屋住，契丹骈车依水泉。
> 骆驼羊马散川谷，草枯水尽时一迁。④

一边是在沃野良田上世代劳作的农夫农妇，另一边则是逐水草而居的牧民与牛羊；两者间的差异再清楚不过了。

因为两边文化差异巨大，很多宋人觉得这是天意使然。许亢宗描写了作为生态分水岭的榆关，继而强调"盖天设此以限华夷也"。⑤ 在王珪看来，古北口是这样的：

① 苏颂：《苏魏公文集》卷1，第161页。
② 《全宋文》第77册，第378页。
③ 确庵、耐庵：《靖康稗史笺证》，第17页。
④ 《苏辙集》第1册，第320页。
⑤ 确庵、耐庵：《靖康稗史笺证》，第17页。

> 来无方马去无轮，天险分明限一津。①

许亢宗着重强调的是农业生产方式的不同，王珪则注意到一边是
马匹拉车的农耕世界，另一边则是人人骑马的游牧世界。彭汝砺
在回程途中经过古北口，在这里他终于听到了熟悉的鸡鸣；对他
来说，这意味着自己回到了"吾土吾民"的家园：

> 雪馀天色更清明，野店忽闻鸡一声。
> 地里山川从禹画，人情风俗近燕京。②

虽然彭汝砺没有提到天意，但对他来说，古北口周围的燕山仍
然是造化的一部分：大禹治水，文明草创，从那时起，燕山就
代表了圣人对世界的分划。

　　当然，并不是所有宋人都把燕山南北写得这般泾渭分明。
翻过燕山继续向北，他们才会目睹真正的欧亚草原上的游牧社
会。在宋绶、沈括笔下，离开远在燕山以北的中京以后，宋使
才开始在帐篷下榻，这里就没有中原传统的官舍了。③ 也只有
在这些遥远的地区，他们才开始注意到草原型的城镇中心。在
这里，即使城墙之内依然有大量空地，可以让游牧的人群搭建
自己的帐篷。④ 同样，只有在到达中京以后，苏颂才注意到游

264

---

① 《全宋诗》第 16 册，第 10504 页。
② 《全宋诗》第 9 册，第 5992 页。
③ 《长编》卷 97，第 2253 页；《全宋文》第 77 册，第 380 ~ 381 页。
④ 《长编》卷 97，第 2253 页；《全宋文》第 77 册，第 381 页。路振也描述
　 了中京城墙内开阔地上的帐篷。江少虞：《宋朝事实类苑》卷 77，第
　 1012、1014 页。丹尼尔·罗杰斯（Rogers）等对此有精彩论述，见《东
　 部内亚的城市中心与帝国形成》（"Urban Centres"）。

牧的生活方式。他在一系列诗中描写了契丹人的帐篷、成群的
马匹、草原上围猎野兔的技巧，以及马上武人间的种种竞
技。①

　　许多宋人把燕山到中京的土地视为一个过渡地带；这里既
牧牛羊，也种作物。开展种植业不是不可能，只是在极端的气
候下困难重重。用彭汝砺的话说，出了古北口以后，"土地稻
粱少，岁时霜雪多"。②虽然"少"，但种植谷物的情况还是存
在的。同样，出燕山后不久，苏颂来到柳河，他写道："辽土
甚沃，而地寒不可种，春深始耕，秋熟即止。"③此外，沈括还
特别指出，这个地区一年只有四月至七月可以种地。④

265　　由于自然条件的限制，蓄养牲口对这一地带的农业经济构
成了重要的补充。刘敞指出："自古北口即奚人地，皆山居谷
汲，耕牧其中。"⑤越过同一口隘后，苏颂也有同样的观察：

> 居人处处营耕牧，尽室穹车往复还。⑥

王曾更为详细地描述了原始农业结合畜牧业的日常：

> 自过古北口，即蕃境。居人草菴板屋，亦务耕种，但

---

① 苏颂：《苏魏公文集》卷1，第171、173、175页。他所说的"围猎"，也
即后来蒙古人的"大猎"［"捏儿格"（nerge）］。见乔治·莱恩（Lane）
《蒙古帝国的日常生活》（*Daily Life in the Mongol Empire*），第107~114页。
② 《全宋诗》第16册，第10602页。
③ 苏颂：《苏魏公文集》卷1，第176页。
④ 《全宋文》第77册，第377页。
⑤ 《全宋诗》第9册，第5917页。
⑥ 苏颂：《苏魏公文集》卷1，第163页。

无桑柘；所种皆从垅上，盖虞吹沙所壅。山中长松郁然，
深谷中多烧炭为业。时见畜牧牛马橐驼，尤多青羊黄豕，
亦有挈车帐，逐水草射猎。①

王曾笔下就没有了上文所引的一刀切式的论述，即燕山天险分
隔华夷。但是，这一亦农亦牧的地区，仍是一片另类的土地
（alien land）。在这里，农家旁有牧民骑马，农户也以奇怪的
方式耕种。

　　和对地势的描写一样，从这里我们也可以注意到，旅
行途中人们基于已有的概念框架描述所见所闻。在勾勒地
势的时候，宋人援引天然疆界的理论，也说天意使然。当
他们论及山北文化生态的变化的时候，他们还是会诉诸天
意。他们也会从自己的文化立场出发，追索途中的历史古
迹，有些时候会搞错，把眼前的景象当作更久以前的遗迹。
虽然宋人基于自己的文化来理解北上途中的见闻，但我们
还是可以发现，一些场景格外引人注目。它们吸引了大多 266
数使臣，哪怕最简洁的纪行也会对其记上一笔。燕山不仅
仅是自然天险，还是一道文化分界线——我们在第五章中
已经可以清楚地看到这一点。尽管宋人在境内旅行的时候
也会注意到各地风土人情间的差异，但相较山北的游牧生
活以及亦农亦牧的经济，前者造成的冲击远比不上后者。
随着宋人穿过燕地一路向北，他们对自己关于华夏空间之
特殊性与华夷分界之具体位置的认知也越发确信。

---

① 《长编》卷79，第1796页。

燕　人

在宋人看来，燕山南北的差异不仅在于生态环境，也在于族群文化。他们记录的辽代族群分类与政策，与我们对辽朝的认识基本相符。在宋人的笔下，燕地至于上京的辽阔土地上生活着四个不同的族群：契丹人、渤海人、奚人与汉人，每个族群都有自己的饮食、服装、语言特征。用余靖的话说，"衣服、饮食、言语各从其俗"。① 因此在使臣日录与出使诗作中，人们往往会区分穿着"汉服"与"胡服"的不同人群——而胡服往往由动物毛皮制成。② 宋人还留心"虏食"。在第一章中，我们已经提到，这些胡人吃的东西常常是大块、乏味的肉，根本无法下筷。③

宋使还注意到，不同族群生活的区域分划有致。沈括解释道："恩州以东为渤海，中京以南为东奚……其西南山间为西奚，有故窖之区。"④ 这之前，薛映、张士逊也有类似的说法："自过崇信馆，即契丹旧境，盖其南皆奚地也。"⑤ 大略而言，契丹人最初的家园在上京、中京一带；奚人生活在中京以南、燕山古北口以北的地区。基于这一理解，刘敞归纳道："自古北口即奚人地。"⑥ 上一章中我们已经讨论过，其实际情形当然要更复杂一些。事实上，路振、沈括都已经注意到，在中京

267

---

① 《全宋文》第 27、106 页。
② 如江少虞《宋朝事实类苑》卷 77，第 1011、1013 页。
③ 同上书，卷 77，第 1011 页；确庵、耐庵：《靖康稗史笺证》，第 13 页。
④ 《全宋文》第 77 册，第 377 页。
⑤ 《长编》卷 88，第 2015 页。
⑥ 《全宋诗》第 9 册，第 5917 页。

与燕山之间的地区也有汉人定居。① 此外，尽管宋绶说"由古北口至中京北皆奚境"，他还是补充说道，自契丹统治以来，契丹人、汉人、渤海人亦生活其间。②

虽然燕山以北各族混居（这一点已在当地墓葬文化中有所体现），但燕地的情况还是有所不同。许多宋使提到，生活在这里的几乎都是汉人。沈括写道："山之南乃燕蓟八州，衣冠语言皆其故俗。"③ 他继而观察了燕人服饰，认为和"中国"之人只有微小的差别。路振同样认为："民居……俗皆汉服，中有胡服者，盖杂契丹渤海妇女耳。"④ 在他看来，在辽治下的燕地，但凡不穿汉服的都是混杂进来的异类人等。

在这些燕俗书写的背后，是这样一种信念，即作为汉人的燕地居民会旗帜鲜明地站在宋朝一边。我们已经看到，苏颂、刘敞、苏辙、彭汝砺等人来到古北口的杨无敌庙时，都赋诗悼念当年为国捐躯的名将杨业。⑤ 人称杨无敌的杨业以忠勇著称，他在986年陷辽之后绝食而死。⑥ 宋人诗作中常常表示，正因为当地人心属大宋，他们才会立庙纪念这位宋将，并为他维持香火。

在宋代使臣笔下，燕人如此心系中朝，以至于一见到宋使一行，就泣不成声。苏辙描绘了如下场景：

268

① 江少虞：《宋朝事实类苑》卷 77，第 1012 页；《全宋文》第 77、380 页。
② 《长编》卷 97，第 2253 页。
③ 《全宋文》第 77 册，第 378 页。
④ 江少虞：《宋朝事实类苑》卷 77，第 1011 页。
⑤ 苏颂：《苏魏公文集》卷 1，第 162 页；《全宋诗》第 9 册，第 5916 页；《苏辙集》第 1 册，第 319 页；《全宋诗》第 16 册，第 10504 页。据梁章钜的《浪迹丛谈》，此庙十八世纪时尚存。
⑥ 江少虞：《宋朝事实类苑》卷 55，第 721~722 页。

> ……目视汉使心凄然。
>
> 石瑭窃位不传子，遗患燕蓟逾百年。
>
> 仰头呼天问何罪，自恨远祖从禄山。①

诗中，苏辙把燕地的陷虏归因于当地人在八世纪时追随安禄山发动叛乱。尽管苏辙化用了唐以来河北反复无常的旧典，他却坚信今天的燕人会忠于宋室。因为燕人深知，后晋石敬瑭把这片土地割让给了契丹，从此带来了无尽的灾难。

郑獬回到华北平原的时候，曾赋诗《奉使过居庸关》。诗中提到头戴幅巾的汉人父老，他们为百年来的契丹统治感到悲痛：

> 路傍二三老，幅巾垂白须。
>
> 喜见汉衣冠，叩首或欷歔：
>
> 不能自拔扫，百年落鬼区。
>
> 天数终有合，行上督亢图。
>
> 酹酒吊遗民，泪湿苍山隅。②

269　"督亢图"是当年荆轲献给秦王的地图。当时正值秦统一中国（公元前221年）的前夜，荆轲假意献上燕地，实则图谋行刺。这里，郑獬将契丹兼并燕地与战国时秦灭燕相比较。十一世纪位极人臣的政治家王安石也曾接待辽使，并至少将他们送到白沟河河畔。他在诗中描述了契丹使臣回到辽境时的场景：

---

① 《苏辙集》第1册，第320页。
② 《全宋诗》第10册，第6821页。

> 荒云凉雨水悠悠，鞍马东西鼓吹休。
>
> 尚有燕人数行泪，回身却望塞南流。①

在郑獬笔下，燕人的眼泪湿润了脚下的河山。王安石则刻意将汹涌而出的泪水与塞下南流的雨水放在一起，仿佛泪水会和雨水一样回到宋朝的土地上。

因为宋朝使臣觉得燕人心属宋朝，他们从不怀疑燕人希望宋廷收复这里，这样一来他们就可以重新成为"中国"的子民。在路振笔下，宋太宗 979 年围攻燕京的时候，当地人欢呼雀跃，积极响应，打算驱逐辽将，献城来降。得知太宗被迫撤退的时候，父老乡亲难掩心中痛楚，"抚其子叹息曰：'尔不得为汉民，命也。'"② 一个世纪后，彭汝砺来到古北口，描绘了当地渴望回归的父老：

> 渔阳父老尚垂涕，燕颔将军谁请缨。
>
> 容覆不分南与北，方知圣德与天平。③

虽然彭汝砺同情这些渔阳父老，但他同样认识到数十年来北方　270
的和平来之不易，这些都是天子"圣德"所赐。④

宋使很清楚地认定燕地是汉人的天然家园，但对于山后之民，则没有充分的把握。也许从很早开始，汉人就开始移民进

---

① 《全宋诗》第 10 册，第 6821 页。

② 江少虞：《宋朝事实类苑》卷 77，第 1012 页。

③ 《全宋诗》第 16 册，第 10504 页。

④ 彭汝砺的另一些诗，如"君王悟止戈"等句，更明确地反映出他希望维持和平的立场。见《全宋诗》第 16 册，第 10602 页。

入东北及北方的其他地区。上一章中我们已经看到，出土墓葬明确反映出，到十一世纪时许多汉人已经生活在燕山以北。在后来的历史中，他们会成为"跨越边境的人"。魏斐德的研究告诉我们，这一人群在清朝兴起的过程中扮演了重要角色。① 在宋人看来，汉人不可能无缘无故就自觉自愿地离开燕地。苏辙《奉使契丹二十八首·惠州》题中补记"传闻南朝逃叛者多在其间"，他觉得自己在惠州界内遇到的汉人是从宋境逃过去的。② 其他汉人据说是被迫迁徙到这里。胡峤就到过一座村庄，这里的人都是契丹从河北卫州掳来的汉人。③

汉人自愿离开自己的家园，其中一个原因是躲避沉重的赋税。苏辙在古北口外遇到的一群汉人就是如此：

> 汉人何年被流徙，衣服渐变存语言。
> 力耕分获世为客，赋役稀少聊偷安。④

这个例子很有趣。在苏辙看来，燕山外的汉人与汉俗渐行渐远：尽管他们还说汉语，但已经不穿汉人的衣服了。

271　　苏颂在一首诗的附注中也记载了汉人从胡俗的情况，只不过他的重点在于发式而不是服装：

> 敌中多掠燕蓟之人，杂居番界，皆削顶垂发以从其

---

① 魏斐德：《洪业：清朝开国史》，尤其是第 37 ~ 49 页。
② 《苏辙集》第 1 册，第 321 页。
③ 《新五代史》卷 73，第 906 页。
④ 《苏辙集》第 1 册，第 320 页。

俗，惟巾衫稍异，以别番汉耳。①

值得注意的是，无论是苏辙还是苏颂，他们都没有把汉人向燕山以外的移民看作汉文化的北传。相反，在他们看来，燕山外的人群就已经不同于汉人、汉民了。在宋人看来，燕山标记了华夏农耕文明的边界，因此这里也是汉人分布的自然边界；越过燕山的汉人无论是因为叛逃还是被虏，本身也是某种异类了。

在记录燕山南北的风土人情的时候，宋人同样基于特定的解释框架，来理解自己的所见所闻。尤其值得怀疑的是，在宋使眼中，大量燕人还是愿意为宋效力，即使在十一世纪依然如此。我们知道，宋朝从未统治过这一地区。宋使来到这里的时候，契丹已经统治这里一个世纪或更久了。尽管如此，宋人旅行书写中的其他内容，与其他材料所反映的情况一致。宋人记录的游牧习俗，如草原城镇与大猎活动，和后世记录蒙古人等游牧民族同样习俗的文字基本相符。此外，宋人注意到了辽朝治下的族群划分（即汉、契丹、奚、渤海彼此不同）及其地理分布。他们的印象也与我们基于考古发掘而构建的文化地理相吻合。辽朝的族群政策巩固了境内的族群分布，这颇有讽刺的意味。如此一来，宋使进入辽境以后，就把燕山当成了地理、生态、文化与族群的分水岭。在回到本朝以后，他们进一步坚信，华夏空间乃至自身国族的边界就在这里。

---

① 苏颂：《苏魏公文集》卷1，第163页。

小 结

272   澶渊之盟后的一百多年里，宋辽和平往来。数量空前的政治决策者与顶级文化精英，从宋境内出发，一路前往东北的辽国都城，其结果是为北宋文化带来了非常开放、多元的视野，尽管开放的方式与我们熟悉的盛唐不同。在唐代，长安聚集了无数来自异国的商人、僧侣，以及从其他亚洲国家来的留学生。这样一来，唐代精英们只会在首都（以帝国中心的姿态）迎接四面八方的来客。这恐怕只会强化他们已有的认识，即大唐的首都是文明的中心。相反，北宋精英作为使节深入欧亚草原，去往邻国的首都，这让他们得以见证一个全然不同的世界。[①] 大量高级别政治家、学者亲自前往遥远的土地，精英间自然就形成了一种新的世界观，以新的方式理解"中国""汉""华"等古老的概念。一种新的身份认同也随之形成。

在分析宋人使辽书写的时候，有时很难区分固有的框架和套语与他们的实际观察和体验。许多十一世纪的文本反映的其实是早就形成的观念，以及习以为常的说法。比如，在宋人笔下，燕人心属宋室，见到宋使每每泣不成声。我们不能将这些文字和燕地的实际情况等同起来。但对于东北亚地平线上呈现出的两个突出特征，宋人显然不会错过：一是燕山的地势，二是第五章所描述的汉人与契丹人间的文化差异。使臣们从开封出发进入辽境，在有着共同文化的华北平原上逗留多日，因而对个中差异感触尤深。不出所料，宋人

---

① 需要注意的是，士大夫的跨文化体验不同于当时跨国贸易中的商人的体验，后者在唐宋间越来越常见。

在出使日录与诗文中，会不断提到燕山"天险"在生态上和 273
文化上分隔南北。

使臣与随行人员的亲身经历使他们有了许多新的观念——
这些观念通常被视为现代民族国家的思想基础，我们在第四章
中对此已有所讨论。首先，旅途中的见闻强化了如下观念，即
华夏文明有其天然封疆，汉人有自己生活的区域。"一行两戒
图"在宋代日益流行，或许正是因为许多旅行者来到了华北
平原的尽头，目睹了逶迤东西的燕山。事实上，在一行的地图
中，燕山正标记着"北戒"。澶渊之盟以后，许多使节还从古
北口出燕山；当人们来到古北口的古长城遗迹时，更加坚信这
里是华夏世界的边陲。

其次，出使经历让使臣们感到汉地风貌与域外不同。他们
没有将河北北部与四川、黄河流域、中国南方等他们游宦时到
过的地方相比较。相反，真正令他们震撼的是燕山山后的农牧
混杂地带。与华北平原相比，这里是一片截然不同的土地。燕
地是汉地，是华夏空间，是宋使眼中的吾土。在这里，先帝的
手迹、路上的里候、阡陌间的农桑，一切都是华夏的景象。同
时，燕人的衣冠、饮食、语言都说明他们就是汉人，与契丹人
或其他族群不同。然而，越过燕山以后，乡野景致便不再相
同，异族之民以与汉人截然不同的方式生活。在宋使眼中，燕
山以南的汉地不同于燕山以北的域外。换言之，对他们来说，
华夏是一个生态上、文化上的整体，无论河北的燕地还是河南
的都城开封，都是华夏空间的一部分。正是在这一意义上，宋
人的世界观与前朝的畿服理论截然不同——因为在畿服的框架
下，开化的程度随着离开京畿的距离而递减。而宋人的这一认
识，与今人倒有许多相似之处。

274   最后，也许出于他们在辽境内的经历，宋朝的政治精英开始想象，燕人和他们属于同一个共同体。宋人不断发现燕人的举止言语都和自己相仿，也就习惯于将他们视为"遗民"。十一世纪出使文学中的这一观念，到十二世纪初时就成了主张收复失地的说辞。从燕民见到宋使所流下的眼泪，到他们对契丹统治的唾弃，这些文字反映了这样的一种观念，即燕人与宋人同属于一个"想象的共同体"，一个有着特定认同与使命的共同体。在使臣们看来，正是出于对政治共同体的归属感，这些燕人才会在宋使面前泣不成声，才会表示为大宋万死不辞。

华夏空间以燕山、古北口而不是白沟河、宋辽边境为界。这说明，时人心中已经有了另一种政治体的观念——我们或许可以称之为华夏国族（Chinese nation）：它不以宋政权的实际统治区域为封疆，而有着明确的、亘古的疆界；这疆界基于自然地貌，也基于族群分布。国族（nation）与国家（state）的区别，对于近代西方基于国族的国家（nation-state）之观念尤为重要。正因为有这一区别，人们才开始主张每个国族都应建立自己的国家。当然，在许多重要的层面，宋代的情况与十九世纪的欧洲不同。但是，德国兼并苏台德以完成大德意志的统一，意大利夺取特伦托以完成故土的收复，法兰西谋求阿尔萨斯及其他土地以实现法兰西的天然封疆，凡此种种，其前提都是认为国族的疆域不同于国家、现政权实际控制区的观念。近代欧洲的这一点与宋代相仿。

然而，在十一世纪的宋朝与十九世纪的欧洲之间，一些元素跨越时空的可比性并不意味着产生这些元素的大环境也如出一辙。十九世纪欧洲的收复失地是许多复杂因素偶然结合的产物，正如十一世纪的宋人并没有启蒙运动以来西欧的主权在民观念。国族在中国的发展，是另一些历史脉络的产物。其一是特殊的地缘政治环境，澶渊之盟确立的宋辽实际边界，并不与燕山天险重合。其二是宋使入辽的旅行路线，使他们能亲身感受分隔华夷的天然屏障。如果宋朝刚好建都于渭水流域的关中，使者可能就要从河东一路向北，而在河东界，宋辽边界恰在群山之间，国族封疆与政权领土间的差别就不那么明显了。其三则是辽朝的族群政策。辽希望维持燕地汉人定居的局面，燕山以北则有不同族群混居。最后，也特别重要的一个因素是，入辽的使者是宋朝最具影响力的政治精英。他们游宦于都城开封与地方，对宋境的风貌有全景式的了解，因此他们对燕地风土与山川在当时风俗与政治世界中的位置了然于心。作为国家的掌权者，他们在意华夏政权的自然边界应该在哪里，并将其看作宋政权应该掌握的领土。虽然宋使的旅行经历局限于王朝东北方向，但他们也会以同样的方式，构想帝国的其他边陲，认为那里也有盼望王师的汉人"遗民"。

275

结 论

在中国历史上尤为关键的时期，中国在世界中的位置也经历了变化，这正是之前的各个章节所考察的。贯穿其间的是本书的核心主张：远在十九世纪欧洲人大量来华之前，东亚政权间的格局与中国自我认同之观念就有着悠长而复杂的历史。在这一过程中，北宋是一个特别重要的变革期，而有宋一代，宋辽 1005 年澶渊之盟之后的数十年又尤为关键。过去，学者已经认识到十一世纪东亚政权间格局的新变化，即在宋与其他政权间出现了对等关系；笔者则力图探寻此间和议的深层影响。后澶渊时代的外交实践催生了宋辽精英间多元而开放的交流空间。同时，宋辽边界横穿了华北平原，这一独特的格局使得宋方建立了明确的防线（与唐初的边疆战略形成了鲜明的对照）。在此背景之下，宋辽间非比寻常的深入往来巩固了已有的和平；由此，宋廷感到北方的军事威胁日益远去，也开始在其他边陲勘疆划界。

然而，在后澶渊时代的诸多变化之中，最令人瞩目、影响也最为深远的，或许是国族意识的浮现。我们已经看到，这一变化意味着宋人正在将中原之民重新构拟为一种有着共同文化族属的"汉人"。与此同时，知识精英渐渐拥有了一种笔者称为"华夏空间"的视域，基于对历史、生态以及族群的认识，宋人对这一空间的理解日益清晰。这一意义上的"华夏空间"的范围超出了宋政权的实际控制区，意味着在这一国族所应有的疆域与汉人政权的实际疆域之间出现了一种落差，这种落差意识与时人对域外汉人定然支持汉人政权的信念一道，构成了北宋后期收复故土之呼声的主要驱动力，也影响了女真南下之后的南宋人。与此同时，人们也开始认为华夏政权有其边界，这一观念也可以帮助我们解释为什么十一世纪后期宋廷会致力于大规模勘定疆界。

在一些方面，笔者所呈现的北宋面貌近于二十世纪初的"内藤假说"，即认为宋时中国开始进入"近世"。一直以来，持此说者往往关注商业革命、中古门阀的消亡，以及所谓儒学"复兴"的诸层面。在他们看来，宋代中国在这些领域与近代欧洲的一些重要特征相仿。显然，一些人可能会把勘定边界这一具有"现代"色彩的政策纳入"北宋迈入近世"的叙事中；从这一角度来看，以国族之名收复故土之事也可以与十八、十九世纪欧洲的情形相比。然而，我们并不需要将十一世纪中国的历程强行嵌入现代化的叙事。本书所讨论的许多现象之形成，如边界的厘清，或是政权边界与族群边界理应吻合的观念，在前近代的时代条件下并非不可想象。于是，更有意义的取径则是在具体时空之中，追寻促成本书所讨论的诸多变化的历史因素。

国族的理念是如何在宋代出现的呢？在本书中，笔者主张这是一系列偶然因素以复杂方式相结合的结果。完整的国族观念的形成，部分取决于知识精英的社会观念。他们需将社会其他阶层视为自己的同胞，而不是与自己对立的社会另类。自唐以来，两方面的变化对这种观念的形成尤为关键。一方面，唐代为门阀大族所主导，这些家族在数百年间官宦不辍，由此声名显赫。到了宋代，选贤能而不问门第的理念渐入人心，这使人们开始相信任何男子都可以学优入仕。另一方面，唐代的门阀贵胄、政治精英大都聚居于京畿附近。到了宋中期，来自帝
278 国各地的知识精英视自己为士大夫阶层的一员，共同的科举经历与理念抱负将他们凝聚在一起。在理论上（如果不是在实际上的话），人们认为教育面向所有人——甚至也面向妇女，因为她们在家教子。由此，人们开始设想一个全国性的共同体，大宋土地上的所有人都从属其中。

国族观念不仅建立在内部成员间的整合之上，最终还需要廓清其外在边界。澶渊之盟与后澶渊时代特殊的地缘政治起了至关重要的作用。要之，澶渊之盟开创了新的外交往来模式，宋辽交往之密集、上层执政者参与之频繁，皆史无前例。因此，相当比例的最高层官员以及最具影响力的文化精英，都拥有相当多元的跨文化体验，这在中国古代史上也非同寻常。这种多元往来的一个侧面，是宋辽政治精英间紧密的社交往来，尤其是在使团的宴会之间。这个过程中，像苏轼这样的宋方官员就会将辽方汉官视为士大夫群体中的同侪。这意味着对他们而言，生活在有宋疆域之外的汉人也应是华夏国族的一分子。宋辽使节间的往来也可以解释草原部落政治中的族属观念是如何进入宋代精英的话语世界的。事实上，"汉人"的说法似乎就源自草原。在唐以前，鲜卑人最早用"汉"来指称一个族群。后来，辽代的为政者也广泛使用这一概念，其所造成的身份意识又因有辽一代旨在用地理分隔维护族群差异与边界的族群政策而深化。与此同时，宋人也广泛使用"汉"来指称人群。在宋在辽，人们以共同的方式图绘契丹人及其日常生活；宋辽官员间的频繁往来与社交互动

可以部分地解释这一现象。

宋代使臣的跨文化经历不局限于社交生活。作为澶渊体系的一部分，宋方的政治精英要从都城开封远行至蒙古草原东缘、四时巡守的契丹行营，如是者一年数次。他们的旅程沿着特定路线展开：首先穿过广阔的华北平原进入辽方治下的燕地，然后经古北口出燕山。使臣们向朝廷提交的奏章以及个人所赋的诗篇都将这一旅程呈现给我们。在这一过程中，他们越来越感到燕山山脉天然地分割华夷。这不仅仅是因为山势的雄伟；山麓作为辽朝族群政策的一部分，也将辽国疆土一分为二：群山以南是燕地的汉人与汉文化，以北则是草原与华夏文明的融合。诚然，宋朝士人常常会提到内地的地域差异；毕竟作为官僚系统的一部分，他们远赴各地，见证不同的风土人情。即使如此，内地的差异远远不能与燕山南北相提并论，因为燕山将农耕的华夏与游牧半游牧的北方族群分隔开。在笔者看来，一路向北的切身经历，使得宋的政治精英将幽燕视为理应归化之地。宋人甚至还将燕地语言不同、文化各异的族群一概视为"汉人"。尽管宋方官员的旅途主要在辽境内，这些通观帝国全局的官员也将目光放到了其他边陲，在那里想象故地的存在，并认为那里也生活着汉人"遗民"。

关注国族主义的史学家往往对古代的国族意识持怀疑态度。事实上，在过去数十年间，他们的主要目标之一便是指出，现代民族国家并非像它们所声称的那样是有着悠久历史的天然产物，而是人为建构的结果。本书的主旨不是要证明宋代是中国现代民族国家开始形成的时期，而是要说明我们可以在宋代找到一系列对现代国族主义来说尤为核心的元素。或许，如果把国族主义宽泛地理解为特定文化的性质与普遍的人类社

279

会境况的共同产物，那我们未尝不可以认为宋代中国孕育了一种特殊的国族主义——它在且仅在一些地方与现代国族主义相仿。这种普遍见于人类社会的境况可以包括将撼人山脉看作天然疆界的倾向，或是将文化差异视为根深蒂固的态度，还可以是与共同体内成员共情的心理——无论这种共同体是真实的还是"想象的"。我们也可以认为，一种多个政权以大体对等的姿态并存且精英人群将政权之属民视为一大体同质化之族群的地缘政治环境，对一个社会的身份认同造成的影响背后有一定的共性可循。

那么，宋代的国族观念与现代的国族主义又有何不同呢？要回答这个问题，我们可以依次讨论四个密切关联的因素：国族意识（national consciousness）、国族意识形态（national ideology）、国族运动（national movement）与国族世界观（nationview）。国族意识可以指对同一个举国共同体（nationwide community）的归属感，就这一意义而言，宋代的国族意识与现代的对应观念最为相似。降及十一世纪，仕于宋廷的士人开始构想一个基于手足同胞之上的"想象的共同体"。这些士人也开始构想国族的固有疆土，尽管其中的一部分已在前朝"沦陷"。尽管有宋一代，这样的情愫主要存在于知识精英之间，但值得注意的是，在本尼迪克特·安德森的经典模型中，现代国族意识同样也首先在精英阶层里面出现，先是在美洲的欧裔精英当中，之后是在东欧的知识分子之间，然后是非洲、亚洲殖民地的本地精英。此外，对安德森而言，美洲的国族意识在开始时也是一种自发自足、聚焦自身的现象。人们并不需要看到周边的其他政权有了国族共同体，才会开始构想自己的国族。这与宋的情况相类似。

　　国族意识形态可以理解为这样一种观念，即国族政权的疆域应与国族共同体的地理分布相一致。与国族意识不同，国族意识形态在宋代和现代两个不同的时期，表现出了更为显著的差异。诚然，宋人自视"中国"传人，也将"中国"与"汉人"联系在一起；然而，当他们界定"中国"的时候，他们更看重的是文化和空间，而非族裔。事实上，宋朝的决策者只有在做出一些更为实际的决定，如宋夏勘界或决定处理契丹俘虏的方针时才将族裔看作影响文化的因素之一。要之，现代国族主义者往往从特定民族出发，首先以此界定民族国家，然后再勾勒此民族的文化特征。宋代精英则不同，他们首先从文化传统出发界定政权国家，然而再把服膺、传承此文化的人，视为一特定族群（people）。①

　　国族运动，即将国族观念付诸实践的方案。就此而言，宋廷与十九、二十世纪的国家在以下意义上相仿：其执政者都想过以军事手段收复故土。然而，与现代的情况不同，宋廷并没有通过大规模教导民众来动员民众为国族主义事业效力。当然，宋代时已经具备了政治宣传所需的许多技术。雕版印刷在十一世纪有着广泛的应用，执政者也明白它可以用来教化大众。例如，为了推广儒学经典的正统阐释，宋廷一度希望垄断

281

——————

①　当然，我们无须执着于这概而言之的区分。例如，即使在当今世界，美国与法国也以文化而不是种族来定义其民族国家。因此，在美国历史上的一些时期，美国对所有认同其公民观念与愿意学习其语言的移民开放。当然，有人也许会说宋人的观念与现代民族主义不同，因为宋人觉得只有自己的文化才是文明开化的；然而，美国人也在全世界推广"民主""自由"的价值理念。换言之，时空虽异，现代人也有相仿的文化优越感。

这些文本的印刷。① 面对西夏的威胁，宋廷寻求建议时，范纯粹（1045～1117）还推陈出新，在其奏议中描述了雕版印刷的另一种用途。范纯粹提出，党项之君之所以能煽动其民众，是因为他散布谣言诋毁宋朝。由此，应对方案也就很明确了：

> 令诸路多作印本，以汉书、蕃书两两相副。散遣轻骑驰于贼疆百里之外，以一传十，以十传百，则乙逋奸谋，众当共知。②

既然十一世纪的宋廷有着传播政治信息所需的技术支持，也想到要这样做，为什么当时的执政者没有广泛动员其民众，以为收复疆土之用呢？为什么朝廷仅仅想到对党项之民施以宣传呢？一种可能的解释在于，此时动员广大民众的军事意义尚不明朗。十九、二十世纪以后，经过意识形态洗礼的士兵在战场上的作用才渐渐凸显出来。到了这一时期，作为统治技艺的政治宣传，其军事价值才更为人所知。

最后，我们回到国族世界观，也即国族主义的第四个构成因素。在这一意义上，现代观念与宋人看待世界的方式截然迥异。进入二十世纪后半叶，随着西方殖民帝国的瓦解，人们普遍认为所有土地上的所有人民都会有自己的民族国家，其地其民也仅仅属于这一民族国家。③ 人们以同一观念框架看待每个

---

① 切尔尼亚克：《宋代书籍文化与文献传承》，第 28 页。
② 《长编》卷 466，第 11136～11137 页。
③ 在二战以前，在社会达尔文主义与其他意识形态的驱使下，西方殖民者认为一些地方的人尚未开化，因此不足以有自己的国家。见杜赞奇《主权与本真》，第 16～17 页。

民族国家，它们都有自己的国旗、国歌、菜式，还有自己的生活方式。但没有任何证据说明宋代的知识精英以这种现代人的方式看待他们所处的世界。他们终究未将自己的国族看作世界民族国家之林的一员。尽管如此，十一世纪仍有一些线索引人注目，因为从中或许有机会发展出另一种模式的国族世界观。这种世界观认为，上下四维之间，存在着不同文明的中心；每一种文明都有着独特的文化实践，并以此勾勒周边的荒蛮之地。譬如，辽似乎正在有意识地发展自己的契丹式帝国文化，他们有自己的服饰、仪轨与文字。一路向西，党项人欲步契丹人后尘。在 1030 年代，他们试图摆脱对宋臣属的地位，寻求建立自己的政权。而与这一政治主张相表里的，是他们创制的党项文字、服饰、宫廷礼仪及乐律。^① 在十一世纪，一些宋朝官员认同了其中的观念。出使辽廷之后，苏颂撰文描述了那里的仪式舆服。文中提到，辽与宋一样，以自己的文化形成了另一个文明的中心，环绕这中心的，则是对辽人来说未开化的"荒服"。^② 事实上，当时的高丽等其他东亚政权在阐述各自文明的时候，有时也会使用君主居中、远人来仪的说法。^③ 越南人基于汉字所发展出的独特书写体系喃字，也是一个有趣的个案。至少自十二世纪后期起，它便作为一种文化工具，用于教化越南南方的土著。^④

---

① 麦格拉思：《真宗与仁宗朝》，第 302 页；《长编》卷 123，第 2893～2894页。

② 苏颂：《苏魏公文集》卷 2，第 1005 页。

③ 布鲁克（Breuker）：《作为独立领域的高丽》。其书《建立多元社会》详细讨论了高丽将自己视为与宋辽金对等的政权的观念。

④ 潘约翰（Phan）：《喃字与开化南土》。关于十二世纪喃字的发展，见阮定和（Nguyen）《字形的借用》，第 384～397 页。

283　本书的讨论主要集中在十一世纪前后。那么，之后时代的情况如何呢？1120 年代女真南下之后，东亚世界的格局又维持了一个世纪。尽管契丹已经远去，女真取而代之，与南宋分庭抗礼。在十二世纪与二者共存的，还有党项人的西夏、高丽王国以及越南的李朝。参照澶渊之盟，宋金达成和议；南北殷勤通使，颇似宋辽往昔。同时，南宋精英继续将自己的王朝视为汉人的政权。在后人看来，他们意气风发，志在北伐。与此同时，各式各样的地图承载着人们对自身国家真正疆域的认识，也开始广为流传。在某种程度上，这些地图激励了南宋士人的恢复之志，他们的故土收复主义热情也影响了后世对南宋的历史印象。

到了十三世纪，蒙古人席卷欧亚，摧毁了后澶渊时代诸政权并立的体系。在之后的许多个世纪里，中国的国族观念以及东亚的世界秩序注定会经历复杂而曲折的历程。宋以后中国的王朝大致可以分为两种类型。[①] 元朝（1271～1368）与清朝（1636～1912）代表了第一种，它们与辽金相仿，本身就是多民族的帝国。这些政权由北方民族建立，他们将汉人汉地视为帝国中的一部分。居于统治地位的少数民族谨慎地践行一种"族群主权"的观念，强调自身族群有特殊的能力以驾驭整个帝国，并努力维持存在于各自族群之间的分野。[②] 与此同时，元与清的宫廷中也有不少汉人士大夫为保持自己的身份与在场，强调儒家观念的普遍价值，并不再像宋人那样，将儒家文化限定在华夏空间之内。明朝（1368～1644）则代表了中国

① 妹尾达彦：《都市の生活と文化》，第 411～416 页。
② 欧立德：《满洲之道》，第 2～8 页。

王朝的另一种类型。十四世纪中期，汉人中的武人建立了这一政权。像宋一样，明把自己视作一个"汉人"的国家。① 有明一代，汉人士大夫将再次积极地主张用文化、族群及地域尺度区分华夷。② 284

　　至于今天的中华人民共和国，尽管其创建者多为汉族，实则是一个多民族的国家。在这一点上，现代中国相较宋明，实与清代更为接近。和清朝时期一样，今日中国的领土囊括了东北、部分蒙古草原、新疆、西藏、云南及广阔的中国腹地。尽管如此，一些宋时形成的国族观念也延续到了今日。首先便是对于汉族的理解，人们相信这客观上就是一个一以贯之的民族。甚至有人认为汉文化是中华文明的主体。③ 我们还可以注意到，在整个二十世纪，许多人致力于将汉族团结起来，比如二十世纪初的一些民族主义者就曾希望海外华人华侨能够心系祖国（至于海外其他少数民族的情况稍有不同）。④ 最后，欧美的民族主义者们主张，他们传承着共同的"西方文明"，今日中国的国族主义者则以秉承"天下文明"自居，这就是旧时华夏大一统观念的延续了。

① 如一位显赫的中国史学者所说，"明或许可被视为一个继蒙古帝国而起的民族国家，其疆界大致与汉族群的边疆相吻合，其境内拥有一种共同的文化，还有一套'全国性'（national）的教育体系，通过科举考试得到制度化"。见周锡瑞（Esherick）《从帝国到民族国家》的导论，第9页。
② 包弼德：《地理与文化：中期历史中的"中国"话语》，第98页。
③ 在二十世纪早期，还有一些中国民族主义者主张建立一个单一民族的汉人国家，将中国东部、西部和西南的土地弃于不顾。见周锡瑞《清如何成为中国》（"How the Qing Became China"）。
④ 杜赞奇：《跨国的国人》；富海亮：《归侨的认同意识》。

附录 A　墓葬分析与文化差异

　　如何通过墓葬物质文化遗存区分东北亚的文化区域呢？在这里，笔者要澄清一些方法论的问题。本研究中，文化包括信念与实践。文化不同于族群认同；后者是一个主位现象，指的是一个社会如何用文化或其他符号对不同人群加以区分。文化与物质文化之间关系复杂。我们可以将墓葬物质文化看作一个社会的丧葬文化在物质层面的体现。这样一来，它便为包括信念与实践在内的文化整体提供了一个小小的缩影。在一些情况下，墓葬形制的新变化反映着社会变迁的大趋势。比如，对域外器物的痴迷在盛唐诗文中处处可见。这在当时的墓葬随葬品中也有反映，胡人的塑像，或是仿造中亚、西亚器物的物品比比皆是。我们不可能完全重构特定墓葬形制背后的信念与实践——在大多数情况下都是如此——但这些墓葬形制本身就是文化标记，让我们得以基于物质记录，区分两种甚至更多文化形态。

　　我们讨论两种不同的文化，它们当然不是完全独立于对方的。我们可以想象一个由上而下的树状图，顶部是文化大类，下面是许多子集小类，代表某种更具体的文化或亚文化。这金字塔的顶端是东北亚墓葬文化，涵盖了当时东北亚墓葬共同的特点。比如，进入墓葬的甬道通常在墓室南侧；死者通常躺在对面的北侧，脚朝西，头朝东；里面还会有铜镜、铜钱。这些特质可以帮我们把东亚与欧洲的墓葬区分开来。但是，如果要区分华北型与契丹型墓葬，只探求这些因素就不够了。

最小的小类，可以是每个家族自己的墓葬习惯。例如，叶 286
娃就曾指出，唐代洛阳附近的几个家族都有自己的丧葬习俗。
有一个家族会用一种特殊的滑石盒子陪葬；另一个家族则会用
一些特制的铁制品辟邪；还有的则会用与十二生肖有关的器
物。① 此外，一些家族倾向于用大量（或少量）金属餐具或墓
葬雕塑陪葬。② 今天北京西郊的龙泉务辽代墓葬中，也可以发
现特定家族拥有自己的传统。安葬在一起的墓穴——显然属于
同一个家族——就有自己的特点。组 I 的墓葬只以瓷器陪葬，
其他的墓穴则都有土陶器皿出土。组 I 往往还有大量铜钱随
葬。只有组 III 的墓葬中有鸡腿瓶与陶制的簸箕；只有在这里
有半圆形棺椁，占据整个墓室北半间。③

本书关注的焦点当然不是家族传统，而是东亚文化大树上
比较靠近枝干的部分。至于我们所要讨论的差别到底是在两种
文化之间，还是在一种文化下的两种亚文化之间，这就见仁见
智了。基于物质文化的考察，可以明确的是，"契丹"和"华
北"（或"中原"）的丧葬习俗间有着很大的差别，远比宋辽
汉人间的差别显著。我们可以说，"契丹"与"华北"代表了
两种文化，宋辽汉人的习俗则代表了两种亚文化。第五章着重
澄清的，就是这两个不同层面的文化差异。

当我们通过物质媒介来界定一种文化的时候，必须注意规

---

①　叶娃：《中古中国的葬俗：杏园唐墓研究》，第 99（滑石盒）、236（生
肖）、316（铁器）页。

②　同上书，第 211～216（金属餐具）、237～245（雕塑）页。

③　龙泉务墓葬的发掘报告见《北京龙泉务辽金墓葬发掘报告》。墓穴 M1、
M2、M3、M4、M5 可归为组 I；M17、M19、M20、M23、M24 属于组 III。
墓地地图见第 11 页；第 240 页讨论了 I 组墓穴。

287　　避一些阐释方法上的陷阱。首先，正如阿尔君·阿帕杜莱
（Arjun Appadurai）所说的，同样的器物在不同的文化场合会
有非常不同的意义。[①] 东北亚墓葬中的铜钱与铜镜就是一个很
好的例子。在不同的墓葬中，它们起着不同的作用。我们发现
有时死者口中含着铜钱，[②] 有时头下枕着铜钱，[③] 有时棺椁中
放着铜钱；[④] 还有一些时候，放置死者骨灰的罐子中夹杂着铜
钱，[⑤] 死者身前的供奉桌上摆着铜钱，[⑥] 或者墓志与墓志盖间
夹着铜钱。[⑦] 铜钱出现的不同位置很可能指向不同的葬礼实践
与信仰。例如，放在棺椁中的铜钱表示在盖棺的仪式中用到过
铜钱，可能几个月之后棺椁才会入土。[⑧] 同样，把铜钱放在桌
上还是死者口中，这反映出时人关于钱币如何进入死后世界的
信仰；它们背后可能是对身后世界的两种不同理解。

　　铜镜也是如此。宣化辽墓七号墓中，我们在三个不同的场
合发现了铜镜：或是放在保存完好的木棺中，和死者的衣物一
起；或是摔落在朽坏的镜架前，显然它曾经在镜架上；或是悬

---

① 阿帕杜莱：《导论：商品与价值政治》。
② 李庆发：《建平西窑村辽墓》，第 121 页；《吉林双辽县高力戈辽墓群》，
　 第 140 页；韩森：《导论：作为丝路上的共同体的吐鲁番》，第 4 页。
③ 《内蒙突泉县发现辽代文物》，第 211 页。
④ 《山西大同郊区五座辽壁画墓》，第 39 页；李忠义：《邯郸市区发现宋代
　 墓葬》，第 20 页；叶娃：《中古中国的葬俗：杏园唐墓研究》，第 159 ~
　 166 页。
⑤ 《山西大同郊区五座辽壁画墓》，第 37 页。
⑥ 《宣化辽墓》，第 41、100 页。
⑦ 张先得：《北京市大兴县辽代马直温夫妻合葬墓》，第 31 页；王策、朱志
　 刚：《丰台路口南出土辽墓清理报告》，第 319 页；凯尔温（Kervyn）：
　 《辽道宗皇帝的帝陵》（"Tombeau de l'empereur Tao-tsong"），第 300 页。
　 出土墓志上经常会有铜锈。
⑧ 叶娃：《中古中国的葬俗：杏园唐墓研究》，第 153 ~ 154 页。

挂在砖室墓的正中。① 这三个不同的位置提示我们，同样的镜子在墓室空间内有着不同的象征内涵，起着不同的作用。就镜子而言，七号墓就汇集了三种不同的文化或亚文化。不幸的是，如果考古报告不够细致，没有告诉我们铜镜或铜钱的位置，那我们就不能草草下结论，认定两个墓葬属于同一个文化或亚文化传统。

288

即使是随葬品相仿，也可以反映出文化差异。反过来，即墓葬形制的差异也不一定反映不同的文化。比如墓室墙角的装饰，或是陶瓷器具体的风格。尤其是当出土文物较少的时候，撰写发掘报告的专家会不遗余力地展现其中的每个细节，我们不能贸然认为这一定就反映了特定的墓葬礼仪。这些细节上的差异不一定会反映在丧礼与墓葬功能的层面。它们或事出偶然，或是个别匠人的风格使然，完全可以是同一文化内部的差异。这样的话，它们就不反映两种不同的文化。

此外，有些墓葬形制的差异很明显，似乎很能说明问题。但一些情况下，它们体现的是社会阶层而不是文化的差异。比如，我们在很多地方都会发现两种不同的墓葬：只有粗糙的陶瓷器随葬的单穴土墓，有精致随葬品的双穴砖墓。当然，也许有人会说，这样的差异反映了不同的文化。迪特·库恩认为，这些形制简单的宋墓反映了当时精英间的新风尚，就如宋代礼

---

① 《宣化辽墓》，第 89、99～101 页。墓室顶部的镜子或挂在顶上的镜子，见《赤峰县大营子辽墓发掘报告》，第 18 页；《科右中旗代钦塔拉辽墓清理简报》，第 654 页。塔中暗室顶上也有镜子，见《河北定县发现两座宋代塔基》，第 4 页。

书所说，当时精英崇尚"经济、实惠、简单的墓葬"。① 但是，这两类墓葬更有可能代表了穷人与富人的不同选择。

同样需要注意的是，不同生态、土壤环境也会影响墓葬的建造技术，继而使特定的墓葬元素得以保留。例如，丁爱博（Al Dien）就曾指出，六朝时在降水丰沛的南方，墓穴常常配有排水系统。② 宋人也有类似的观察。十一世纪流行的礼书就认为，应该把酒水食物放在耳室。此书作者是北方人司马光。

289 后来，南方人吕祖谦写的礼仪书提出，因为南方的土质不同，扩大墓室安置随葬品的做法并不保险。他建议把随葬品放在一个单独的墓穴中。③ 因此，墓葬中的排水系统乃至整个墓葬的平面设计，不一定反映了另一套不同的信仰系统；它们只是说明，在适应不同环境的过程中，人们改进了墓葬设计。

同样，石造墓穴流行于燕山以北，在燕山以南则很少见。有人或许会说，这一分布状况反映了契丹、中原文化的差异，但以下解释也同样成立：在北方获得石材更加容易，而用泥土烧砖的工艺在南方更为普及。墓室的墙壁或涂有石灰，或有木结构支撑；墙体的材料无论如何也不是葬礼中大家关心的事情，因此也不反映重要的文化观念。降水和土质的差异会影响到哪些东西最终能被保存下来。木制随葬品在一个地区大量出土，可能是因为当地

---

① 迪特·库恩：《逝者所在：去宋代墓葬的考古学考察》（"Decoding Tombs"），第 102 页。关于世界范围内类似的情况，见帕克·彼得森（Parker Pearson）《葬俗、社会与意识形态》（"Mortuary Practices"）；伊安·霍德（Hodder）：《社会结构与墓地》（"Social Structure and Cemeteries"）。

② 丁爱博：《六朝文明》（Six Dynasties），第 114 页。

③ 司马光：《书仪》卷 7，第 5 页上~第 6 页下；《吕祖谦全集》第 1 册，第333 页。

气候干燥，而不是因为当地人偏好木制品。同样，一个地区墓葬中没有骨骼遗存，可能是因为当地的非石灰性土质（这会分解骨骼），而不是因为当地人有处理尸体的特殊方法。①

还有一个因素会影响一个地区墓葬的特点，即贸易网络的覆盖范围，这对手工业生产的随葬品来说尤其重要。河北定窑附近的墓葬便更有可能出土定瓷。贸易网络甚至还会影响到墓葬的建筑风格。例如，契丹型墓葬内部的木结构由木板构成，这些木板上常常有用汉字写的数字与位置信息。这些信息可帮助工人在当地组装，也说明这些组件是在其他地方加工制成的。② 当然，我们也不应过分夸大贸易的作用。人们首先关心的是葬礼是否能办好，因此他们才会希望获得特定的随葬品，继而吸引商人往来贸易（反过来，在这个层面上供给对人们需求的影响就比较小）。辽墓中有大量仿定瓷出土，这正说明，人们的需求创造了新的供给。

最后需要考虑的，大概就是所谓的"寂静问题"（Problem of Silence）：似乎没有特定元素代表什么特定含义。如果特定墓葬中没有发现特定的形制、随葬品，我们必须注意不能在这里大做文章。在一些墓葬中，特定的随葬品已经被盗墓者洗劫一空。但在另一些墓葬中，它们刚好躲过一劫。因为土壤条件、墓室湿度不同，不同墓葬内的壁画受损程度不同。还有，考古工作者自己的兴趣也会影响发掘报告公布的细节。此外，在大多数时候，人们可以从文化范围中选取自己想要的元素。

290

---

① 帕克·彼得森：《死尸与墓葬考古》，第 200 页。
② 如《内蒙古解放营子辽墓发掘简报》，第 330 页；项春松：《昭盟地区的辽代墓葬》，第 76 页；《敖汉旗七家辽墓》，第 49 页。不同于木材，砖头通常是当地生产的，见《内蒙古敖汉旗沙子沟、大横沟辽墓》，第 889 页。

例如，聘请画师的时候，死者家族可以提出一些要求，说壁画上要有这样那样的主题。我们通过可能的选择范围来界定一种文化，而不是基于个体实际做出的选择。后者反映的是个体的偏好，而前者才是个体所属的文化。把文化理解为可能的选择范围，可以帮助我们回避因没有发现特定元素而产生的一系列问题。如果有某种随葬品或墓葬形制，这固然是一种文化标记。但如果没有，也不是很要紧。对第五章的分析而言，我们就可以基于聚类分析与其他技术手段，考察哪些元素一起在墓葬中出现，哪些元素从来或者基本不会出现在同一座墓葬中。

附录 B　数据库使用指南

墓葬数据库

第五章建立在墓葬数据的基础上。为了方便读者复核与利291用其中的数据，笔者网站上提供了一个简单的、基于.mdb 的数据库，即"唐宋辽墓数据库，1.0 版"〔"Database of Tang, Song, and Liao Tombs, version 1.0"（TSLT010.mdb）〕。通过数据库，读者不仅可以查阅、检索数据，还可以通过查询表浏览契丹型与华北型墓葬。笔者系统整理了 1940 年代至 2010 年前后的考古发掘报告，从而制成这一数据库。其中包括了唐、北宋、辽时期东北亚的墓葬，即北纬 32 度以北、东经 110.5 度以东的地区。基于考古发掘报告的发布情况以及其他操作层面的原因，数据库只收录了中华人民共和国境内发掘的墓葬。以下是数据库中基本项目的说明。

1.（Basic Data）基本信息

ID（编号）：每个墓葬都有自己特定的编号。

Latitude, longitude（经纬度）：墓葬的经纬度，笔者结合了谷歌地图与考古发掘报告给出的地图。大多数时候，误差在 5 公里以内。极个别情况下发掘报告给出的地名难以定位，笔者使用了当地县治的经纬度作为参考。

Burial date（埋葬时间）：墓葬建造的时间或下葬的时间（如果知道的话）。

Period（时期）：墓葬建在的时期，唐、五代、北宋或辽。

Tomb name（墓葬名称）：考古报告给出的墓葬名称。

Tomb occupant（墓主人）：墓葬的主人（如果知道的话）。

Excavation date（发掘时间）：墓葬发掘的时间。

Reference（参考文献）：相关的考古发掘报告，或已刊文献。

2. Type of Tomb（墓葬类型）

Tomb type（墓葬类型）：对墓葬的分类，如土穴墓、砖室墓等。

Construction material（建造材料）：墓葬墙壁的材料构成，通常由土、砖或石构成。

Number of chambers（墓室数量）：墓室数量可以是单个、两个或多个。此外，契丹三室墓表示契丹型的三室墓，包括主室与两侧以墓道相连的耳室。

3. Type of burial（下葬类型）

Cremation（火葬）：说明是（yes）否（no）火葬，"两者都有"（both）表示墓中一人火葬，另一人没有；不明（unclear）的情况也一并注出。

Coffin type（棺椁类型）：木制、石制、不明，或索性没有。

Occupant（墓中人数）：一人、两人、多人或不明。

4. Tomb architecture and contents（墓葬建筑与随葬品）

Chamber shape（墓室形制）：墓室的形状，包括方形、长方形、圆形、六边形或八边形。本书第五章没有展开讨论，但笔者已有专文论述十世纪时河北墓葬文化向南北两个方向的传播。[①]

---

① 见谭凯《晚唐河北人对宋初文化的影响：以丧葬文化、语音以及新兴精英风貌为例》。

Wooden structures（木结构）：追索墓葬中的木结构，包括护墙、小帐、棺床或尸床。

宰辅与使臣数据库

Timber mimicry（仿木结构）：以砖结构模仿木建筑（如有）。　293

Mural content（壁画内容）：壁画主题列表（如有）。

Grave good（随葬品）：随葬品列表（如有）。

数据库中还有名为"契丹/华北内容"（"Khitan/Chinese contents"）的查询表。查询表中可以追索第五章中契丹型、华北型的墓葬形制。这样，读者就可以自行还原第五章中的图表。大多数时候，墓葬形制可以通过关键词检索，在上述随葬品、壁画内容等条目中找到。

宋代宰辅与使臣数据库

此外，笔者的网站还提供了一个相对较小的宋代宰辅与使臣数据库（同样为.mdb 格式）。数据库包含三个表格，其中的查询表包括了正文表 1－1 至表 1－5 的数据。数据库的三个表是这样的：

（a）Bio_data，其中包含三个单项：（1）cbdb_personid（CBDB 编号），即中国历代人物传记资料库中的人物编号；（2）name（名字）；（3）birth year（出生年）。大多数出生年取自中国历代人物传记资料库；估计数以中国历代人物传记资料库的指数年（c_index_year）减 59。

（b）Policymakers（宰辅），基于徐自明的《宋宰辅编年录校补》的南北宋宰辅列表。其中给出了其人（包括 cbdb_personid 与 name），任期开始与结束时间（s_date、e_date）。基于徐自明书，宰辅包括五类人物，即宰相、副相、枢密使、

枢密副使、签枢密院事。第一章中并没有将签枢密院事作为顶
294 级决策者，因此并没有包括在表 1 - 1 至表 1 - 5 中。宰相、副
相的具体官衔因时而异，表中亦考虑在内。① 枢密副使亦包括
知枢密院事、同知枢密院事。

（c）Diplomats（使臣），即北宋出使辽廷的副使，其中也
包括接待辽使的接伴使、馆伴使、送伴使。使臣名录依据见聂
崇歧的《宋辽交聘考》。笔者穷尽检索了《长编》《宋会要》
《宋史》《全宋文》（1 至 140 册）中的接伴、馆伴、送伴。表中
包括：cbdb_personid（CBDB 编号）、name（名字）、appointment
（任职）、date（时间）与 reference（出处）。

---

① 张希清：《宋朝典章制度》，第 42 页的表格尤有帮助。

参考文献

Abbreviations Used

CFYG   *Cefu yuangui.* Taipei: Qinghua shuju, 1967.
JTS   Liu Xu et al. *Jiu Tang shu.* Beijing: Zhonghua shuju, 1975.
JWDS   Xue Juzheng et al. *Jiu Wudai shi.* Beijing: Zhonghua shuju, 1976.
LS   Toghtō et al. *Liao shi.* Beijing: Zhonghua shuju, 1974.
QSS   Fu Xuancong et al. (eds.). *Quan Song shi.* Beijing: Beijing daxue chubanshe, 1991–98.
QSW   Zeng Zaozhuang and Liu Lin (eds.). *Quan Song wen.* Shanghai cishu chubanshe, 2006.
QTW   Dong Gao et al. *Quan Tang wen.* Beijing: Zhonghua shuju, 1983.
SCBM   Xu Mengxin. *Sanchao beimeng huibian.* Shanghai: Haitian shudian, 1939.
SHY   Xu Song. *Song huiyao jigao.* Beijing: Zhonghua shuju, 1957.
SS   Toghtō et al. *Song shi.* Beijing: Zhonghua shuju, 1977.
WJZY   Zeng Gongliang and Ding Du. *Wujing zongyao.* Vols. 3–5 of *Zhongguo bingshu jicheng.* Beijing: Jiefangjun chubanshe, 1988.
XCB   Li Tao. *Xu zizhi tongjian changbian.* Beijing: Zhonghua shuju, 2004.
XTS   Ouyang Xiu and Song Qi. *Xin Tang shu.* Beijing: Zhonghua shuju, 1975.
XWDS   Ouyang Xiu. *Xin Wudai shi.* Beijing: Zhonghua shuju, 1974.
ZZTJ   Sima Guang. *Zizhi tongjian.* Beijing: Zhonghua shuju, 1956.

Other Pre-1900

Ban Gu. *Han shu.* Beijing: Zhonghua shuju, 1962.
Chen Pengnian. *Jiangnan bielu.* Vol. 9 of *Wudai shishu huibian,* 5125–43. Hangzhou chubanshe, 2004.
Chen Shangjun (ed.). *Quan Tang wen bubian.* Beijing: Zhonghua shuju, 2005.

Chen Shidao. *Houshan tancong*. Beijing: Zhonghua shuju, 2007.
Ding Chuanjing. *Songren yishi huibian*. Beijing: Zhonghua shuju, 1981.
Du Mu. *Du Mu ji xinian jiaozhu*. Beijing: Zhonghua shuju, 2008.
Du You. *Tongdian*. Beijing: Zhonghua shuju, 1988.
Fan Chengda. *Fan Shihu ji*. Hong Kong: Zhonghua shuju, 1974.
Fan Zhen. *Dongzhai jishi*. Beijing: Zhonghua shuju, 1980.
Fan Zhongyan. *Fan Zhongyan quanji*. Nanjing: Fenghuang chubanshe, 2004.
Fang Xuanling et al. *Jin shu*. Beijing: Zhonghua shuju, 1974.
Fang Yue. *Qiuya shici jiaozhu*. Hefei: Huangshan shushe, 1998.
Feng Yan. *Fengshi wenjian ji jiaozhu*. Beijing: Zhonghua shuju, 2005.
Gui Youguang. *Zhenchuan xiansheng ji*. Shanghai guji, 1981.
Han Qi. *Anyang ji biannian jianzhu*. Chengdu: Ba Shu shushe, 2000.
Hou shuihu zhuan. Shenyang: Chunfeng wenyi chubanshe, 1985.
Huang Jie. "Guocui xuebao xu." *Guocui xuebao* 1 (1905), xu.1a–4a.
Huang Tingjian. *Huang Tingjian shi jizhu*. Beijing: Zhonghua shuju, 2003.
Huang Zhen. *Gujin jiyao*. Vol. 384 of *Yingyin wenyuange siku quanshu*. Taipei: Taiwan shangwu yinshuguan, 1983.
Huang Zunxian. *Riben guozhi*. Vol. 745 of *Xuxiu siku quanshu*. Shanghai: Guji chubanshe, 1995.
Jiang Shaoyu. *Songchao shishi leiyuan*. Shanghai guji, 1981.
Jue'an and Nai'an. *Jingkang baishi jianzheng*. Beijing: Zhonghua shuju, 1988.
Li Fang et al. *Taiping guangji*. Beijing: Zhonghua shuju, 1961.
Li Ruchi. *Dongyuan congshuo*. Shanghai: Shangwu yishuguan, 1937.
Li Xinchuan. *Jianyan yilai chaoye zaji*. Beijing: Zhonghua shuju, 2000.
Jianyan yilai xinian yaolu. Shanghai: Shangwu yinshuguan, 1936.
Lin Zhiqi. *Shangshu quanjie*. Vol. 55 of *Yingyin wenyuange siku quanshu*. Taipei: Taiwan shangwu yinshuguan, 1983.
Ling Mengchu. *Erke pai'an jingqi*. Shanghai: Jiangsu guji chubanshe, 1990.
Liu Zhi. *Zhongsu ji*. Beijing: Zhonghua shuju, 2002.
Lu You. *Jiannan shigao jiaozhu*. Shanghai: Shanghai guji chubanshe, 1985.
Jiashi jiuwen. Beijing: Zhonghua shuju, 1993.
Lu Zhen. *Chengyao lu*. Beijing: Zhonghua shuju, 1991.
Lü Zuqian. *Lü Zuqian quanji*. Hangzhou: Zhejiang guji chubanshe, 2008.
Luo Bi. *Shiyi*. Vol. 854 of *Yingyin wenyuange siku quanshu*. Taipei: Taiwan shangwu yinshuguan, 1983.
Luo Ye. *Zuiweng tanlu*. Shanghai: Gudian wenxue chubanshe, 1957.
Meng Yuanlao. *Dongjing menghua lu jianzhu*. Beijing: Zhonghua shuju, 2006.
Ming shilu: fu jiaokan ji. Nan'gang: Zhongyang yanjiuyuan lishi yuyan yanjiu-suo, n.d.
Ouyang Xiu. *Ouyang Xiu quan ji*. Beijing: Zhonghua shuju, 2001.
Quan Liao shi hua, ed. Jiang Zuyi and Zhang Diyun. Changsha: Yuelu shushe, 1992.
Shao Bowen. *Shao shi wenjian lu*. Beijing: Zhonghua shuju, 1983.
Shen Gua. *Mengxi bitan*. Shanghai shudian, 2003.
Shen Yue. *Song shu*. Beijing: Zhonghua shuju, 1995.

Shi Jie. *Culai Shi xiansheng wenji*. Beijing: Zhonghua shuju, 1984.

Sima Guang. *Shuyi*. Vol. 142 of *Yinying wenyuange siku quanshu*. Taipei: Taiwan shangwu yinshuguan, 1983.

Sushui jiwen. Beijing: Zhonghua shuju, 1989.

Sima Qian. *Shiji*. Beijing: Zhonghua shuju, 1994.

Song da zhaoling ji. Beijing: Zhonghua shuju, 1962.

Songben lidai dili zhizhang tu. Shanghai guji chubanshe, 1989.

Su Che. *Longchuan biezhi*. Beijing: Zhonghua shuju, 1997.

Su Che ji. Beijing: Zhonghua shuju, 1990.

Su Shi. *Su Shi wenji*. Beijing: Zhonghua shuju, 1986.

Su Song. *Su Weigong wenji*. Beijing: Zhonghua shuju, 1988.

Tang Zhongyou. *Diwang jingshi tupu*. Vol. 76 of *Beijing tushuguan guji zhenben congkan*. Beijing: Shumu wenxian chubanshe, 1987.

Wang Anshi. *Wang Jing Gong shizhu bujian*. Chengdu: Ba-Shu shushe, 2002.

Wang Cun. *Yuanfeng jiuyu zhi*. Beijing: Zhonghua shuju, 1984.

Wang Pizhi. *Shengshui yantan lu*. Beijing: Zhonghua shuju, 1981.

Wang Yinglin. *Tongjian dili tongshi*. Shanghai: Shangwu yinshuguan, 1936.

Yuhai. Taipei: Huawen shuju, 1964.

Wang Zhi. *Moji*. Beijing: Zhonghua shuju, 1981.

Wei Tai. *Dongxuan bilu*. Beijing: Zhonghua shuju, 1983.

Wu Gang (ed.). *Quan Tang wen buyi*. Xi'an: San Qin chubanshe, 1994–2007.

Xiang Nan (ed.). *Liaodai shike wenbian*. Shijiazhuang: Hebei jiaoyu chubanshe, 1995.

Xiang Nan et al. (eds.). *Liaodai shike wen xubian*. Shenyang: Liaoning renmin chubanshe, 2010.

Xu Ziming. *Song zaifu biannian lu jiaobu*. Beijing: Zhonghua shuju, 2012.

Ye Longli. *Qidan guo zhi*. Shanghai guji, 1985.

Yingyin wenyuan ge siku quanshu. Taipei: Taiwan shangwu yinshuguan, 1983–86.

Yue Ke. *Tingshi*. Beijing: Zhonghua shuju, 1997.

Yuwen Maozhao. *Da Jinguo zhi jiaozheng*. Beijing: Zhonghua shuju, 1986.

Zhang Fangping. *Zhang Fangping ji*. Zhengzhou: Zhongzhou guji chubanshe, 1992.

Zhang Huang. *Tushu bian*. Yangzhou: Yangzhou guji shudian, 1988.

Zhang Ruyu. *Qunshu kaosuo*. Vols. 936–38 of *Yinying wenyuange siku quanshu*. Taipei: Taiwan shangwu yinshuguan, 1983.

Zhao Lingzhi. *Houqing lu*. Beijing: Zhonghua shuju, 2002.

Zhao Yanwei. *Yunlu manchao*. Beijing: Zhonghua shuju, 1996.

Zhou Hui. *Beiyuan lu*. Beijing: Zhonghua shuju, 1991.

Qingbo zazhi jiaozhu. Beijing: Zhonghua shuju, 1994.

Zhou li zhushu fu jiaokan ji. Vol. 3 of *Shisan jing zhushu fu jiaokan ji*, collated by Ruan Yuan. Taipei: Yiwen yinshuguan, 1976.

Zhou Shaoliang and Zhao Chao (eds.). *Tangdai muzhi huibian*. Shanghai guji, 1991.

Zhu Xi. *Jiali*. In *Zhuzi chengshu*, ed. Huang Ruijie, 1341 edn. Repr. in Patricia Buckley Ebrey. *Chu Hsi's Family Rituals*. Princeton University Press, 1991.

Zhu Yu. *Pingzhou ketan*. Shanghai guji chubanshe, 1989.
Zhuang Chuo. *Ji le bian*. Beijing: Zhonghua shuju, 1983.

Post-1900

Abramson, Marc Samuel. "Deep Eyes and High Noses: Physiognomy and the Depiction of Barbarians in Tang China." In *Political Frontiers, Ethnic Boundaries, and Human Geographies in Chinese History*, ed. Nicola di Cosmo and Don J. Wyatt, 119–59. New York: RoutledgeCurzon, 2003.
 Ethnic Identity in Tang China. Philadelphia: University of Pennsylvania Press, 2008.
Adelman, Jeremy and Stephen Aron. "From Borderlands to Borders: Empires, Nation-States, and the Peoples in Between in North American History." *American Historical Review*, 104/3 (1999): 814–41.
Aisin-Gioro Ulhicun. *Kittanbun boshi yori mita Ryō shi*. Kyoto: Shōkadō, 2006.
"Aluke'erqinqi Dao'erqige faxian yi zuo Liao mu." *Neimenggu wenwu kaogu*, 1–2/1992: 149–51.
Alyagon, Elad. "Inked: Song Soldiers, Military Tattoos, and the Remaking of the Chinese Lower Class, 960–1279." PhD Thesis, University of California, Davis, 2016.
An Guolou. *Songchao zhoubian minzu zhengce yanjiu*. Taipei: Wenjin chubanshe, 1997.
Anderson, Benedict. *Imagined Communities: Reflections on the Origin and Spread of Nationalism*. Rev. edn. New York: Verso, 2006.
Anderson, James A. *The Rebel Den of Nùng Trí Cao: Loyalty and Identity along the Sino-Vietnamese Frontier*. Seattle: University of Washington Press, 2007.
 "'Treacherous Factions': Shifting Frontier Alliances in the Breakdown of Sino-Vietnamese Relations on the Eve of the 1075 Border War." In *Battlefronts Real and Imagined: War, Border, and Identity in the Chinese Middle Period*, ed. Don J. Wyatt, 191–226. New York: Palgrave Macmillan, 2008.
Ang, Melvin Thlick-Len. "Sung-Liao Diplomacy in Eleventh- and Twelfth-Century China: A Study of the Social and Political Determinants of Foreign Policy." PhD Thesis. University of Pennsylvania, 1983.
"Aohan qi Lama gou Liaodai bihua mu." *Neimenggu wenwu kaogu*, 1/1999: 90–97.
"Aohan qi Qijia Liao mu." *Neimenggu wenwu kaogu*, 1/1999: 46–66, 104.
"Aohan qi Yangshan 1–3 hao Liaomu qingli jianbao." *Neimenggu wenwu kaogu*, 1/1999: 1–38, 43.
Appadurai, Arjun. "Introduction: Commodities and the Politics of Value." In *The Social Life of Things: Commodities in Cultural Perspective*, ed. Arjun Appadurai, 3–63. Cambridge University Press, 1986.
Backus, Charles. *The Nan-chao Kingdom and T'ang China's Southwestern Frontier*. Cambridge University Press, 1981.
Barfield, Thomas J. *The Perilous Frontier: Nomadic Empires and China*. Cambridge, MA: Blackwell, 1989.

Barth, Fredrik. "Introduction" to *Ethnic Groups and Boundaries: The Social Organization of Cultural Difference*, ed. Fredrik Barth, 9–37. London: Allen & Unwin, 1969.

Baud, Michiel and Willem van Schendel. "Towards a Comparative History of Borderlands." *Journal of World History*, 8/2 (1997): 211–42.

Beijing Longquanwu Liao Jin muzang fajue baogao. Beijing: Kexue chubanshe, 2009.

"Beijing Shunyi Anxin zhuang Liao mu fajue jianbao." *Wenwu*, 6/1992: 17–23.

Bodde, Derk. "The State and Empire of Ch'in." In *Cambridge History of China*, vol. 1: *The Ch'in and Han Empires*, ed. Denis Twitchett and Michael Loewe, 20–102. Cambridge University Press, 1986.

Bol, Peter K. "Creating a GIS for the History of China." In *Placing History: How Maps, Spatial Data, and GIS Are Changing Historical Scholarship*, ed. Anne Kelly Knowles, 27–59. Redlands, CA: ESRI Press, 2008.

———. "Geography and Culture: Middle-Period Discourse on the Zhong guo." In *Space and Cultural Fields: Spatial Images, Practices and Social Production*, ed. Huang Ying-kuei. Taipei: Center for Chinese Studies, 2009. Accessed 31 October 2014. http://nrs.harvard.edu/urn-3:HUL.InstRepos:3629313.

———. *Neo-Confucianism in History*. Cambridge, MA: Harvard University Asia Center, 2008.

———. "Seeking Common Ground: Han Literati under Jurchen Rule." *Harvard Journal of Asiatic Studies*, 47/2 (1987): 461–538.

———. "The Sung Examination System and the Shih." *Asia Major*, 3rd ser., 3/2 (1990): 149–71.

———. *"This Culture of Ours": Intellectual Transitions in T'ang and Sung China*. Stanford University Press, 1992.

Bossler, Beverly J. *Powerful Relations: Kinship, Status, and the State in Sung China (960–1279)*. Cambridge, MA: Council on East Asian Studies, 1998.

Breuker, Remco E. *Establishing a Pluralist Society in Medieval Korea, 918–1170: History, Ideology and Identity in the Koryŏ Dynasty*. Leiden: Brill, 2010.

———. "Koryŏ as an Independent Realm: The Emperor's Clothes." *Korean Studies*, 27 (2003): 48–84.

Bulliet, Richard W. *Hunters, Herders, and Hamburgers*. New York: Columbia University Press, 2005.

Cao Wanru. "Youguan *Huayi tu* wenti de tantao." In *Zhongguo gudai dituji: Zhanguo-Yuan*, ed. Cao Wanru et al., 41–45.

Cao Wanru. et al. (eds.). *Zhongguo gudai ditu ji: Zhanguo-Yuan*. Beijing: Wenwu chubanshe, 1990.

Chaffee, John. *The Thorny Gates of Learning in Sung China*. New edn. Albany: State University of New York Press, 1995.

Chan, Hok-lam. *Legitimation in Imperial China: Discussions under the Jurchen-Chin Dynasty*. Seattle: University of Washington Press, 1984.

Chang, Kang-i Sun. *The Late-Ming Poet Ch'en Tzu-lung: Crises of Love and Loyalism*. New Haven, CT: Yale University Press, 1991.

Chen Feng. *Bei Song wujiang qunti yu xiangguan wenti yanjiu.* Beijing: Zhonghua shuju, 2004.

Chen Yinke. *Tangdai zhengzhi shi shulun gao.* Shanghai guji chubanshe, 1982.

Chen Zhaorong. "Qin 'shu tong wenzi' xintan." *Zhongyang yanjiuyuan lishi yuyan yanjiusuo jikan*, 68/3 (1997): 589–641.

Cheng Long. *Bei Song Xibei zhanqu liangshi buji dili.* Beijing: Shehui kexue wenxian chubanshe, 2006.

Cherniack, Susan. "Book Culture and Textual Transmission in Sung China." *Harvard Journal of Asiatic Studies*, 54/1 (1994): 5–125.

"Chifeng xian Dayingzi Liao mu fajue baogao." *Kaogu xuebao*, 3/1956: 1–31.

Chittick, Andrew. *Patronage and Community in Medieval China: The Xiangyang Garrison, 400–600 CE.* Albany: State University of New York Press, 2009.

Chivers, C. J. "Russians Plant Flag on the Arctic Seabed." *The New York Times*, August 3, 2007.

Chollet, Hélène. "Treasures from the Liao Period at the Musée Cernuschi." *Orientations*, 36/5 (2005): 40–46.

Chūgoku tōji zenshū, vol. 9: *Tei yō.* Kyoto: Binobi, 1981.

Crossley, Pamela Kyle. "An Introduction to the Qing Foundation Myth." *Late Imperial China*, 6/2 (1985): 13–24.

"*Manzhou yuanliu* kao and the Formalization of the Manchu Heritage." *Journal of Asian Studies*, 46/4 (1987): 761–90.

Csete, Anne. "Ethnicity, Conflict, and the State in the Early to Mid-Qing: The Hainan Highlands, 1644–1800." In *Empire at the Margins: Culture, Ethnicity, and Frontier in Early Modern China*, ed. Pamela Kyle Crossley et al., 229–52. Berkeley: University of California Press, 2006.

Dai Zunde and Lei Yungui. "Shuozhou Liaodai bihua mu fajue jianbao." *Wenwu jikan*, 2/1995: 19–26.

Dardess, John W. "Did the Mongols Matter? Territory, Power, and the Intelligentsia in China from the Northern Song to the Early Ming." In *The Song-Yuan-Ming Transition in Chinese History*, ed Paul Jakov Smith and Richard Von Glahn, 111–34. Cambridge, MA: Harvard University Asia Center, 2003.

Davis, Richard L. *Historical Records of the Five Dynasties.* New York: Columbia University Press, 2004.

Wind against the Mountain: The Crisis of Politics and Culture in Thirteenth-Century China. Cambridge, MA: Council on East Asian Studies, 1996.

Day, David. *Conquest: How Societies Overwhelm Others.* Oxford University Press, 2008.

de la Vaissière, Étienne. *Histoire des marchands sogdiens.* 2nd edn. Paris: Collège de France, 2004.

de Rachewiltz, Igor (trans.). *The Secret History of the Mongols.* Leiden: Brill, 2004.

De Weerdt, Hilde. *Competition over Content: Negotiating Standards for the Civil Service Examinations in Imperial China (1127–1279).* Cambridge, MA: Harvard University Asia Center, 2007.

"The Cultural Logics of Map Reading: Text, Time, and Space in Printed Maps of the Song Empire." In *Knowledge and Text Production in an Age of Print*, ed. Lucille Chia and Hilde De Weerdt, 239–70. Leiden: Brill, 2011.

"Maps and Memory: Reading of Cartography in Twelfth- and Thirteenth-Century Song China." *Imago Mundi*, 61/2 (2009): 145–67.

"What did Su Che See in the North? Publishing Regulations, State Security, and Political Culture in Song China." *T'oung Pao*, 92/4–5 (2006): 466–94.

Deng Xiaonan. "Lun Wudai Songchu 'hu-han' yujing de xiaojie." *Wenshizhe*, 5/2005: 57–64.

Deng Xiaonan and Christian Lamouroux. "The 'Ancestors Family Instructions': Authority and Sovereignty in Song China." *Journal of Song-Yuan Studies*, 35 (2005): 79–97.

Di Cosmo, Nicola. *Ancient China and its Enemies: The Rise of Nomadic Power in East Asian History*. Cambridge and New York: Cambridge University Press, 2002.

Dien, Albert E. *Six Dynasties Civilization*. New Haven, CT: Yale University Press, 2007.

Dong Wenyi. "Balin youqi Chaganba shiyihao Liao mu." *Neimenggu wenwu kaogu*, 3 (1984): 91–93.

Dong Xinlin. "Liaodai muzang xingzhi yu fenqi luelun." *Kaogu*, 8 (2004): 62–75.

Dong Xinlin. et al. "Neimenggu Balin zuoqi Liaodai Zuling kaogu fajue de xin shouhuo." *Kaogu*, 2/2008: 3–6.

Drompp, Michael R. *Tang China and the Collapse of the Uighur Empire*. Leiden and Boston, MA: Brill, 2005.

Druckman, Daniel. "Nationalism, Patriotism, and Group Loyalty: A Social Psychological Perspective." *Mershon International Studies Review*, 38/1 (1994): 43–68.

Du Chengwu and Lu Sixian. "Qidan nüshi de wangluo yu mianju." In *Qidan nüshi: Haoqianying Liao mu qingli yu yanjiu*, 89–109. Hohhot: Neimenggu renmin chubanshe, 1985.

Duara, Prasenjit. "Nationalists among Transnationals: Overseas Chinese and the Idea of China, 1900–1911." In *Ungrounded Empires: The Cultural Politics of Modern Chinese Transnationalism*, ed. Aihwa Ong, 39–60. New York: Routledge, 1996.

Rescuing History from the Nation: Questioning Narratives of Modern China. University of Chicago Press, 1995.

Sovereignty and Authenticity: Manchukuo and the East Asian Modern. Lanham, MD: Rowman & Littlefield, 2003.

Dunnell, Ruth. "The Hsi Hsia." In *Cambridge History of China*, Vol. 6: *Alien Regimes and Border States, 907–1368*, eds. Herbert Franke and Denis Twitchett, 154–214. Cambridge University Press, 1994.

"Significant Peripheries: Inner Asian Perspectives on Song Studies." *Journal of Song-Yuan Studies*, 24 (1994): 334–39.

Ebrey, Patricia Buckley. *The Aristocratic Families of Early Imperial China: A Case Study of the Po-ling Ts'ui Family.* Cambridge University Press, 1978.

Chu Hsi's Family Rituals. Princeton University Press, 1991.

Emperor Huizong. Cambridge, MA: Harvard University Press, 2014.

"Surnames and Han Chinese Identity." In *Negotiating Ethnicities in China and Taiwan,* ed. Melissa J. Brown, 11–36. Berkeley: Institute of East Asian Studies, 1996.

Egan, Ronald. "To Count Grains of Sand on the Ocean Floor: Changing Perceptions of Books and Learning in the Song Dynasty." In *Knowledge and Text Production in an Age of Print: China, 900–1400,* ed. Lucille Chia and Hilde De Weerdt, 33–62. Leiden and Boston, MA: Brill, 2011.

Elias, Norbert. *The Germans: Power Struggles and the Development of Habitus in the Nineteenth and Twentieth Centuries,* trans. Eric Dunning and Stephen Mennell. New York: Columbia University Press, 1996.

Elliott, Mark. "Hushuo: The Northern Other and the Naming of the Han Chinese." In *Critical Han Studies: The History, Representation, and Identity of China's Majority,* ed. Thomas S. Mullaney et al., 173–90. Berkeley: University of California Press, 2012.

The Manchu Way: The Eight Banners and Ethnic Identity in Late Imperial China. Stanford University Press, 2001.

Elvin, Mark. *The Pattern of the Chinese Past.* Stanford University Press, 1973.

The Retreat of the Elephants. New Haven, CT: Yale University Press, 2004.

Eregzen, Gelegdorj (ed.). *Treasures of the Xiongnu.* Ulaanbaatar: Mongolian Academy of Sciences, 2011.

Esherick, Joseph W. "How the Qing Became China." In *Empire to Nation: Historical Perspectives on the Making of the Modern World,* ed. Joseph W. Esherick et al., 229–59. Lanham, MD: Rowman & Littlefield, 2006.

Esherick, Joseph W. et al. "Introduction" to *Empire to Nation: Historical Perspectives on the Making of the Modern World,* ed. Joseph W. Esherick et al., 1–31. Lanham, MD: Rowman & Littlefield, 2006.

Fairbank, John King (ed.). *The Chinese World Order: Traditional China's Foreign Relations.* Cambridge, MA: Harvard University Press, 1968.

"Faku Yemaotai Liao mu ji lue." *Wenwu,* 12/1975: 26–36.

Falkenhausen, Lothar von. *Chinese Society in the Age of Confucius.* Los Angeles, CA: Cotsen Institute of Archaeology, 2006.

Fletcher, Joseph. "The Mongols: Ecological and Social Perspectives." *Harvard Journal of Asiatic Studies,* 46/1 (1986): 11–50.

Ford, Caleb. "Guiqiao (Returned Overseas Chinese) Identity in the PRC." *Journal of Chinese Overseas,* 10/2 (2014): 239–62.

Ford, Lisa. *Settler Sovereignty: Jurisdiction and Indigenous People in America and Australia, 1788–1836.* Cambridge, MA: Harvard University Press, 2010.

Franke, Herbert. "The Chin Dynasty." In *Cambridge History of China,* vol. 6: *Alien Regimes and Border States, 907–1368,* ed. Herbert Franke and Denis Twitchett, 215–320. Cambridge University Press, 1994.

"Chinese Historiography under Mongol Rule: The Role of History in Acculturation." *Mongolian Studies*, 1 (1974): 15–26.

"The Forest Peoples of Manchuria: Kitans and Jurchens." In *Cambridge History of Early Inner Asia*, ed. Denis Sinor, 400–23. Cambridge University Press, 1990.

"The Role of the State as a Structural Element in Polyethnic Societies." In *Foundations and Limits of State Power in China*, ed. S. R. Schram, 87–112. London: School of Oriental and African Studies, 1987.

"Sung Embassies: Some General Observations." In *China Among Equals: The Middle Kingdom and its Neighbors, 10th–14th Centuries*, ed. Morris Rossabi, 116–48. Berkeley: University of California Press, 1983.

Franke, Herbert and Denis Twitchett. "Introduction" to *Cambridge History of China*, vol. 6: *Alien Regimes and Border States, 907–1368*, ed. Herbert Franke and Denis Twitchett, 1–42. Cambridge University Press, 1994.

Fu Lehuan. "Song ren shi Liao yulu xingcheng kao." *Guoxue jikan*, 5/4 (1935): 165–93.

Gat, Azar. *Nations: The Long History and Deep Roots of Political Ethnicity and Nationalism*. Cambridge University Press, 2013.

Ge Zhaoguang. *Zhongguo sixiang shi*. Shanghai: Fudan daxue chubanshe, 1998–2000.

"'Zhongguo' yishi zai Songdai de tuxian." In *Zhai ci Zhongguo*, 41–65. Beijing: Zhonghua shuju, 2011.

Geary, Patrick J. *The Myth of Nations: The Medieval Origins of Europe*. Princeton University Press, 2002.

Geertz, Clifford. "The Integrative Revolution: Primordial Sentiments and Civil Politics in the New States." In *Old Societies and New States: The Quest for Modernity in Asia and Africa*, ed. Clifford Geertz, 105–57. London: Collier-Macmillan, 1963.

Gellner, Ernest. *Nations and Nationalism*. 2nd edn. Ithaca, NY: Cornell University Press, 2008.

Golden, Peter B. *An Introduction to the History of the Turkic Peoples*. Wiesbaden: Otto Harrassowitz, 1992.

Goldin, Paul R. "The Motif of the Woman in the Doorway and Related Imagery in Traditional Chinese Funerary Art." *Journal of the American Oriental Society*, 121/4 (2001): 539–48.

Graff, David Andrew. *Medieval Chinese Warfare*. New York: Routledge, 2002.

Greenfeld, Liah. *Nationalism: Five Roads to Modernity*. Cambridge, MA: Harvard University Press, 1992.

Gu Jiegang. "Qin Han tongyi de youlai he Zhanguo ren duiyu shijie de xiangxiang." In *Gushi bian*, 2:1–16. Beiping: Pushe, 1930.

Guanshan Liao mu. Beijing: Wenwu chubanshe, 2011.

Guo Maoyu and Zhao Zhenhua. "Tang Shi Xiaozhang muzhi yanjiu." *Zhongguo bianjiang shidi yanjiu*, 17/4 (2007): 115–21.

Hall, Jonathan M. *Ethnic Identity in Greek Antiquity*. Cambridge University Press, 1997.

Hansen, Valerie. *Changing Gods in Medieval China, 1127–1276.* Princeton University Press, 1989.

"Introduction: Turfan as a Silk Road Community." *Asia Major,* 3rd ser., 11/2 (1998): 1–11.

Harrell, Stevan. "The History of the History of the Yi." In *Cultural Encounters on China's Ethnic Frontiers,* ed. Stevan Harrell, 63–91. Seattle: University of Washington Press, 1994.

Hartwell, Robert M. "Demographic, Political, and Social Transformations of China, 750–1550." *Harvard Journal of Asiatic Studies,* 42/2 (1982): 365–442.

Hastings, Adrian. *The Construction of Nationhood: Ethnicity, Religion, and Nationalism.* Cambridge and New York: Cambridge University Press, 1997.

"Hebei Ding xian faxian liang zuo Song dai taji." *Wenwu,* 8/1972: 39–51.

"Hebei Quyang xian Jiancicun Ding yao yizhi diaocha yu shijue." *Kaogu,* 8/1965: 394–412.

"Hebei Xuanhua xin faxian liang chu Liao Jin bihua mu." *Zhongguo zhongyao kaogu faxian,* 1998: 105–10.

"Henan Xin'an xian Song cun Bei Song diaozhuan bihua mu." *Kaogu yu wenwu,* 3/1998: 22–28.

Henderson, John B. "Chinese Cosmographical Thought: The High Intellectual Tradition." In *The History of Cartography,* ed. J. B. Harley and David Woodward, vol. 2, Book 2: *Cartography in the Traditional East and Southeast Asian Societies,* 203–16. University of Chicago Press, 1994.

The Development and Decline of Chinese Cosmology. New York: Columbia University Press, 1984.

Herman, John E. *Amid the Clouds and Mist: China's Colonization of Guizhou, 1200–1700.* Cambridge, MA: Harvard University Asia Center, 2007.

Hesse, Carla and Thomas Laqueur. "Introduction" to *Representations,* Special Issue: *National Cultures before Nationalism,* 47 (1994): 1–12.

Hobsbawm, E. J. *Nations and Nationalism since 1780: Programme, Myth, Reality.* 2nd edn. Cambridge and New York: Cambridge University Press, 1992.

Hodder, Ian. "Social Structure and Cemeteries: A Critical Appraisal." In *Anglo-Saxon Cemeteries, 1979,* ed. Philip A. Rahtz et al., 161–69. Oxford: British Archaeological Reports, 1980.

Holcombe, Charles. "Immigrants and Strangers: From Cosmopolitanism to Confucian Universalism in Tang China." *Tang Studies,* 20–21 (2002–03): 71–112.

"Re-Imagining China: The Chinese Identity Crisis at the Start of the Southern Dynasties Period." *Journal of the American Oriental Society,* 115/1 (1995): 1–14.

Holmgren, Jennifer. "Northern Wei as a Conquest Dynasty: Current Perceptions; Past Scholarship." *Papers on Far Eastern History,* 40 (1989): 1–50.

Hon, Tze-ki. *Revolution as Restoration: Guocui xuebao and China's Path to Modernity, 1905–1911.* Leiden and Boston, MA: Brill, 2013.

Huang Gang. *Biansai shi lungao.* Hefei: Huangshan sheshu, 1996.

Hymes, Robert P. *Statesmen and Gentlemen: The Elite of Fu-chou, Chiang-hsi, in Northern and Southern Sung*. Cambridge University Press, 1986.

"Sung Society and Social Change." In *Cambridge History of China*, vol. 5, Part 2: *Sung China, 960–1279*, ed. John W. Chaffee and Denis Twitchett, 526–664. Cambridge University Press, 2015.

Idema, Wilt L. *Meng Jiangnü Brings Down the Great Wall*. Seattle: University of Washington Press, 2008.

Iwai Shigeki. "China's Frontier Society in the Sixteenth and Seventeenth Centuries." *Acta Asiatica*, 88 (2005): 1–20.

Jay, Jennifer W. *A Change in Dynasties: Loyalism in Thirteenth-Century China*. Bellingham, WA: Western Washington University, 1991.

"Memoirs and Official Accounts: The Historiography of the Song Loyalists." *Harvard Journal of Asiatic Studies*, 50/2 (1990): 589–612.

Ji Chengzhang. "Haoqianying di liu hao Liao mu ruogan wenti de yanjiu." *Wenwu*, 9/1983: 9–14.

Jia Jingyan. "Hu Qiao xian Liao ji shuzheng." *Shixue jikan*, 4/1983: 5–17.

"Lu Zhen Chengyao lu shuzheng gao." *Lishi dili*, 4/1986: 190–209.

"Xining shi Qidan tuchao shuzheng gao." *Wenshi*, 22 (1984): 121–52.

Jiang Sheng and Yu Jinfang. "Hubei Xiangfan Liujia geng Tang Song muzang qingli jianbao." *Jiang Han kaogu*, 2/1999: 30–36, 40.

Jie Xigong. "Taiyuan Xiaojingyu Song Ming mu diyi ci fajue ji." *Kaogu*, 5/1963: 250–58.

"Jilin Shuangliao xian Gaolige Liao mu qun." *Kaogu*, 2/1986: 138–46.

Jin Fengyi. "Liaoning Chaoyang Qianchuanghu cun Liao mu." *Wenwu*, 12/1980: 17–29.

Jin Yongtian. "Liao Shangjing chengzhi fujin fosi yizhi ji huozang mu." *Neimenggu wenwu kaogu*, 3 (1984): 94–97.

"Shangjing fujin faxian de xiaoxing muzang." In *Linhuang shiji*, 45–47. Bairin Zuoqi: Bairin zuoqi yinshuachang, 1988.

"Jinan shi Song Jin zhuandiao bihua mu." *Wenwu*, 8/2008: 33–54.

Johnson, David. "The Last Years of a Great Clan: The Li Family of Chao chün in Late T'ang and Early Sung." *Harvard Journal of Asiatic Studies*, 37/1 (1977): 5–102.

The Medieval Chinese Oligarchy. Boulder, CO: Westview Press, 1977.

Kane, Daniel A. *The Kitan Language and Script*. Leiden and Boston, MA: Brill, 2009.

Karlgren, Bernhard. "The Book of Documents." *Bulletin of the Museum of Far Eastern Antiquities*, 22 (1950): 1–81.

Kervyn, L. "Le tombeau de l'empereur Tao-tsong des Leao, et les premières inscriptions connues en écriture 'K'itan'." *T'oung pao*, 22 (1923): 292–301.

Keyes, Charles F. "The Dialectics of Ethnic Change." In *Ethnic Change*, ed. Charles F. Keyes, 4–30. Seattle: University of Washington Press, 1981.

"Keyou zhong qi Daiqintala Liao mu qingli jianbao." In *Neimenggu wenwu kaogu wenji*, 2:651–67. Beijing: Zhongguo dabaike quanshu chubanshe, 1997.

Kim Sŏnggyu. *Sōdai no seihoku mondai to iminzoku seisaku.* Tokyo: Kyūko Shoin, 2000.

Knapp, Ronald G. *China's Traditional Rural Architecture: A Cultural Geography of the Common House.* Honolulu: University of Hawai'i Press, 1986.

Kuhn, Dieter. "Decoding Tombs of the Song Elite." In *Burial in Song China,* ed. Dieter Kuhn, 11–159. Heidelberg: Edition Forum, 1994.

A Place for the Dead: An Archaeological Documentary on Graves and Tombs of the Song Dynasty. Heidelberg: Edition Forum, 1996.

"Kulun qi di wu, liu hao Liao mu." *Neimenggu wenwu kaogu,* 2 (1982): 35–46, 28.

Kurz, Johannes L. "The Yangzi in the Negotiations between the Southern Tang and its Northern Neighbours." In *China and Her Neighbours,* ed. Sabine Dabringhaus and Roderich Ptak, 29–48. Wiesbaden: Harrassowitz, 1997.

Lamouroux, Christian. "De l'étrangeté à la différence: Les récits des émissaires Song en pays Liao (XIè s.)." In *Récits de voyages asiatiques: Genres, mentalités, conception de l'espace,* ed. Claudine Salmon, 101–26. Paris: École française d'Extrême-Orient, 1996.

"From the Yellow River to the Huai: New Representations of a River Network and the Hydraulic Crisis of 1128." In *Sediments of Time: Environment and Society in Chinese History,* ed. Mark Elvin and Liu Ts'ui-jung, 545–84. Cambridge University Press, 1998.

"Geography and Politics: The Song–Liao Border Dispute of 1074/75." In *China and Her Neighbours,* ed. Sabine Dabringhaus and Roderich Ptak, 1–28. Wiesbaden: Harrassowitz, 1997.

"Militaires et bureaucrates aux confins du Gansu-Qinghai à la fin du XIe siècle." *Extrême-Orient Extrême-Occident,* 28 (2006): 95–125.

Lane, George. *Daily Life in the Mongol Empire.* Westport, CT: Greenwood Press, 2006.

Lattimore, Owen. "The Frontier in History." In *Studies in Frontier History: Collected Papers,* 469–91. Paris: Mouton & Co., 1962.

Lau Nap-yin and Huang K'uan-chung. "Founding and Consolidation of the Sung Dynasty under T'ai-tsu (960–976), T'ai-tsung (976–997), and Chen-tsung (997–1022)." In *Cambridge History of China,* vol. 5, Part 1: *The Sung Dynasty and its Precursors, 907–1279,* ed. Denis Twitchett and Paul Jakov Smith, 206–78. Cambridge University Press, 2009.

Lee, Peter H. *Sourcebook of Korean Civilization.* New York: Columbia University Press, 1993–96.

Leung, Irene S. "'Felt Yurts Neatly Arrayed, Large Tents Huddle Close': Visualizing the Frontier in the Northern Song Dynasty." In *Political Frontiers, Ethnic Boundaries, and Human Geographies in Chinese History,* ed. Nicola di Cosmo and Don J. Wyatt, 192–219. New York: RoutledgeCurzon, 2003.

Levenson, Joseph R. *Confucian China and its Modern Fate: A Trilogy.* Berkeley: University of California Press, 1968.

Levine, Ari Daniel. "Che-tsung's Reign (1085–1100) and the Age of Faction." In *Cambridge History of China*, vol. 5, Part 1: *The Sung Dynasty and its Precursors, 907–1279*, ed. Denis Twitchett and Paul Jakov Smith, 484–555. Cambridge University Press, 2009.

———. "Welcome to the Occupation: Collective Memory, Displaced Nostalgia, and Dislocated Knowledge in Southern Song Ambassadors' Travel Records of Jin-dynasty Kaifeng." *T'oung Pao*, 99/4–5 (2013): 379–444.

Lewis, Mark Edward. *The Construction of Space in Early China*. Albany: State University of New York Press, 2006.

Li Feng. *Landscape and Power in Early China: The Crisis and Fall of the Western Zhou*. Cambridge University Press, 2006.

Li Huarui. *Song Xia guanxi shi*. Shijiazhuang: Hebei renmin chubanshe, 1998.

Li Mingde and Guo Yitian. "Anyang Xiaonanhai Songdai bihua mu." *Zhongyuan wenwu*, 2/1993: 74–79.

Li Qingfa. "Jianping Xiyaocun Liao mu." *Liaohai wenwu xuekan*, 1/1991: 120–23.

Li, Wai-yee. "Full-Length Vernacular Fiction." In *Columbia History of Chinese Literature*, ed. Victor H. Mair, 620–58. New York: Columbia University Press, 2001.

Li Zhongyi. "Handan shiqu faxian Songdai muzang." *Wenwu chunqiu*, 3/1994: 19–23, 35.

Liang Zhangju. *Langji congtan*. Beijing: Zhonghua shuju, 1981.

Liao Chenguo gongzhu mu. Beijing: Wenwu chubanshe, 1993.

Lin Ruihan. "Bei Song zhi bianfang." *Songshi yanjiu ji*, 13 (1981): 199–229.

Lindner, Rudi Paul. "What Was a Nomadic Tribe?" *Comparative Studies in Society and History*, 24/4 (1982): 689–711.

Liu Deqing. *Ouyang Xiu jinian lu*. Shanghai guji chubanshe, 2006.

Liu Fengzhu et al. (eds.). *Liao Shangjing diqu chutu de Liaodai beike huiji*. Beijing: Shehui kexue wenxian chubanshe, 2009.

Liu, James T. C. "Polo and Cultural Change: From T'ang to Sung China." *Harvard Journal of Asiatic Studies*, 45 (1985): 203–24.

Liu Jianzhong and He Yong. "Hebei Zhuolu xian Liaodai bihua mu fajue jianbao." *Kaogu*, 3/1987: 242–45.

Liu Jingwen and Wang Xiulan. "Liao Jin bingqi yanjiu." *Beifang wenwu*, 1/2004: 49–54.

Liu, Lydia. *The Clash of Empires: The Invention of China in Modern World Making*. Cambridge, MA: Harvard University Press, 2004.

Lorge, Peter. *The Reunification of China: Peace Through War under the Song Dynasty*. Cambridge University Press, 2015.

Louis, François. "Iconic Ancestors: Wire Mesh, Metal Masks, and Kitan Image Worship." *Journal of Song-Yuan Studies*, 43 (2013): 91–115.

"Luoyang Mangshan Songdai bihua mu." *Wenwu*, 12/1992: 37–51.

Luttwak, Edward. *The Grand Strategy of the Roman Empire: From the First Century CE to the Third*. Rev. and updated edn. Baltimore, MD: Johns Hopkins University Press, 2016.

Major, John S. "The Five Phases, Magic Squares, and Schematic Cosmography." In *Explorations in Early Chinese Cosmology*, ed. Henry Rosemont, Jr., 133–66. Chico, CA: Scholars Press, 1984.

Mao Yangguang. "Xinjian si fang Tangdai Luoyang Mite ren muzhi kao." *Zhongyuan wenwu*, 6/2009: 74–80.

McDermott, Joseph P. *A Social History of the Chinese Book.* Hong Kong University Press, 2006.

McGrath, Michael. "Military and Regional Administration in Northern Sung China (960–1126)." PhD Thesis. Princeton University, 1982.

——— "The Reigns of Jen-tsung (1022–1063) and Ying-tsung (1063–1067)." In *Cambridge History of China*, vol. 5, Part 1: *The Sung Dynasty and its Precursors, 907–1279*, ed. Denis Twitchett and Paul Jakov Smith, 279–346. Cambridge University Press, 2009.

Meskill, Johanna Menzel. *A Chinese Pioneer Family: The Lins of Wu-feng, Taiwan (1729–1895).* Princeton University Press, 1979.

Miyake Soetsu. "Keikanko o shutsudo seru saisho no kofun ni tsuite." *Kokuritsu chūō hakubutsukan jihō*, 5 (1940): 1–6.

Miyashita Saburō. "Su Sung." In *Sung Biographies*, ed. Herbert Franke, 3:969–70. Wiesbaden: Franz Steiner Verlag, 1976.

Mollier, Christine. *Buddhism and Taoism Face to Face: Scripture, Ritual, and Iconographic Exchange in Medieval China.* Honolulu: University of Hawai'i Press, 2008.

Mosca, Matthew W. *From Frontier Policy to Foreign Policy: The Question of India and the Transformation of Geopolitics in Qing China.* Stanford University Press, 2013.

Mu Qing. "Zaoqi Dingci chutan." *Wenwu chunqiu*, 3/1995: 30–42, 91.

Mullaney, Thomas S. *Coming to Terms with the Nation: Ethnic Classification in Modern China.* Berkeley: University of California Press, 2011.

Needham, Joseph and Wang Ling. *Mathematics and the Sciences of the Heavens and the Earth.* Vol. 3 of *Science and Civilisation in China.* Cambridge University Press, 1959.

"Neimeng Huolinguoleshi Liao mu qingli jian bao," *Beifang wenwu*, 2/1988: 39–40.

"Neimeng Tuquan xian faxian Liaodai wenwu." *Kaogu*, 4/1959: 210–11.

"Neimenggu Aohanqi Shazigou, Dahengou Liao mu." *Kaogu*, 10/1987: 889–904.

"Neimenggu Jiefang yingzi Liao mu fajue jianbao." *Kaogu*, 4/1979: 330–34.

Nguyen Dinh-Hoa. "Graphemic Borrowings from Chinese: The Case of Chu Nom – Vietnam's Demotic Script." *Zhongyang yanjiuyuan lishi yuyan yanjiusuo jikan*, 61/2 (1990): 383–432.

Nie Chongqi. "Song Liao jiaopin kao." *Yanjing xuebao*, 27 (1940): 1–51.

Nordman, Daniel. *Frontières de France: De l'espace au territoire (XVIe-XIXe siècle).* Paris: Éditions Gallimard, 1998.

Nylan, Michael. *The Five "Confucian" Classics.* New Haven, CT: Yale University Press, 2001.

"The Rhetoric of 'Empire' in the Classical Era in China." In *Conceiving the Empire: China and Rome Compared*, ed. Fritz-Heiner Mutschler and Achim Mittag, 39–64. Oxford University Press, 2008.

Pan Yihong. "Marriage Alliances and Chinese Princesses in International Politics from Han through T'ang." *Asia Major*, 3rd ser., 10/1–2 (1997): 95–131.

"The Sino-Tibetan Treaties in the Tang Dynasty." *T'oung Pao*, 78 (1992): 116–61.

Parker Pearson, Michael. *The Archaeology of Death and Burial*. College Station: Texas A&M University Press, 2000.

"Mortuary Practices, Society and Ideology: An Ethnoarchaeological Study." In *Symbolic and Structural Archaeology*, ed. Ian Hodder, 99–113. Cambridge University Press, 1982.

Perdue, Peter C. "Boundaries, Maps, and Movement: Chinese, Russian, and Mongolian Empires in Early Modern Central Eurasia." *International History Review*, 20/2 (1998): 263–86.

China Marches West: The Qing Conquest of Central Asia. Cambridge, MA: Belknap Press, 2005.

Peterson, Charles A. "Court and Province in Mid- and Late T'ang." *Cambridge History of China*, vol. 3: *Sui and T'ang China*, ed. Denis Twitchett, 464–560. Cambridge University Press, 1979.

Phan, John. "Chu Nom and the Taming of the South: A Bilingual Defense for Vernacular Writing in the *Chi Nam Ngoc Am Giai Nghia*." *Journal of Vietnamese Studies*, 8/1 (2013): 1–33.

Pines, Yuri. "Beasts or Humans: Pre-Imperial Origins of the 'Sino-Barbarian' Dichotomy." In *Mongols, Turks, and Others: Eurasian Nomads and the Sedentary World*, ed. Reuven Amitai and Michal Biran, 59–102. Leiden: Brill, 2005.

The Everlasting Empire: The Political Culture of Ancient China and its Imperial Legacy. Princeton University Press, 2012.

Prescott, J. R. V. *Political Frontiers and Boundaries*. London and Boston, MA: Allen & Unwin, 1987.

Pulleyblank, Edwin G. *The Background of the Rebellion of An Lu-shan*. London and New York: Oxford University Press, 1955.

Qian Zheng and Yao Shiying. "Dili tu bei." In *Zhongguo gudai ditu ji: Zhanguo-Yuan*, ed. Cao Wanru et al., 46–49. Beijing: Wenwu chubanshe, 1990.

Reischauer, Edwin O. (trans.). *Ennin's Diary: The Record of a Pilgrimage to China in Search of the Law*. New York: Ronald Press, 1955.

Reynolds, Susan. "The Idea of the Nation as a Political Community." In *Power and the Nation in European History*, ed. Len Scales and Oliver Zimmer, 54–66. Cambridge University Press, 2005.

Rogers, J. Daniel et al. "Urban Centres and the Emergence of Empires in Eastern Inner Asia." *Antiquity*, 79 (2005): 801–18.

Rong Xinjiang. *Zhonggu Zhongguo yu wailai wenming*. Beijing: Sanlian shudian, 2001.

Rorex, Robert A. *Eighteen Songs of a Nomad Flute*. New York: Metropolitan Museum of Art, 1974.

"Some Liao Tomb Murals and Images of Nomads in Chinese Paintings of the Wen-Chi Story." *Artibus Asiae*, 45/2–3 (1984): 174–98.

Rosenwein, Barbara H. "Worrying about Emotions in History." *American Historical Review*, 107/3 (2002): 821–45.

Rossabi, Morris (ed.). *China Among Equals: The Middle Kingdom and its Neighbors, 10th–14th Centuries*. Berkeley: University of California Press, 1983.

Rubiés, Joan-Pau. *Travel and Ethnology in the Renaissance: South India through European Eyes, 1250–1625*. Cambridge and New York: Cambridge University Press, 2002.

Sahlins, Peter. *Boundaries: The Making of France and Spain in the Pyrenees*. Berkeley: University of California Press, 1989.

"Natural Frontiers Revisited: France's Boundaries since the Seventeenth Century." *American Historical Review*, 95/2 (1990): 1423–51.

Unnaturally French: Foreign Citizens in the Old Regime and After. Ithaca, NY: Cornell University Press, 2004.

Santos Alves, Jorge M. dos. "La voix de la prophétie: Informations portugaises de la 1e moitié du XVIe s. sur les voyages de Zheng He." In *Zheng He: Images & Perceptions*, ed. Claudine Salmon and Roderich Ptak, 39–55. Wiesbaden: Harrassowitz, 2005.

Schafer, Edward H. *Pacing the Void: T'ang Approaches to the Stars*. Berkeley: University of California Press, 1977.

Schirokauer, Conrad and Robert P. Hymes. "Introduction" to *Ordering the World: Approaches to State and Society in Sung Dynasty China*, ed. Robert P. Hymes and Conrad Schirokauer, 1–58. Berkeley: University of California Press, 1993.

Schottenhammer, Angela. "A Buried Past: The Tomb Inscription and Official Biographies of Wang Chuzhi." *Journal of the Economic and Social History of the Orient*, 52 (2009): 14–56.

Scott, James C. *The Art of Not Being Governed: An Anarchist History of Upland Southeast Asia*. New Haven, CT: Yale University Press, 2009.

Seed, Patricia. *Ceremonies of Possession in Europe's Conquest of the New World, 1492–1640*. Cambridge and New York: Cambridge University Press, 1995.

Seo Tatsuhiko. "Toshi no seikatsu to bunka." In *Gi Shin Nanbokuchō Zui Tō jidaishi no kihon mondai*, ed. Tanigawa Michio et al., 365–442. Tokyo: Kyūko shoin, 1997.

"Shanxi Datong jiaoqu wu zuo Liao bihua mu." *Kaogu*, 10/1960: 37–42.

Shao Guotian. "Aohan qi Baitazi Liao mu." *Kaogu*, 2/1978: 119–21.

Aohan wenwu jinghua. Chifeng: Neimenggu wenhua chubanshe, 2004.

Shaughnessy, Edward L. *Sources of Western Zhou History: Inscribed Bronze Vessels*. Berkeley: University of California Press, 1991.

"Writing of a Late Western Zhou Bronze Inscription." *Asiatische Studien*, 61/3 (2007): 845–77.

Shen, Hsueh-man. "Body Matters: Manikin Burials in the Liao Tombs of Xuanhua, Hebei Province." *Artibus Asiae*, 65/1 (2005): 99–141.

Shiba Yoshinobu. *Commerce and Society in Sung China*, trans. Mark Elvin. Ann Arbor, MI: Center for Chinese Studies, 1992.

"Urbanization and the Development of Markets in the Lower Yangtze Valley." In *Crisis and Prosperity in Sung China*, ed. John Winthrop Haeger, 13–48. Tucson: University of Arizona Press, 1975.

Skaff, Jonathan Karam. "The Sogdian Trade Diaspora in East Turkestan during the Seventh and Eighth Centuries." *Journal of the Economic and Social History of the Orient*, 46/4 (2003): 475–524.

"Straddling Steppe and Sown: Tang China's Relations with the Nomads of Inner Asia (640–756)." PhD Thesis. University of Michigan, 1998.

Sui-Tang China and its Turko-Mongol Neighbors: Culture, Power, and Connections, 580–800. Oxford and New York: Oxford University Press, 2012.

"Survival in the Frontier Zone: Comparative Perspectives on Identity and Political Allegiance in China's Inner Asian Borderlands during the Sui-Tang Dynastic Transition (617–630)." *Journal of World History*, 15/2 (2004): 117–53.

Skinner, G. William. "Introduction: Urban Development in Imperial China." In *The City in Late Imperial China*, ed. G. William Skinner, 3–31. Stanford University Press, 1977.

Smith, Anthony D. *The Ethnic Origins of Nations*. Malden, MA: Blackwell, 1988.

The Nation in History: Historiographical Debates about Ethnicity and Nationalism. Hanover: University Press of New England, 2000.

Smith, Paul Jakov. "A Crisis in the Literati State: The Sino-Tangut War and the Qingli-Era Reforms of Fan Zhongyan, 1040–1045." *Journal of Song-Yuan Studies*, 45 (2015): 59–137.

"Irredentism as Political Capital: The New Policies and the Annexation of Tibetan Domains in Hehuang (the Qinghai-Gansu Highlands) under Shenzong and his Sons, 1068–1126." In *Emperor Huizong and Late Northern Song China*, ed. Patricia Buckley Ebrey and Maggie Bickford, 78–130. Cambridge, MA: Harvard University Asia Center, 2006.

"Shen-tsung's Reign and the New Policies of Wang An-shih, 1067–1085." In *Cambridge History of China*, vol. 5, Part 1: *The Sung Dynasty and its Precursors, 907–1279*, ed. Denis Twitchett and Paul Jakov Smith, 347–483. Cambridge University Press, 2009.

"Shuihu zhuan and the Military Subculture of the Northern Song, 960–1127." *Harvard Journal of Asiatic Studies*, 66/2 (2006): 363–422.

"State Power and Economic Activism during the New Policies, 1068–1085." In *Ordering the World: Approaches to State and Society in Sung Dynasty China*, ed. Robert P. Hymes and Conrad Schirokauer, 76–127. Berkeley: University of California Press, 1993.

Taxing Heaven's Storehouse: Horses, Bureaucrats, and the Destruction of the Sichuan Tea Industry, 1074–1224. Cambridge, MA: Council on East Asian Studies, 1991.

So, Billy K. L. "Negotiating Chinese Identity in Five Dynasties Narratives: From the *Old History* to the *New History*." In *Power and Identity in the Chinese*

World Order, ed. Billy K. L. So et al., 223–38. Hong Kong University Press, 2003.

Standen, Naomi. "Alien Regimes and Mental States." *Journal of the Economic and Social History of the Orient*, 40/1 (1997): 73–89.

"(Re)Constructing the Frontiers of Tenth-Century North China." In *Frontiers in Question: Eurasian Borderlands, 700–1700*, ed. Daniel Power and Naomi Standen, 55–79. New York: St. Martin's Press, 1999.

Unbounded Loyalty: Frontier Crossings in Liao China. Honolulu: University of Hawai'i Press, 2007.

Steinhardt, Nancy Shatzman. "The Architectural Landscape of the Liao and Underground Resonances." In *Gilded Splendor: Treasures of China's Liao Empire*, ed. Hsueh-man Shen, 40–53. New York: Asia Society, 2006.

"Liao: An Architectural Tradition in the Making." *Artibus Asiae*, 54/1–2 (1994): 5–39.

Liao Architecture. Honolulu: University of Hawai'i Press, 1997.

"Liao Pagodas: Sources and Legacy." Paper presented in Chaoyang, Liaoning Province, on July 31, 2009.

Su Bai. *Baisha Song mu*. Beijing: Wenwu chubanshe, 2002.

Su Ritai. "Keyou zhongqi Bazhalaga Liao mu." *Neimenggu wenwu kaogu*, 2 (1982): 64–68.

Su Tianjun. "Shunyi xian Liao Jingguang sheli taji qingli jianbao." *Wenwu*, 8/1964: 49–54.

Subrenat, Jean-Jacques. "Shen Kua." In *Sung Biographies*, ed. Herbert Franke, 2:857–63. Wiesbaden: Franz Steiner Verlag, 1976.

Sullivan, Michael. *The Night Entertainments of Han Xizai: A Scroll by Gu Hongzhong*. Berkeley: University of California Press, 2008.

Sun Jianhua. *Neimenggu Liaodai bihua*. Beijing: Wenwu chubanshe, 2009.

Sutton, Donald S. "Ethnicity and the Miao Frontier in the Eighteenth Century." In *Empire at the Margins: Culture, Ethnicity, and Frontier in Early Modern China*, ed. Pamela Kyle Crossley et al., 190–228. Berkeley: University of California Press, 2006.

"Violence and Ethnicity on a Qing Colonial Frontier: Customary and Statutory Law in the Eighteenth-Century Miao Pale." *Modern Asian Studies*, 37/1 (2003): 41–80.

Tackett, Nicolas. *The Destruction of the Medieval Chinese Aristocracy*. Cambridge, MA: Harvard University Asia Center, 2014.

"The Great Wall and Conceptualizations of the Border under the Northern Song." *Journal of Song-Yuan Studies*, 38 (2008): 99–138.

"Imperial Elites, Bureaucracy, and the Transformation of the Geography of Power in Tang-Song China." Forthcoming in *Die Interaktion von Herrschern und Eliten in imperialen Ordnungen des Mittelalters*, ed. Wolfram Drews. Berlin: De Gruyter.

"The 'Qin Script Reform.'" Unpublished paper.

"The Story of Xu Xuan: Survival and Transformation of the South Chinese Elite during the Tenth Century." MA Thesis. Columbia University, 2002.

"The Transformation of Medieval Chinese Elites." PhD Thesis. Columbia University, 2006. Available at www.ntackett.com.

(Tan Kai). "Wan Tang Hebei ren dui Song chu wenhua de yingxiang." *Tang yanjiu*, 19 (2013): 251–81.

Tackett, Timothy. *The Coming of the Terror in the French Revolution*. Cambridge, MA: Belknap Press, 2015.

Tan Qixiang. *Zhongguo lishi ditu ji*. Beijing: Zhongguo ditu chubanshe, 1982.

Tao Jing-shen. "Barbarians or Northerners: Northern Sung Images of the Khitans." In *China Among Equals: The Middle Kingdom and its Neighbors, 10th–14th Centuries*, ed. Morris Rossabi, 66–81. Berkeley: University of California Press, 1983.

Song Liao guanxi shi yanjiu. Taipei: Lianjing, 1984.

Two Sons of Heaven: Studies in Sung-Liao Relations. Tucson: University of Arizona Press, 1988.

Tao Zongyi (ed.). *Shuofu*. Shanghai: Shangwu yinshuguan, 1927.

Thongchai Winichakul. *Siam Mapped: A History of the Geo-Body of a Nation*. Honolulu: University of Hawai'i Press, 1994.

Tian Xiaofei. *Beacon Fire and Shooting Star: The Literary Culture of the Liang*. Cambridge, MA: Harvard University Asia Center, 2007.

"From the Eastern Jin through the Early Tang." In *Cambridge History of Chinese Literature*, ed. Kang-i Sun Chang and Stephen Owen, 1:199–285. Cambridge University Press, 2010.

Tietze, Klaus. "The Liao-Sung Border Conflict of 1074–1076." In *Studia Sino-Mongolica: Festschrift für Herbert Franke*, ed. Wolfgang Bauer, 127–51. Wiesbaden: Franz Steiner Verlag, 1979.

Tillman, Hoyt Cleveland. "Proto-Nationalism in Twelfth-Century China? The Case of Ch'en Liang." *Harvard Journal of Asiatic Studies*, 39/2 (1979): 403–28.

Utilitarian Confucianism: Ch'en Liang's Challenge to Chu Hsi. Cambridge, MA: Council on East Asian Studies, 1982.

Torii Ryūzō. *Sculptured Stone Tombs of the Liao Dynasty*. Cambridge, MA: Harvard-Yenching Institute, 1942.

Trauzettel, Rolf. "Sung Patriotism as a First Step toward Chinese Nationalism." In *Crisis and Prosperity in Sung China*, 199–213. Tucson: University of Arizona Press, 1975.

Twitchett, Denis. "Introduction" to *The Cambridge History of China*, vol. 3, Part 1: *Sui and T'ang China*, ed. Denis Twitchett, 1–47. Cambridge University Press, 1979.

"Merchant, Trade, and Government in Late Tang." *Asia Major*, new ser., 14/1 (1968): 63–95.

"The T'ang Market System." *Asia Major*, new ser., 12/2 (1966): 202–48.

"Tibet in Tang's Grand Strategy." In *Warfare in Chinese History*, ed. Hans van den Ven, 106–79. Leiden and Boston, MA: Brill, 2000.

Twitchett, Denis and Klaus-Peter Tietze. "The Liao." In *Cambridge History of China*, vol. 6: *Alien Regimes and Border States, 907–1368*, ed. Herbert Franke and Denis Twitchett, 43–153. Cambridge University Press, 1994.

Vick, Brian E. *The Congress of Vienna: Power and Politics after Napoleon.* Cambridge, MA: Harvard University Press, 2014.

Von Glahn, Richard. "The Conquest of Hunan." Chapter Seven of "The Country of Streams and Grottoes: Geography, Settlement, and the Civilizing of China's Southwestern Frontier, 1000–1250." PhD Thesis. Yale University, 1983.

The Country of Streams and Grottoes: Expansion, Settlement, and the Civilizing of the Sichuan Frontier in Song Times. Cambridge, MA: Council on East Asian Studies, 1987.

Wakeman, Frederic, Jr. *The Great Enterprise: The Manchu Reconstruction of Imperial Order in Seventeenth-Century China.* Berkeley: University of California Press, 1985.

"*Hanjian* (Traitor)! Collaboration and Retribution in Wartime Shanghai." In *Becoming Chinese: Passages to Modernity and Beyond*, ed. Wen-hsin Yeh, 298–341. Berkeley: University of California Press, 2000.

Strangers at the Gate: Social Disorder in South China, 1839–1861. Berkeley: University of California Press, 1966.

Waldron, Arthur. *The Great Wall of China: From History to Myth.* Cambridge University Press, 1990.

Wang Ce and Zhu Zhigang. "Fengtai lukou nan chutu Liao mu qingli baogao." In *Beijing Liao Jin wenwu yanjiu*, 316–20. Beijing: Beijing Yanshan chubanshe, 2005.

Wang Gung-wu. "Feng Tao: An Essay on Confucian Loyalty." In *Confucian Personalities*, ed. Arthur F. Wright and Denis Twitchett, 123–45. Stanford University Press, 1962.

"The Rhetoric of a Lesser Empire: Early Sung Relations with its Neighbors." In *China Among Equals: The Middle Kingdom and its Neighbors, 10th–14th Centuries*, ed. Morris Rossabi, 47–65. Berkeley: University of California Press, 1983.

The Structure of Power in North China During the Five Dynasties. Stanford University Press, 1967.

Wang, Hongjie. *Power and Politics in Tenth-Century China: The Former Shu Regime.* Amherst, NY: Cambria Press, 2011.

Wang Jianqun and Chen Xiangwei. *Kulun Liaodai bihua mu.* Beijing: Wenwu chubanshe, 1989.

Wang Jilin. "Qidan yu Nan Tang waijiao guanxi zhi tantao." *Youshi xuezhi*, 5/1 (1966): 1–16.

Wang Jinxian and Wang Yonggen. "Shanxi Huguan Nancun Song dai zhuandiao mu." *Wenwu*, 2/1997: 44–54.

Wang Qiuhua. "Liaodai muzang fenqu yu fenqi de chutan." *Liaoning daxue xuebao*, 3/1982: 13–16.

Wang Yintian et al. "Shanxi Datong shi Liao mu de fajue." *Kaogu*, 8/2007: 34–44.

et al. "Shanxi Datong shi Liaodai junjiedushi Xu Congyun fufu bihua mu." *Kaogu*, 8/2005: 34–47.

Wang Yong. *Zhongguo dili xueshi*. Shanghai: Shangwu yinshuguan, 1938.

Wang Zhenping. *Tang China in Multi-Polar Asia: A History of Diplomacy and War*. Honolulu: University of Hawai'i Press, 2013.

Watson, Burton (trans.). *Records of the Grand Historian: Qin Dynasty*. New York: Columbia University Press, 1993.

Wechsler, Howard J. "T'ai-tsung the Consolidator." In *Cambridge History of China*, vol. 3, Part 1: *Sui and T'ang China*, ed. Denis Twitchett, 188–241. Cambridge University Press, 1979.

Weinstein, Stanley. *Buddhism under the T'ang*. Cambridge University Press, 1987.

Wen Yu. "Qionglu shi guhui guan." In *Linhuang shiji*, 97–98. Bairin Zuoqi: Bairin zuoqi yinshuachang, 1988.

Wittfogel, Karl A. and Feng Chia-Sheng. *History of Chinese Society: Liao (907–1125)*. Published as *Transactions of the American Philosophical Society*, new ser., 36 (1946). Available at JSTOR.

Woolley, Nathan. "From Restoration to Unification: Legitimacy and Loyalty in the Writings of Xu Xuan (917–992)." *Bulletin of the School of Oriental and African Studies*, 77/3 (2014): 547–67.

Worthy, Edmund H., Jr. "Diplomacy for Survival: Domestic and Foreign Relations of Wu Yüeh, 907–978." In *China Among Equals: The Middle Kingdom and its Neighbors, 10th–14th Centuries*, ed. Morris Rossabi, 17–44. Berkeley: University of California Press, 1983.

Wright, Arthur F. "The Sui Dynasty." In *Cambridge History of China*, vol. 3, Part 1: *Sui and T'ang China*, ed. Denis Twitchett, 48–149. Cambridge University Press, 1979.

The Sui Dynasty: The Unification of China. New York: Knopf, 1978.

Wright, David Curtis. *The Ambassadors Records: Eleventh-Century Reports of Sung Embassies to Liao*. Bloomington, IN: Research Institute for Inner Asian Studies, 1998.

From War to Diplomatic Parity in Eleventh-Century China: Sung's Foreign Relations with Kitan Liao. Leiden: Brill, 2005.

Wu Dongfeng. "Hebei Wuyi Longdian Song mu fajue baogao." In *Hebei sheng kaogu wenji*, 1 (1998): 323–29.

Wu Hung. *The Art of the Yellow Springs: Understanding Chinese Tombs*. Honolulu: University of Hawai'i Press, 2010.

Wu Qingjun and Liu Debiao. "Tangdai Yuan Yun muzhi qianshuo." *Wenwu chunqiu*, 6/2010: 73–75.

Wu Tingxie. *Bei Song jingfu nianbiao*. Beijing: Zhonghua shuju, 2004.

Wyatt, Don J. *Battlefronts Real and Imagined: War, Border, and Identity in the Chinese Middle Period*. New York: Palgrave Macmillan, 2008.

Xiang Chunsong. "Liaoning Zhaowuda diqu faxian de Liao mu huihua ziliao." *Wenwu*, 6/1979: 22–32.

"Zhaomeng diqu de Liaodai muzang." *Neimenggu wenwu kaogu*, 1981: 73–79.

Xin Yan. "Fuxin Nanzaoli yingzi yihao Liao mu." *Liaohai wenwu xuekan*, 1/1992: 54–63.

Xu Pingfang. "The Archaeology of the Great Wall of the Qin and Han Dynasties." *Journal of East Asian Archaeology*, 3/1–2 (2002): 259–81.

Xu Yulin. "Liaoning Anshan shi Wangjia yu Liao huaxiang shimu." *Kaogu*, 3/1981: 239–42.

"Liaoning Beipiao Shuiquan yihao Liao mu fajue baogao." *Wenwu*, 12/1977: 44–51.

Xuanhua Liao mu: 1974–1993 nian kaogu fajue baogao. Beijing: Wenwu chubanshe, 2001.

Xuanhua Xiabali er qu Liao bihuamu kaogu fajue baogao. Beijing: Wenwu chubanshe, 2008.

Yan Qinheng. "Bei Song dui Liao tangdai sheshi zhi yanjiu." *Guoli zhengzhi daxue xuebao*, 8 (1963): 247–57.

Yang Bin. *Between Winds and Clouds: The Making of Yunan, Second Century BCE to Twentieth Century CE*. New York: Columbia University Press, 2008. www.gutenberg-e.org/yang/index.html.

Yang Jing. "Liaodai Han ren muzang gaishu." *Wenwu chunqiu*, 2/1995: 53–56.

"Luelun jiguan hu." *Kaogu*, 7/1995: 632–37.

Yang Rui. *Xi Xia dili yanjiu: Bianjiang lishi dilixue de tansuo*. Beijing: Renmin chubanshe, 2008.

Yang, Shao-yun. "Becoming *Zhongguo*, Becoming Han: Tracing and Re-Conceptualizing Ethnicity in Ancient North China, 770 BC - AD 581." MA Thesis. National University of Singapore, 2007. Available at www.scholarbank.nus.edu.sg.

"*Fan* and *Han*: The Origins and Uses of a Conceptual Dichotomy in Mid-Imperial China, ca. 500–1200." In *Political Strategies of Identity Building in Non-Han Empires in China*, ed. Francesca Fiaschetti and Julia Schneider, 9–35. Wiesbaden: Harrassowitz, 2014.

"Reinventing the Barbarian: Rhetorical and Philosophical Uses of the *Yi-Di* in Mid-Imperial China." PhD Thesis. University of California, Berkeley, 2014.

Yang Xiaoneng (ed.). *New Perspectives on China's Past: Chinese Archaeology in the Twentieth Century*. New Haven, CT: Yale University Press, 2004.

Yang Yubin. "Shangcai Song mu." *Henan wenbo tongxun*, 4/1978: 34–35.

Ye Wa. "Mortuary Practice in Medieval China: A Study of the Xingyuan Tang Cemetery." PhD Thesis. University of California, Los Angeles, 2005.

Yü Ying-Shih. "Han Foreign Relations." In *Cambridge History of China*, vol. 1: *The Ch'in and Han Empires*, ed. Denis Twitchett and Michael Loewe, 377–462. Cambridge University Press, 1986.

Zelin, Madeleine. "The Rise and Fall of the Fu-Rong Salt-Yard Elite." In *Chinese Local Elites and Patterns of Dominance*, ed. Joseph W. Esherick and Mary Backus Rankin, 82–109. Berkeley: University of California Press, 1990.

Zhang Bozhong. "Kezuo houqi Husinao Qidan mu." *Wenwu*, 9/1983: 18–22.

Zhang Cong, Ellen. *Transformative Journeys: Travel and Culture in Song China*. Honolulu: University of Hawai'i Press, 2011.

Zhang Diyun. "Guanyu Wang Anshi shi Liao yu shi Liao shi de kaobian." *Wenxue yichan*, 1/2006: 73–82.

Zhang Jian and Wang Kai. "Luoyang Jianxi san zuo Song dai fangmugou zhuanshimu." *Wenwu*, 8/1983: 13–24.

Zhang Songbo. "Guanyu jiguan hu yanjiu zhong de ji ge wenti." In *Neimenggu wenwu kaogu wenji*, 2:584–91. Beijing: Zhongguo dabaike quanshu chubanshe, 1997.

Zhang Xiande. "Beijing shi Daxing xian Liaodai Ma Zhiwen fuqi hezang mu." *Wenwu*, 12/1980: 30–37.

Zhang Xiqing. *Songchao dianzhang zhidu*. Changchun: Jilin wenshi chubanshe, 2001.

Zhang Zengwu. "Henan Linxian chengguan Song mu qingli jianbao." *Kaogu yu wenwu*, 5/1982: 39–42.

Zhao Hong and Gao Ming. "Jiyuan shi Dongshilutou cun Songdai bihua mu." *Zhongyuan wenwu*, 2/2008: 19–21, 54.

Zhongguo wenwu ditu ji: Neimenggu zizhiqu fence. Xi'an ditu chubanshe, 2003.

Zhongguo wenwu ditu ji: Ningxia Huizu zizhiqu fence. Beijing: Wenwu chubanshe, 2010.

Zhu Zifang and Xu Ji. "Liaoning Chaoyang Guyingzi Liao Geng shi mu fajue baogao." *Kaoguxue jikan*, 3 (1983): 168–95.

索　引

（以下页码为原书页码，即本书页边码。）

Abaoji (Khitan ruler), 186, 242
accretion, cultural (vs. syncretism), 239
Aguda (Jurchen ruler), 185
"all under Heaven", 3, 5, 161, 174
ambassadors. See diplomats; embassy missions
Anderson, Benedict, 7, 8, 10–12, 12, 173, 196, 210, 280
"archers", 96, 97, 98, 99
assimilated ("cooked") households. See "Western soldiers"

Baigou 白沟 (Juma) River, 31, 67, 88, 107, 114, 123, 199, 248
Bao Zheng 包拯, 52, 120, 134
Bi Zhongyou 毕仲游, 51, 53, 62, 181
border violations, 67–8, 105, 107, 116, 123–4, 125, 126, 127, 136, 138–9
borderlands. See frontier; boundary demarcation
boundary demarcation, 1, 105–39
   as bilateral action, 115, 126
   vs. boundary delimitation, 106
   as central government project, 109–11, 128, 137
   and Chinese identity, 130–7, 138
   as critical for maintaining peace, 126, 129–30
   and cultural ecology, 131, 138–9
   with ditches and/or mounds, 107, 108, 109, 111, 114–15, 130, 131, 137
   and East Asian world order, 22, 113
   and ethnicity, 131–2, 134–7
   in Europe vs. in China, 106, 116–17, 124, 135–7
   impact on borderland culture, 135–6, 228–31, 244
   impact on elite culture, 108
   vs. military lines, 105–6, 113–16
   and modernity, 137
   and negotiations with Liao in 1070s, 59, 61, 79, 105, 107–8, 115, 134–5, 136–7

   in the northwest, 108–9, 114–15, 116, 126–30, 131–2
   in the southwest, 109
   and state activism, 119, 121, 130, 137, 139
   with stone markers, 105, 107, 108, 111
   systematization across multiple frontiers, 22, 111–13
   in Tang vs. in Song, 106, 139
   as tool of state control, 119, 126–30
   under Shenzong, 107–8, 109, 115, 131, 137
Buddhism, 162, 211, 212, 222, 231–4, 237, 244, 261
Bureau of Demarcation, 112
burial culture. See mortuary culture

Cai Jing 蔡京, 70, 71, 171
Cai Que 蔡确, 134
Cai Xiang 蔡襄, 63
cannibalism (for vengeance), 25, 136, 172
Cao Bin 曹彬, 92
Cao Cao 曹操, 261
Cao Wei 曹玮, 92–4, 104
Cao Xun 曹勋, 205–6, 207
cartography. See maps
Cen Wenben 岑文本, 151
Chanyuan 澶渊, Oath of, 18, See also peace, with Liao
   celebration of, 42, 56, 57, 61
   and East Asian world order, 21–2, 31
   as a humiliation, 49
   model for later peace oaths, 83
   renegotiation in 1042, 18, 50, 59, 66
   repatriation clause, 124
   Song confidence in, 67, 69
   Song violation of, 60
   and state centralization, 124
   vs. Tang–Tibetan treaties, 83

译后记

能够翻译导师的新书，真是太荣幸了！2017 年 *The Origins of the Chinese Nation* 问世。当时我斗胆向谭老师请缨，希望有机会能将此书翻译成中文。谭老师总是说，你要资格考了，还有许多别的事情要做。那时我想，如果更努力一些的话，就会有时间了吧。一年多的时间里，陆陆续续，总希望能循序渐进，但最后总是匆匆追赶。尤其全书架构精深，概念入微处，我始终觉得自己把握不周，更担心令读者生出许多误解。无奈囫囵吞枣之际，竟已经翻译完了。

整个过程中，谭老师给予了我最大的信任与支持，刘侃老师最后通读了全稿，修正了其中的许多错误。吕初序第一时间阅读了各章各节的初稿，仔细修改了每一版译文。甲骨文的编辑老师们又反复校订，他们对字里行间的把握，让我受益匪浅。实在因为我的能力所限，译文中恐怕还有许多疏漏、错误。如能得到读者的批评与指导，那就太好了。

殷守甫
2019 年 12 月 17 日

图书在版编目（CIP）数据

肇造区夏：宋代中国与东亚国际秩序的建立 /
（瑞士）谭凯著；殷守甫译 . -- 北京：社会科学文献出
版社，2020.6（2025.3 重印）
书名原文：The Origins of the Chinese Nation：
Song China and the Forging of an East Asian World
Order
ISBN 978 - 7 - 5201 - 5636 - 3

Ⅰ.①肇… Ⅱ.①谭… ②殷… Ⅲ.①国际关系史 -
研究 - 东亚 - 中世纪 Ⅳ.①D831.09

中国版本图书馆 CIP 数据核字（2019）第 219008 号

肇造区夏：宋代中国与东亚国际秩序的建立

著　　者／〔瑞士〕谭　凯（Nicolas Tackett）
译　　者／殷守甫

出 版 人／冀祥德
组稿编辑／董风云
责任编辑／张金勇　徐一彤
责任印制／王京美

出　　版／社会科学文献出版社·甲骨文工作室（分社）（010）59366527
　　　　　　地址：北京市北三环中路甲 29 号院华龙大厦　邮编：100029
　　　　　　网址：www.ssap.com.cn
发　　行／社会科学文献出版社（010）59367028
印　　装／三河市东方印刷有限公司

规　　格／开本：889mm × 1194mm　1/32
　　　　　　印张：11.75　字数：270 千字
版　　次／2020 年 6 月第 1 版　2025 年 3 月第 3 次印刷
书　　号／ISBN 978 - 7 - 5201 - 5636 - 3
著作权合同
登 记 号／图字 01 - 2018 - 0536 号
定　　价／68.00 元

读者服务电话：4008918866